U0089239

中國學術思想 研究輯刊

三八編

林慶彰 主編

第2冊

以認知視角論孔、莊中同源異構的隱喻
——以天、家、人為核心

莊敦榮 著

花木蘭文化事業有限公司

國家圖書館出版品預行編目資料

以認知視角論孔、莊中同源異構的隱喻──以天、家、人為核心／莊敦榮 著 -- 初版 -- 新北市：花木蘭文化事業有限公司，2023〔民112〕
目 2+212 面；19×26 公分
（中國學術思想研究輯刊 三八編；第 2 冊）
ISBN 978-626-344-390-7（精裝）
1.CST：（周）孔丘 2.CST：（周）莊周 3.CST：先秦哲學
4.CST：比較研究
030.8   112010410

ISBN-978-626-344-390-7

中國學術思想研究輯刊
三八編　第二冊　　　　　　　　　　ISBN：978-626-344-390-7

以認知視角論孔、莊中同源異構的隱喻
──以天、家、人為核心

作　　者　莊敦榮
主　　編　林慶彰
總 編 輯　杜潔祥
副總編輯　楊嘉樂
編輯主任　許郁翎
編　　輯　張雅淋、潘玟靜　美術編輯　陳逸婷
出　　版　花木蘭文化事業有限公司
發 行 人　高小娟
聯絡地址　235 新北市中和區中安街七二號十三樓
　　　　　電話：02-2923-1455／傳真：02-2923-1452
網　　址　http://www.huamulan.tw 信箱 service@huamulans.com
印　　刷　普羅文化出版廣告事業
封面設計　劉開工作室
初　　版　2023 年 9 月
定　　價　三八編 16 冊（精裝）新台幣 42,000 元　　　
版權所有・請勿翻印

以認知視角論孔、莊中同源異構的隱喻
——以天、家、人為核心

莊敦榮　著

作者簡介

莊敦榮，來自臺灣新北市，畢業於國立中正大學中國文學系，專長為認知隱喻理論、先秦儒道思想與神話學。曾與他人共同開創語屋文創工作室，和松鼠文化合作出版三本書籍《故事柑仔店》、《故事柑仔店 2》和《百年藥櫃九帖湯》，並與企業和教育單位合作推出有關認知訓練之課程，致力將學術內容轉化為臺灣文化與內容推進之動能。

提　要

　　孔莊兩者思想的關係，千年來多有人論之，近年楊儒賓更將莊子與孔子做了背景與隱喻意涵的連結，而本論將運用認知理論中的心理空間理論來探索孔子與莊子在時代巨變時，如何重建與奠基先秦天、家、人的隱喻建構，希望藉由有步驟且具方向性的方式，將隱喻中或隱或顯的多方可能性之來源，做出分析與統整，以此探索孔莊隱喻中可能相關的議題與概念，並連結孔莊思想中隱喻呈現的內部系統，找尋兩者的異同，對孔莊同源的論述，以認知隱喻研究的方式做出貢獻。本論認為孔莊皆開出了通天之路，只是孔子以家為重，莊子以天為核，時代的差異性也開展出了思想著眼點的不同，對於權力戒慎恐懼的莊子，有著前人設定的課題與解方，作為進一步擴展框架與深入問題的可能性。孔莊的天、家、人隱喻雖有不同取捨，但都基於某種家的文化去作出設定，只是前者以周文之父者，後者以巫教之母神為來源，但孔莊對來源中的家族封建政治和巫文化做出了相當大的轉換，無論是去除血緣與神意的政治限制，或是除去巫教神祕與暴力的副作用，皆看出兩人創造新隱喻內容的正面意義，而從隱喻的探究中可發現，最終兩人都希望開出某種大同之世，亦看得出孔莊關心之點有其相似處。

謝　誌

　　這本論文從發想、構思、放棄到轉向跟重構,歷經了十年寒暑,期間若無良師益友的提攜與幫助,恐怕我早已放棄離去,最要感謝的三位師長就是我的指導張榮興老師與蕭義玲老師,以及我碩士班的指導賴錫三老師,在遭遇到許多人生瓶頸和學術困境時,不吝伸出援手,讓我得以渡過眾多難關,方才來到了今日。

　　與張榮興老師因工作結緣,在其認知領域中一同研究與成長,才有這本論文的樣貌,其對於認知隱喻理論的見解與開創,使我理解到另一種學術的面貌,造成我學術研究的轉向與再創,知遇之恩難以言說。張老師於我如師如友,在難以繼續學業之時,在各方面皆給予莫大的鼓勵,讓這條博士之路得以絕處逢生,再多言語都無法盡表感謝之意。

　　蕭老師則是我大學、研究所到博士班一路相伴的師長,其所研究的現代文學,深入字裡行間去追索作者深刻卻又難以言喻的複雜情感,與我探索思想家背後支撐其哲學世界的初衷相似,故在此論文中最後探討出的結論,亦根基於思想家對於世界萬物的深深感情,於我而言探究先秦思想家的文本與話語,亦如蕭老師思考文學創作者那般,若無深情便難以成文、成學,這份對深情的執著,也在我學術之路將墜之時,由蕭老師抓起,使我還有一絲光明可循。

　　與賴老師相遇於大學,其學術宏廣,對哲學造詣深厚,吸引著青年之我朝往思想研究之路,得賴老師厚遇,多年於其家中工作,可於近處望見賴老師做學術的堅持與理想。碩士班得老師指導,更趨近想望中的哲學思想樣貌,而堅定了我探索先秦哲學的想法,而後人生想法與研究思維雖有所轉換,使得本論

有了不同於以往哲學做法的進路，但仍不減賴老師對我學術之路啟發與轉換的意義。

謝謝口試委員的指導與建議。謝謝對思想領域研究深入的陳佳銘老師，提出許多儒道分析裡路上的問題；謝謝對神話與巫教文化有所見解的楊玉君老師，對於神話以及思想上的斷層給予提醒，謝謝龔書萍老師對於資料選取以及認知理論上的建議，謝謝林建宏老師給予框架理論和心理空間理論的提點，若無諸位口委老師，本論將有許多武斷與缺疑之處。

在中正歲月中的學友亦惠我良多，特別是志正、康寧對我學術與研究上的建議與幫助，還有珮綸給予的多方協助，皆是這個學位得以完成的重要推手。最後要感謝的是我的太太以及父母，無論我心於低谷還是在夜半輾轉，難以為繼的時候，永遠給予支持，在各種壓力下仍推著我往前邁進。

人生究竟有多少個十年呢？就讓這篇論文，作為我抵抗某種不可名狀的痛苦與投射仍不屈的證明吧！

目

次

第一章　緒　論

一、前言：孔莊同源？

　　先秦時代百家爭鳴，其中思想最為深入與精粹應屬儒道兩家，開創思想的兩大哲人，當推老子、孔子，其對天道的理解與回歸，對社會性的重塑與解構，以及人在歷史與自然中應如何應對，皆在其《論語》與《老子》嶄露無遺。但論對當時或後世之具體影響來說，孔子的思想無疑是卓越且顯著的，老子之道的湛然寂靜，逆反歸朴的工夫論述，則在修真的領域中大放異彩，此點與老子話語與描述情狀近似冥契有其相關。

　　老子時代難定，就錢穆的考證甚晚於莊子，但就思想的深度與開創性而言，老子亦算是當時體無哲學的翹楚。孔子之後，儒家名士輩出，其中最著名唯孟子與荀子，而被秦漢人稱為老子真傳的莊子，即被視為道家集大成之人，不過歷代以來，不少研究者與思想家都指稱，莊子或許不必被視為道家之後，甚可說是真得孔門傳承之人。

　　徐聖心的《莊子尊孔論》即爬梳了歷代至少五十餘家哲人，皆懷疑或直接論證莊子與孔子之間關係匪淺，[註1]楊儒賓近期更寫出本奇書《儒門內的莊子》，掀起學界軒然大波，楊儒賓書中以方以智還有王夫之的說法為起點，為莊子應為儒門傳人之一的說法打開大道。書中先整理孔子與莊子兩者地域文化的相似背景，以兩者皆承接東方海濱神話，且都為殷商遺民之後為論述，使

〔註1〕徐聖心，〈「莊子尊孔論」系譜綜述——莊學史上的另類理解與閱讀〉，《臺大中文學報》17（2002・12）：21～65。

兩者同具商文化與周文化衝撞的情狀顯題，凸顯雙方在身心思維起源與批判方向的相似性：

> 筆者相信孔、莊兩人都站在殷商的文化風土上，對古已存在且當時仍持續發揮作用的巫文化頗有批判，而且就肯定一種可以共感、交會的主體以及物（世界）的本體論價值而言，他與孔子的方向也是一致的，只是重點不一定一樣。〔註2〕

楊儒賓甚至指出在莊子中孔子的形象並非戲仿或寓言式的隨意使用而是經過深思熟慮的選取：「莊子之假托孔子立論，實乃現量直說，而不是文學技巧」，〔註3〕孔子可說是莊子思維的重要代表，筆者甚至覺得楊有將其列為「卮言」具體象徵之傾向。《儒門內的莊子》一書掀起學界軒然大波，贊成者有之，疑問者有之，否定則有之，但絕大部份皆認為此書確實點出孔子與莊子之間連綿不斷的思維軌跡。

莊子究竟屬不屬於儒門？孔子在莊子的心目中，是否真為其哲思的繼承與開創者？此議題終將繼續燃燒，楊儒賓的說法將孔、莊之間的距離拉到近在咫尺，但在其他學者的眼中，從許多文獻、出土資料以及哲學的論證中尚有些可參之處，〔註4〕不過筆者是站在孔莊有其相關性的立場上，作為自身論述的起點，而探討的方式，則是透過孔莊對於當時三個議題之思考下手，並運用近代隱喻理論來配合進行，試圖在文字背後的歷史、象徵與隱喻中，思考兩者的同異。

而所謂的三大命題，是基於先秦時代背景以及近代學人研究歸納而出，底下詳細陳述。

二、先秦三大歷史命題：天、家、人

各文化發展到相對豐富或衰敗的階段時，多半都會產生新的變動與轉換，歷史的進程將打開新的一頁，使文化從根本上出現質變，東方古老帝國的中國亦然。無論前輩學人曾對中國歷史以政治制度、社會經濟、學術文化甚或參照

〔註2〕楊儒賓著，〈莊子：遊化於孔老思孟之間或之上的精神〉，《中國文哲研究通訊：《儒門內的莊子》評論專輯》27.1：117。

〔註3〕楊儒賓著，《儒門內的莊子》（聯經出版有限公司，2006），頁139。

〔註4〕詳細討論可參《中國文哲研究通訊：《儒門內的莊子》評論專輯》27.1（2017.3），其中眾多學者如徐聖心、林明照、林遠澤、賴錫三、鍾振宇、吳冠宏等人皆針對此書發出精彩論述，諸如對於形氣主體的界定、莊子創化與解構的雙重性。

西方歷史分期等為基礎，分出三、四、五期等階段，但對思想的巨大變革來說，先秦時期無疑是中國的「軸心時代」。〔註5〕

　　早期不論治史或專攻思想的學者如牟宗三、唐君毅、徐復觀、錢穆等等，無不把此一時期作為中國文化重要的轉折之處，其中又以牟先生所言的「周文疲弊」為主要的歷史背景。〔註6〕當時先秦的「士」們，無不群起回應這一時代的大哉問：「過去如此，現在昏亂，未來何去何從？」〔註7〕士對此課題的回應，牽扯到天命、政治、經濟、文化甚至是自我生命存續的急迫性。

　　大哉問中包含著兩個主要的面向：一是政權的合法性，聯繫著富強、道德與天命的問題；二是個人生命的走向，現實面是人如何適應社會、離開社會、改變社會，在個體生命方面，是如何藉由各種工夫接軌並體證天命的意義問題。兩者通常都會指向終極的目標「天」與實踐的唯一平台「人」之間的關係上，而對天有各自詮釋手法的儒、墨、道、法、陰陽各家，無論是否承認天命與個人、國家之間的關係與價值，始終不可繞過這一關卡。「天」在中國從神意的人格傾向到需要個人自我發現並承擔的天命、抑或是天道規律的理解，期間中國人經歷漫長而且重要的心靈轉變。

　　從三代到春秋戰國，朝代的興替與政局的震盪，使得人與天的關係也有所變化，小周代大商的歷史事件，讓人文的意義被重新思考。「天命靡常」〔註8〕、

〔註5〕此說法出於（德）Karl Jaspers《歷史的起源與目標》，軸心時代具體的說法是「初次有了哲學家。人作為個人敢於依靠自己。中國的隱士與游士、印度的苦行者、希臘的哲學家、以色列的先知，無論彼此的信仰、思想內容與內在稟性的差異有多大，都屬於同一類的人。人證明自己能夠在內心中與整個宇宙相照映。他從自己的生命中發現了可以將自我提升到超乎個體和世界的內在根源。」這段時期約是西元前八世紀到前二世紀之間，軸心時代就是精神思維突破以往的禁錮，試圖將人的價值提高到和本體相關或合一的思想行為。余英時在其《論天人之際：中國古代思想起源試探》中，亦以此為其探究先秦時代思想變革的起點。原文可參 Jaspers, Karl, "The Origin and Goal of History." New Haven: Yale Universiry Press,1953, p.3.譯文參考余英時，《論天人之際：中國古代思想起源試探》（臺北：聯經出版社，2014），頁9。

〔註6〕牟宗三，《中國哲學十九講》（臺北：臺灣學生書局，2010），頁60。

〔註7〕此處的士以先秦戰國時代中的變動局勢後重組的士為主，非周代制度底下的士階級，有關士在中國歷史中的各種變動可參余英時，《中國知識階層史論》（臺北：聯經出版，2010）。

〔註8〕〔清〕阮元校刻，《毛詩正義》，收於《十三經注疏》清嘉慶刊本（北京：中華書局，2009），頁1086。

「天命無親，惟德是輔」〔註9〕等語句，帶出周人對天命變動領會後的憂患意識，人與天之間的互動變成非指定性的，而是依據行為判斷其是否能承繼天命，此處當然所言之承天命是以具統治權力的貴族為主，尚未擴及到平民階層。與此同時，周公確立新的政治制度：「宗法」，輔以「禮樂」來作為統治的方式與意義的根據，並以此承繼由他們武裝革命後所發現的「新型天命」。

　　周朝歷經幾百年到春秋末─戰國時期，周天子權力快速頹傾，周公以宗法、加上禮樂建置完成的家族政治亦漸趨崩毀，猶如孟子所言：「君子之澤，五世而斬」，一旦血緣關係經過時間撕裂、實力消長與人心慾望的膨脹，各國諸侯無不進行強兵與侵略。不只春秋無義戰，戰國時期更因戰爭方式的轉換與兵器的加強，加大了戰鬥的規模，殺人盈野的大小戰爭不在少數，在此動亂的時代，先秦諸子面對著周文必然疲弊甚至崩潰後的慘況，如果天不仁、道不行皆是事實，那諸子們到底該苦行其理、浮於海、當喪狗或拋棄天道呢？

　　到此，人對天的理解無不牽動著學術文化、社會政治和生命意義的轉輪，若大要的說，中國文化思想基本上是沿著天、人關係的轉換而變化其思想行為結構，此說當為公認之學術方向。天從「上帝」強烈的人格性一直到「天何言哉？」、「天地有大美而不說」的天道規律意義走了近千年，從認識論的觀點來說，思維典範的轉移，更來自於人自身存在對宇宙、本體之間關係的思考有關，簡言之，天之象徵與隱喻意義的變動來自於人認知深度的突破。〔註10〕

　　在天人之間，似乎還有一個隱沒的卻又明顯的議題需提出，即是長期作為中國文化核心的「家」。周公制定宗法禮樂之後，何人領天命，就等於整個家族都負擔乘載天下的政治、道德責任，可說一「家」的表象如何，國家就會如何發展，以共主或帝王統治的中國政治中，不僅只在周代有這現象，直至清代亦是如此，「家」形成與天命相關的一個向度。周朝制定禮樂，主要就是為了序長幼、定親疏、明貴賤，讓天意所向、家庭血脈、道德意義與個人行為交雜在一起，形成一個與夏代不同的家天下局面。可說周代的封建制度就以「家」為雛型隱喻，向外擴張至天下萬民。

　　此點在先秦思想家主要的思想來源《周易》中，更可看見這種家庭的「宇宙」圖像。在《周易・說卦傳》中，從特性、身體部位到以家庭成員的方式，

──────────

〔註9〕〈周書〉，收於《十三經注疏》，頁484。

〔註10〕關於天隱喻意義的演變，以及對中國古人的影響，詳細可在本論第三章第三節談論孔子之天隱喻時，有更多說明，此處只是先帶出議題。

比喻著《周易》中主要的八個卦象，其中「家庭成員」的隱喻，可說是將自然宇宙化為一完整的家庭圖像：

> 乾，天也，故稱乎父。坤，地也，故稱乎母。震一索而得男，故謂之長男。巽一索而得女，故謂之長女。坎再索而得男，故謂之中男。離再索而得女，故謂之中女。艮三索而得男，故謂之少男。兌三索而得女，故謂之少女。〔註11〕

乾天父坤地母加上三男三女，正合成一個宇宙式的家人關係，而以天為父的模式，亦與周代封建制度相契，將父權的模式融合入宗法的制度。將自然之力量化為家庭關係的呈現，彰顯了中國古代人對世界的感受與原初認知的文化建構方式，而此宗法宇宙即微縮在王族的家庭中。被視為天之正統的周王，加以宗族分封所治理的天下，依宇宙之家的模式，向下推擴其家族的政治統治與社會文化。

再看《周禮》中和家庭有關的禮俗，佔舉了大部分的內容，尤以婚、喪、祭之禮為最大宗，特別是喪、祭禮更是隆重再三，前者是家庭的開端與擴張，後兩者是家庭某部分的終結與提升，之所以有所謂的提升，乃是在於中國人將已死的先祖得以配享於天，並主宰著某部分的禍福吉凶有其相關，若祭祀得當或不當，皆有可能導致家族禍福的出現，特別是承天之命的君王之家更是如此。

周文疲弊的春秋前期，諧和的家之宇宙，卻因政治上王族家庭的異變、政治經濟環境的改換，產生了極大的問題。春秋時期井田制度崩潰，私有土地制開始勃發，普天之下莫非王土的態勢已過，這些由家族建立起來的累世王臣們開始有所異心，成為諸侯爭雄的局面，諸侯不敬周天子時有所聞，諸侯內部的家臣亦開始坐大，有如魯國三桓。以前由周家族為核心的政治系統失效，當箝制力度消失，禮樂宗法也將失去制度規範，有如本應為天子所用的八佾舞竟被魯國季氏所用，致使維護禮樂制度的孔子怒不可遏。再看《左傳》裡在政治場域上子弒父、兄殺弟層出不窮，做為示範性的上層家庭劣化，使得家的建構再次成為思考的項目。

政治與社會文化上的變動，必然會使得原有的結構與行為出現異化，因經濟私有以及諸侯國家的政治戰爭因素，還有耕作技術的轉變導致早先以宗法為核心的大型家族體制崩解，使得個體小型家庭得以脫開政治與經濟的宗家

〔註11〕詳參（宋）朱熹著，《周易本義》（臺北：大安出版社），頁271。

限制，出現在歷史之中。此新型個體家庭，因為上層政治家庭規範與倫理的破碎，亟需新的內容與制度來填充其中，而小型家庭有別於大型宗族家庭，相對外部的資源變少，因此對家庭內部的要求以及凝聚力更加強調，《中國家庭史》書中就提及此現象和所產生的影響：

> 春秋戰國時代人們十分強調家庭親屬間的責任和義務，期望建立一種理想和睦的家庭關係，這種理想和睦的家庭關係，概括起來是「父慈而教，子孝而箴；兄愛而友，弟敬而順；夫和而義，妻柔而正；姑慈而從，婦聽而婉。」按《管子》的說法則是：「為人父者，慈惠以教；為人子者，孝悌以肅；為人兄者，寬裕以誨；為人弟者，比順以敬；為人夫者，敦懞以固；為人妻者，勸勉以貞。」這要求不同家庭成員擔當應有的角色，承擔起應盡的義務。家庭關係的這一發展，直接導致了以個體家庭為核心的新型倫理體系的建立。〔註12〕

引文中所徵引的古文獻看得出這樣的論點，與後來儒家所言有相當大的相似性。〔註13〕孔子一脈的儒者們算是擔起重建家思想內涵的前鋒之人，在《論語》中不斷論述孝的多重行為與意義，以慈孝作為承上啟下的家庭行為，其學派並將這樣的情感帶入到儒家仁禮思想的核心〔註14〕，而在孔子與哀公的為政討論中，更將此等家庭關係帶入到人對天的思考與行為：

> 公曰：「寡人且愚冥，幸煩子志之心也。」孔子蹴然避席而對曰：「仁人不過乎物，孝子不過乎親。是故仁人之事親也如事天，事天如事親，此謂孝子成身。」〔註15〕

孔子將家庭中事親的孝之行為，推擴到事天，加深到仁之本，基本就算以

〔註12〕 詳參張國剛主編，《中國家庭史——先秦至南北朝時期》（第一卷）（廣州：廣東人民出版社，2007），頁152。

〔註13〕 「到了春秋戰國時期，面對新的家庭事實（按上層家庭的混亂、禮義的喪失），以孔子等人為代表的儒家，積極從西周禮樂制度中尋找文化資源，對婚姻和夫婦倫理加以整理、闡釋和發揮，儘管其中仍具有濃厚的貴族色彩，但對庶民家庭倫理現實越來越受到重視。……儒家所提倡的夫婦倫理，影響漸及於普通民眾，而不再僅僅侷限於少數貴族。」《中國家庭史——先秦至南北朝時期》（第一卷），頁186。

〔註14〕 《論語·學而》：「有子曰：『其為人也孝弟，而好犯上者，鮮矣；不好犯上，而好作亂者，未之有也。君子務本，本立而道生。孝弟也者，其為仁之本與！』」（宋）朱熹著，《四書章句集注》（臺北：大安出版社，1999）。

〔註15〕 陳士珂輯，《孔子家語疏證》（北京：中華書局，1985），頁289。

家的思維去探討天人關係的一種模式〔註16〕，可說將產生於家庭內部的關係性向上推至某種與形而上的關係，劉國剛言：

> 在傳統家庭倫理體系的形成過程中，墨家、法家和道家都做出了一定的貢獻，但以孔子、曾子和孟子為代表的儒家則發揮了無法替代的歷史作用，這一點是不容懷疑的。正是由於以儒家為主的先秦思想家的努力，孝悌論理由具體而繁瑣的「禮」昇華為一種形而上的「道」，並被賦予了「普適性」（筆者案可能為普「世」性之誤）的社會意義，孝悌倫理最終不僅在實踐層面上，而且在「形而上」的理論層面上，實現了有宗法政治倫理向家庭倫理轉變。〔註17〕

這個階段家的重新組構，基本上決定了中國後面千年家庭的基本樣態，故除了結構上的轉變外，其內裡關係性所依憑的情感與價值，亦會有所變動，先秦眾多思想家都為此作出了些許貢獻，特別儒家更將這種家庭關係上達道的形而上層次，不得不說家的思維與重構，對此時期相當重要。且家庭對中國政治、經濟與文化的影響巨大，是人初發生的場所，亦是某種與天相關卡榫，特別在此春秋戰國時期面對大宗家制度崩潰禮樂疲弊後，思想家如何為新型家庭找出其價值，究竟要承繼前人還是有所轉化，而這價值與人自身或是超越之天又有何關係，筆者相信這是那個時代中思想家或隱或顯的內在議題。

周文疲弊與先秦戰國局勢的混亂，除了使人產生對自身存在的提問，以及對天的重新定義以外，更要面對的是家意義重建的問題，象徵性的家如果崩壞，如何就地重建其中的內涵與價值，也成為了思想家們思考的重點。至此，中國人就在天、家、人三個方向中尋找過去、現在與未來的目標與意義。

在此歷史課題下，先秦的諸子百家將天與人、人與家、人與自己的時代議題顯現出來，天、家以及人自身的價值都聯繫著政權、經濟、民生、文化延續與個體超越的多重面向，在先秦，各家各派的人們都無法逃避這一課題。

天和家基本都需要由人去承繼或維持。無論是承天命、承天道、接收天意

〔註16〕關於孔子對於家的思考，還有著另一層有別於傳統家庭的隱喻內涵，在本論論及孔子家隱喻時再詳述，此處只是先說明儒家思維在先秦思想中所佔的重要地位。

〔註17〕《中國家庭史——先秦至南北朝時期》（第一卷），頁214。此點並非劉國剛本身如此說，臺灣早期的新儒家大師們幾乎也都有提及，特別是唐君毅對於孝悌倫理之形上、社會、人性之意義更有所論述，詳可參氏著，《文化意識與道德理性》，（臺北：台灣學生書局，1900）中第〈第二章　家庭意識與道德理性〉的「第三節孝之形上學根據與其道德意義」。

或是以孝悌仁愛去接人待物，都需要人作為主要的載體去解讀、體證或實踐，以何種工夫去打造自我的精神與身體，就成為注目的焦點。而工夫的成立需要歷史或意義的根源為基本，除了用某一詞彙做為其概念、行為的核心以外（如仁、義等），更因中國文字來自獨特的象形形聲之塊狀結構，使得選取的詞彙帶有其原始的意象或象徵在。〔註18〕

　　這些詞彙被後代學人詮釋後更增加了許多歷史、神話上的隱喻意涵，增幅後的詞彙及其意義也再度轉化為工夫的核心內涵，有如詮釋循環一樣，這些重要詞彙在歷史的長流中無盡的意義化。可說這些核心詞彙，會成為思想家們為何進行工夫錘鍊自己的信仰中心。在宗教中，是以某某神祇為皈依嚮往的對象，先秦的思想家是隱喻性地找出一個飽含豐富象徵的詞彙或情境意象，來映射出其根源的精神之所在，有如《論語》中的智者樂水、仁者樂山；《孟子》的四心四端之匹配；《道德經》中的上善若水，江海為百谷王的為柔為下；《莊子》鯤化鵬徙的化、遊精神，天籟隱含的無聲流動之氣等。

　　諸子以文字直陳或隱喻的方式將人帶入特殊的情境，讓感受性直接作用在精神與身體之上，使得聽者／讀者的存在產生相應的共振，猶如聽故事的情景一般，說書人時而高亢，時而陰鬱，一首開場，一聲感嘆，以桃花喻人，以秋風喻悲，在在都引動著台下我們的身心。思想家，特別是注意人存在狀態與世界關係的思想家們，大量使用隱喻就是為了說出那說不出的臨場感、身體感，藉由語言文字像電流一樣，試圖傳導到讀者所有的身心感官之中。

　　思想必須具有一定的強度、厚度並搭配適切的方法，才可能撼動人的存在狀態，去正視自我與時代的痛處，進而去思考本真與否的問題，先秦思想家們，不只讓這樣的思維作用在精神，更展示在身體的一舉一動之中。而他們的各個核心思想如果真與天、家、人這三個在歷史中不斷變動內涵的概念有所互動，除了會反映在他們寫下的經典文字以外，也會在其生命歷史中藉由具體行為呈現出來，故當時思想家所處的情境與其選擇，將會在書寫之時，隱藏在文字的編排或隱喻的運用之中。

〔註18〕近年來中文學界開始關注到漢字的結構、來源與東方人思維之間的關係，主要是由楊儒賓與林遠澤首先提倡，開啟洪保德的讀書會，藉以探索語言文字對於一個社群的影響與如何建構出一套認知思維，隨後《漢學研究》亦出版了「漢字與思維」專號，《清華學報》也接續出版了「漢字與詩文詮釋」專號，都表明了漢字本身具有的研究潛能，並非只侷限在當代的文字、聲韻等範圍之內，更可探討漢字系統如何創造了華人思想的核心與泉源。

在先秦歷史劇變的探問下，思想家在當時思考探索的問題可具體分為三個：一是人自身存有的意義？

道德行為的高下不再為階級區分的必要條件時，人如何找到人要追尋且依循的準則與目標，就是這時代一重要的課題，這點端看文本中思想者怎麼去看待與描述人的內心狀態與行為之間的關係。

二是家如何象徵性的重建？

宗法制度不再能維繫家族時，一個家的型態是否有其他可能性。如果有，那麼會不會是一種超越血緣方式的象徵型態，端看思想家如何去思維家的組成，以及要加入何種要素，期望能重建或是再創一種「家（族）」。

三為天與人之關係，能否不再透過統治者或他人即可直接體會？

要解答此題，必得得知思想家心中的天，變成甚麼樣貌。在面對這三大命題，筆者聚焦的是分屬春秋末與戰國中後的孔子與莊子。除了前文中兩者相關性之外，筆者認為在春秋末面對天、家、人命題「正在」巨變的孔子，可說是第一個探索並思考重建或重設三者背後意義的重大思想家，在其日常的話語中，還有其行為模式中，隱喻著孔子對三者的甚深思考。

莊子則位於戰國中末，是時人才輩出，百家爭鳴，各家都在建構屬於自己的理論，特別對於天與人此部分更是兵家之地，但莊子卻運用強烈的隱喻方式，來道出其心中的天、人樣態，筆者認為與孔子日常而非直接論述之言，有異曲同工之妙，可說孔子用日常隱喻其旨，莊子則用荒謬隱喻其說。兩者看似南轅北轍，但從認知隱喻的角度來說，都是對目標域進行了隱蔽，實殊途同歸，正需要找尋其語意項來場「解蔽」的對應探索。

三大命題中研究者向來較少注意到「家」的議題，孔莊的相關文獻中直接提及家的部分並不多，但這並不代表兩者對於家的隱喻重建沒有注意，孔子處於前文已有提及，孔子主要以家人之間的關係情感作為核心，擴張到對於世界乃至天的關係性中，其所言天道與性雖不多，卻是具體生發在與弟子、他人的問孝、問政之中呈現。在《論語》中提及「孝」處即有 14 則，論及「父」處有 19 則，論及「母」處有 8 則，有趣的是母字的出現多半都是「父母」連稱，對於「父」的單獨論述較多。而在莊子位在戰國局勢中，身處在新家庭結構與意義重新建構最激烈之時，未去探索這個領域似乎說不過去，在《莊子》中提及「家」亦有 25 處，特別一處在〈秋水〉河伯與北海若的對話中，有所謂的

「大方之家」之呈現〔註19〕，而提及父處有 54 次，母處有 23 次，父母同稱亦有 11 處，其中有兩處更是以父母喻變化之陰陽還有天地〔註20〕，不可不說仍有家庭的思維在其思想中呈現，只是與孔子著重的面向，或有同異，這留待後論。另從心理學來說，原生家庭塑造著個人的原初行為，家怎麼會不重要呢？筆者試圖挑戰此點，嘗試運用各式隱喻的角度切入去探索。且在兩人密切相關的可能性上，對天家人三者的探索，說不定會找到孔莊在隱喻思維上的相關性，探究其是否有其相似與改換之處，這即是本論思維的核心之處。

三、孔莊隱喻研究的可能性

黃俊傑曾在《中國古代思維方式》的引言中，展望「未來」研究可能的兩個角度：

> 我們可以從兩個角度來看：（1）就作為認知手段的思維方式而言，在中國思想史研究中最具有發展潛力的，可能是「類比思維」（analogical thinking）、「聯繫性思維」（co-relative）〔註21〕與「具體性思維」（concrete thinking）等；（2）就作為建構哲學系統的方法之思維方式而言，中國思想家所運用的思維方式甚為多樣，不一而足，其中有值得特別探討的有「身體思維」（body thinking）及「隱喻思維」（metaphorical thinking）等。〔註22〕

類比思維是「就以已知事物推論未知事物」；聯繫性思維是「將兩種具有同質性的事物或現象聯繫再一起思考」；具體性思維是「從具體事物出發進行思考活動」。〔註23〕前述三種思維，是就認識論的基礎來看，為人掌握理解自

〔註19〕 不過筆者更注意到的是由家庭框架擴張而成的鄉之概念，這在莊子家的隱喻中更為重要，留待下文處理。

〔註20〕 如〈達生〉提及：「天地者，萬物之父母也，合則成體，散則成始。形精不虧，是謂能移；精而又精，反以相天。」清·郭慶藩輯，《莊子集釋》（臺北：頂淵文化事業，2001），頁 632。

〔註21〕 聯繫性思維一詞，或可追溯到英國學者李約瑟（Joseph Needham）所言的「關聯式的思考」（correlative thinking），即是李約瑟就由觀察先秦兩漢陰陽五行的思想，得出中國古人認為事物是藉感應而相互影響，並非是一種外在因果相推的世界觀，而因為這樣的感通系統，使得整個宇宙都呈現為一個有機又運作和諧的共同體。詳可參李約瑟著，陳立夫主譯，《中國古代科學思想史》（南昌：江西人民出版社，1993），頁 372～378。

〔註22〕 楊儒賓、黃俊傑編，《中國古代的思維方式》（臺北：正中書局，1996），頁 15。

〔註23〕 黃俊傑，《東亞儒學史的新視野》（臺北：臺灣大學出版中心，2006），頁 313。

已與世界的方法。推論的類比在先秦常常使用，但容易跟隱喻的認識面向有所混淆，人對於無法傳達或不在現場之事物的說明，往往都會使用隱喻，這點東西方亦然，所以已知推未知的類比，若不嚴格用語言學的方式定義，仍可歸於隱喻這一大類之中。

聯繫性思維來自中國人思考自然宇宙中人事物之間的相關性，人與世界中的事物相互影響，黃俊傑說明這樣的思維方式，建立在三項命題之上：「（a）宇宙間的事物都具有『同質性』，因此可以互相感應或類推。（b）宇宙中的部分與部分之間，以及（c）部分與全體之間均是有機而互相滲透交互影響的關係。」〔註24〕以此認為這種思維是貫通古代中國宇宙論與心性論的重要方式，若將這思維更全面的表達，就是杜維明提及中國思想最重要的特色「存有連續性」的認知方式。〔註25〕

聯繫性思維早期或許是藉由一種神話思維理性化之後的變形，但至少就先秦之後，「氣」系統的建構應是這種思維的主要核心，不論是儒家的心氣或道家的神氣，之所以可以讓意志作用在其他事物身上，並非是用強制的手段，而是在氣化的概念下，中國思想有一種萬物同「質」（氣）的基本預設，讓動人感物成為可能，也讓身體與國體相關的論述有所根據。〔註26〕而氣—身體的工夫論，也將這種聯繫性思維的根本與身體思維相連。

具體性思維與中國人不以太抽象的概念去思索世界有關，多從日常事物

〔註24〕《東亞儒學史的新視野》，頁315。

〔註25〕杜維明的說法可參氏著，〈試談中國哲學中的三個基調〉，《中國哲學史研究》1（1981）。

〔註26〕賴錫三曾總論的說這類的聯繫性思維大多都跟氣脫不了關係：「不管是杜維明所謂『存有連續性』的東方文明觀，安樂哲所謂『關聯式宇宙』，湯淺泰雄所謂『共時性的感應世界觀』，李約瑟所謂『關聯式思考的宇宙有機體』等等，東方這種透過『氣』的流動性所融貫互滲的有機宇宙，通常會強調天地的整體同質性。如楊儒賓指出的：『無論陰陽二氣也罷，陰陽風雨晦明六氣也罷，都是從氣引申出來的，而其作用都是用有解釋「天地為一同質性、交相融釋的有機體」此一事實』換言之，這種氣化交融的宇宙，大抵上都有強調整體性、連續性的『一元論』特質。用『一』、『多』這組形上學語彙來說，『部分』（差異之多）不能是孤立的個體，部分跟部分實乃交相互滲為存有連續的有機『整體』（整體之一）。而東方這種體驗形上學的有機原型（一多相及的宇宙觀），通常也會類比地表現在身體觀、政治觀等具體的文化向度上，提供身體與國體的整體性理序。」詳可參賴錫三，《道家型知識分子論：《莊子》的權力批判與文化更新》（臺北：國立臺灣大學出版中心，2013），頁126。

起手，故中庸之道才如此重要。從「具體」出發進行思考，林啟屏就曾以此為題寫作《儒家思想中的具體性思維》，研究範圍承繼黃俊傑之設定並向前許多，文中提及楊儒賓的「身體觀」論述即是一種具體性的表現，[註27]的確就發生學的角度來說，具體性思維的展現，必然是以身體為基礎才可能出現。身體是認識世界的基本座標，具體性思維運用外部事物來做為抽象思想論述的方式，將會夾雜著使用者身心遭遇或掌握事物的經驗，故具體性思維背後選取事物的角度或狀態，亦會受到此身心經驗的影響，不只如此，無論是語言觀、宗教性或天道實踐等議題，也都需要身體在場才可呈現[註28]。而在文字經典上，從具體事物興發的思考與工夫，最終要回頭說明所得的道理與體驗時，也必須用具體的事物來比擬，所以又可歸結與隱喻思維相關。想當而然，面對具體事物的身心經驗，以及其帶來的情感也會影響著隱喻思維的選取與陳述方式，這四種「思維」都環環相扣。

　　這四種「未來」研究將在「聯繫性思維」跟「具體性思維」的大方向下，用「身體思維」與「隱喻思維」進行研究。

　　在黃俊傑說這段引言之後的十幾年，運用身體論述之研究大盛，到最近五六年使用隱喻思維的研究思潮也逐漸興起，悄悄的席捲了思想、文學的研究領域，甚至和身體聯繫起來產生更大的動能，畢竟，身體所展示的就是歷史、自然、社會、價值甚至是天道最大的隱喻集合中心。[註29]

　　從王官源流、巫文化到神話思維的聯繫，先秦儒道的溯源在目前的文獻及出土資料，大抵如此，而向內去思維儒道思想的表現形態。從早先的觀念哲學語言、精神的進路到身體主體論述，直到導出氣這一重要的存有面向，近年來又轉向了身體與隱喻相繫的內在根源。所謂先秦儒道「身體主體」的論述，

[註27] 林啟屏並以具體性思維為主軸統合儒家「語言觀」、「正統—異端」、「具體實踐」、「宗教性」、「一體觀」等焦點問題，詳請參林啟屏，《儒家思想中的具體性思維》（臺北：臺灣學生書局，2004），頁6～7。

[註28] 「『身體思維方式』也是『具體性思維方式』的一種表現，因為人的身體是最具體的，是人和外在世界的聚合點，所以從身體出發的思想，必然有其具體性。」《東亞儒學的新視野》，頁399。

[註29] 在東方身體因為與萬物同質，藉由氣的交通互震，使「一多相即」的存有論得以發生，故身體會因為氣感的擴張達到綿延不斷的特質，就如梅洛龐蒂（Maurice Merleau-Ponty）所言，世界是一「肉」的現象學、存有論，在東方世界就是一「氣」的現象學、存有論，就此身體不再是身體而是宇宙化、意義化的氣化主體，成為了天命、自然、歷史、人文的隱喻集中地。所以上述的身體思維、隱喻思維其實都是在氣化的基礎下才能真正理解其定義。

其實是由經典文句中引發出來的研究，「身體」的表現形態實際「隱喻」於文句之中，而文句更來自於大師、門生對自身歷史、思想、宇宙的感受所寫下，多重的感受又源於身體在世的體會，可說經典中的文句與文句中隱喻的身體，正因為不斷的研究而產生詮釋循環的效應，但文獻資料始終是最初也是最後的依據，那麼中國主要的隱喻手法及其思維方式就成了契近孔莊探索天、家、人的重要線索。

四、近代隱喻研究軌跡

　　在論述本論的隱喻研究方式之前，需要對近代儒道隱喻研究的起始與現狀做些說明。讓時光回溯一下，在牟宗三等大儒運用觀念哲學重新建立中國哲學之後，另一種思維雖在當時的臺灣並沒有太多人注意，卻也形成一股研究的潛在動能：運用德哲海德格（Martin Heidegger，1889～1976）的「存有論」思維進行討論，帶來突破中國哲學論述的一線曙光。最早開始注意海德格理論與中國哲學的，當屬傅偉勳〈創造性詮釋：道家形上學與海德格〉〔註30〕與陳榮灼《Heidegger and Chinese Philosophy》，〔註31〕當中特別又以其討論道家最為精彩。傅偉勳於文中提出創造性詮釋的方法論，並引證海德格的詮釋方法，以此解決老子道的形上內涵問題，但大多點到為止；陳榮灼則從海德格爾前後期對存有論述的轉變，以及海氏發展出來的存有哲學，去詮釋中國三教哲學與藝術哲學中最根本的核心觀念，又用「在世存有」（Being-in-the-world）、「離據」（Ab-grund）等概念對應討論儒釋道的各種關鍵詞之內涵，統合了存有論和宇宙論之間的扞格問題（應然跟實然的困境）〔註32〕，可說全面性的初步比對海

〔註30〕參見 Charles Wei-Hsan Fu, "Creative Hermeneutics: Taoist Metaphysics and Heidegger", Journal of Chinese Philosophy, 3.2: 115~143, 1976.

〔註31〕陳榮灼，《Heidegger and Chinese Philosophy》（臺北：雙葉出版社，1986）。

〔註32〕特別在道家方面，賴錫三指出陳氏用海德格與郭象的路徑，將道家的「自然」內涵做出了重要的貢獻：「其一是使道和物的存有論隸屬關係，達到最徹底的表達和確定。從此道之開顯即是物自身的物化，亦即物物的自爾、自使、獨化，絕對沒有超絕於自然物化之上的另一個道體。……綜言之，陳氏經過以上的論證後，強調在消極面上，它澄清了道家既不是西方形上式的思考，也不是絕對的虛無主義者；積極面則使得自生、自化等觀念成為道家形上思想的核心，而它們都強化了「自然」這一關鍵概念，對「道」和「生」的規範性、優先性。」「其次，這樣詮解下的道家之自然，才得到它那不折不扣的存有論活動義，而且這充滿存有論意蘊的自然之道，才是道家之道的首出根源義，而不是牟先生所詮釋的主體心境下的自然之道。」詳參賴錫三，《當代新道家》（臺北：臺灣大學出版，2011），頁63～65。

德格思想與中國哲學間的關係。〔註33〕

　　袁保新在其同時或稍後，花了相當的時間以海德格爾的思想，希冀越過牟宗三的建構，重新討論並組織中國哲學：「過去二十多年來，我資借海德格哲學的理路、概念架構來詮釋中國哲學的作法，與其說是我相信海德格更能幫助我們還原中國哲學的本懷真相；毋寧說是通過海德格的參照對比，我們可以為中國哲學經典的內涵，找到更適用於當代情境的現代義涵。」〔註34〕袁氏更特別以此論點針對老子與孟子進行研究：袁保新將老子中的道等同於海德格的存有「Sein」，進而去論述此存有的開顯與動態意涵，並以此反對用主觀境界形上學與實有形上學界定中國哲學的設定，特別以海德格「存有論的差異」（ontological difference），去理解中國「道」與「萬物」之間的關係。因從存有論的差異出發，每個存有物必然是一種關聯性的呈現，物物之間因為「存有」的穿透，使得存有物開顯著存有，成為「在世存有」的互聯網關係，而如果我們把「存有」換成「道」似乎便更能理解。袁氏以此推論出：「如果我們謹守老子這種以『無』為本的形上智慧，『實有形態』的詮釋進路，基本上是不相應於老子哲學的本懷的。」〔註35〕因為實有形態的道，永遠會被西方論述中對於應然跟實然的困境所糾纏。〔註36〕相比老子，袁保新更著力於用基本存有論去詮釋孟子，將孟子的「心」放入「在世存有」的向度去談心如何有知天與感通能力的「無限」能力，重新思考是否需要用實有形上學的方式去談既存有又活動的假設，回到實踐與關聯性的核心，海德格的存有與存有者更適切於心與道之間的互滲關係。袁氏接著將孟子的「天」「存有論化」，藉由「世界的

〔註33〕關於兩者的重要討論詳可參賴錫三，《當代新道家》，頁 46～76。

〔註34〕袁保新，《從海德格、老子、孟子到當代新儒學》（臺北：臺灣學生書局，2008），頁 22。

〔註35〕《從海德格、老子、孟子到當代新儒學》，頁 261。

〔註36〕賴錫三將袁保新用海德格詮釋老子的貢獻區分出三點：「（一）以『道是價值世界的形上基礎』一觀念，超克了陳康所提出的『實然』與『應然』異質異層的破裂質疑，重新使《老子》的形上之道與人生之道通貫無礙⋯⋯。（二）以道家的『以道觀道』來反省牟先生『主觀境界型態形上學』的語言概念之弊病。即，指出『主體』、『主觀』一類的用辭顯然是滯辭，它雖然突顯了實踐層面的主體能動性，但也因此讓體道境界的『客觀性』或『超主客性』隱沒了⋯⋯。（三）筆者認為更具有理論開創性的是，袁先生提出的『道之作為存在界的價值理序』一觀念，除了其有解決實然、應然二分的困局之外，它其實更企圖延展牟先生境界之道的真實『客觀性』，所可能具有的『存有論意涵』，只是他在表達策略上採取欲說還休的隱微和含蓄態度。」詳參《當代新道家》，頁 15～16。

世界化」去詮釋萬事萬物與天道的不一不異的相即關係，以此讓儒家的心—性—天結構，以致擴及萬事萬物的仁之感通性，轉換成生活世界各種交流轉化的意義基礎。〔註37〕

　　其後，儒家方面運用海德格思維討論的研究就轉趨微弱，較知名的還有陳榮華用「在世存有」、「語言的開顯」等特質討論儒家的天人合一觀點或是孟子的思想；〔註38〕道家方面，於近代開始出現大量利用海德格或詮釋、或對照的研究，或因海德格的思想本就與道家有所關連，〔註39〕所以用來討論道家之時更得心應手。除了前述的陳榮灼接續的道家研究外，另外還有賴賢宗、〔註40〕鍾振宇、〔註41〕關子尹、〔註42〕黃漢清、〔註43〕張祥龍、孫周興、那薇〔註44〕等人，在臺灣近期使用海氏哲學來詮釋道家思想，具有突出發展的學者當為賴錫三。

〔註37〕《從海德格、老子、孟子到當代新儒學》，頁15～17。
〔註38〕詳可參陳榮華，〈海德格在世存有（In-der-Welt-sein）與先秦儒家的天人合一〉，《揭諦》14（2008.2）：159～184、〈從海德格《存有與時間》的開顯性論《孟子》的哲學概念〉，生命與哲學——比較哲學學術研討會。嘉義：南華大學哲學研究所，2008年5月。
〔註39〕海德格與道家之間的關係詳可參張祥龍，〈海德格爾與道及東方思想〉，收於氏著，《海德格爾思想與中國天道》（北京：三聯書局，1996）、賴賢宗，〈海德格爾論道：一個文獻學的考察〉，《思與言》42.2（2004.6）：229～265、孫周興，〈老子對海德格的影響〉，《哲學與文化》20.12（1993.12）：1163～1167、（德）Otto Poggeler，〈東西方對話：海德格與老子〉，收入（德）Reinhard May 編，張志強譯，《海德格與東亞思想》（北京：中國社會科學出版社，2003）。
〔註40〕詳可參賴宗賢，〈海德格存有思想與道家思想的交涉：謝林、尼采、海德格、老子對形上學的根本問題的探討〉，《哲學與文化》26：8（2009）：23～55、〈形上學的根本問題與道家思想：在海德格爾、謝林、尼采的思想脈絡之中〉，《湖北社會科學》9（2009）：122～126。
〔註41〕詳可參鍾振宇，《道家與海德格》（臺北：文津出版社，2010）、〈莊子的死亡存有論——與海德格死亡哲學之對話〉，《道家文化研究》28（2014）。鍾振宇。2014年、〈莊子的語言存有論——由晚期海德格哲學切入之探討〉，《中國哲學與文化》12（2014）、〈道家的器具存有論——與海德格器具理論之跨文化對話〉，《中國文哲研究集刊》43（2013.9）：135～171、〈德國哲學界之新道家詮釋——海德格（Heidegger）與沃爾法特（Wohlfart）〉，《中央大學人文學報》34（2008.4）：33～61。〈海德格與老子論「同一與差異」〉，《鵝湖月刊》29：8（2004.2）：30～41。
〔註42〕詳可參關子尹，〈海德格的「同一性」思維與道家哲學〉，《現象學與人文科學》2（2005.12）：211～259。
〔註43〕黃漢青著，《莊子思想的現代詮釋》（臺北：五南圖書出版社，2006）。
〔註44〕那薇著，《天籟之音 源自何方——莊子的無心之言與海德格的不可說之說》（北京：商務印書館，2009）。

　　賴錫三將海德格許多的思維方式運用在其道家研究之中，早期有如在
〈《莊子》對形上學的批判與存有論進路的指點〉一文中，就對〈則陽〉中少
知問於大公調萬物由何而生與季真、接子何人說法有理的對話，萬物由何而生
延伸出的形上學質問，背後隱藏的文句即是：是否有一形上實體創生萬物？
以此開展出一連串的因果律問題，而大公調先以事物相生相倚，無法確切切
分，並且說明因果律的適用情境，再說出「覩道之人」對因果律的超越與包
容，最後對於因果律可能會產生的偏執做出批判。

　　「因果計算性」可對事物提出一個在此情境下的正確解釋，但海德格認為
卻會將眼前之物當作客體來思考，容易走向心物二元的笛卡兒老路，更嚴重的
是將物本身具有的存有開顯可能性減縮，將物當成一種延伸而非另一種主體，
讓事物處在一個比我更為低等的位階，產生與本質主義的結合後的權力之不對
等。賴錫三藉此思維去詮釋大公調也是如此論點，如果只是用因果律去看待世
間萬物的生滅，那麼將會落入一種單方面暴力的宰控，以此推論莊子亦是批判
實有形上學命題帶來的因果論述，更進一步將道與物之間的差異，運用海德格
爾思想表達為「『存有』（ontological 層次）和『存有物』（ontical 層次）的『存
有論區別』」。〔註45〕

　　「沉思之思」是海德格爾後期重要的哲學、詩學內核更被賴錫三接入詮
釋莊子如何表述「道」的方式：

> 因此，道是絕對無法以因果律的計算性思考來加以把握的，故曰（大
> 公調曰）：「數之所不能分，數之所不能窮」。若以海德格爾來說，
> 存有之道，無法以「計算性思維」來把握的，只能以「沉思之思」
> 來聆聽：「為了特定的目標，出於精打細算，我們來考慮這些情況。
> 我們預先就估算到一定的成果。這種計算是所有計畫和研究思維的
> 特徵……計算性思維唆使人不停地投機。計算性思維從不停息，達
> 不到沉思。計算性思維不是沉思之思，不是思索在一切存在者中起
> 支配作用的那種思想……。」〔註46〕

　　在基本存有論的論調中，賴氏的道家研究接榫了陳榮灼、傅偉勳與袁保
新的創見，更往前的將海德格爾的思想中人與世界的獨特關係，還有對實有

〔註45〕賴錫三，〈《莊子》對形上學思考的批判與存有論進路的指點〉，《莊子靈光的當
　　　　代詮釋》（新竹：清華大學出版，2008），頁 11。
〔註46〕賴錫三，《莊子靈光的當代詮釋》，頁 14。

形上的警戒與批判引入了當代的道家討論場域，在討論莊子著名的喪我工夫時也運用了海德格爾的語言「即是喪掉『表象化』之執，喪掉『主客分裂二元對立』之執，喪掉『表象思維』之執，喪掉康德所謂『知性主體的概念綜合』之執等」。〔註47〕

其後在賴氏的研究中，運用海德格爾思想的語言來詮釋可說無處不見，甚而在其〈後牟宗三時代〉一文中，更直接認為運用海氏存有論思想，將開啟更多道家的研究面向。而與隱喻最相關的，莫過於賴錫三用海德格爾的語言原初意「logos」來表現道家的語言特性：「Logos 的原初意不是一般的理性思想，而是語言的原初意（存有自己說出自己），此亦相應《莊子》所謂的『真言』，此真言亦正式對道的開啟，故『道』一字本身即含有原初的語言開顯義」，〔註48〕所以道本身就具有「道說」的動作含藏在內，此處逼顯出一個重要的問題：就算人能藉由自身的工夫或體悟去傾聽道之說出，但「道原初的語言開顯義」指的是存有不被限制的開展自身而被存有者所感受到，並非使用人的語言文字而說，那麼，在人聆聽道說之後，人能再度陳述嗎？

賴錫三藉由海德格晚期的「詩意隱喻」，〔註49〕試圖解決這一難題，並用來解讀道家明明對語言有所警惕，卻還是運用許多正反設論、寓言、隱喻的方式來試圖「說道」〔註50〕及其相關的體驗之原因。在其討論莊子的冥契與語言之關係時，特別將結合了海德格爾的「語詞呼喚」、卡西勒（Ernst Cassirer）的「語詞魔力」與史作檉的「表達能量」〔註51〕去說明在理性邏輯的語言之外，為何道家的語言可以稍微契近道之存有的展現：

> 語詞的魔力至在於它具有呼喚的作用（如咒語一般的召神召魂作用），而呼喚使得存在真正出場，而存在之所以能透過語詞呼喚而出

〔註47〕賴錫三，〈《莊子》工夫實踐的歷程與存有論的證悟──以〈齊物論〉為核心展開〉，《莊子靈光的當代詮釋》，頁31。

〔註48〕賴錫三，〈《莊子》的冥契真理觀與語言觀〉，《莊子靈光的當代詮釋》，頁64。

〔註49〕在賴錫三討論道家的審美與語言觀時，常運用海德格爾詩意隱喻的說法，有如其在面對老子運用許多自然界的隱喻來聯繫道跟物之關係時曾言：「《老子》對於無形之道的描繪，終究又回到具體之『物』意象，並且由特殊物意象，重新點燃人們對道體的具體感受力，如此物之意象變成了存有之道的詩性隱喻，所謂『即物而道』是也。相應於道家的晚期海德格，其以詩歌表達存有也是『即物而道』的揭露……。」《莊子靈光的當代詮釋》，頁254。

〔註50〕此部分在筆者碩士論文中也有所探討，詳請參《莊子說道──論其寓言中的氣化與語言》，國立中正大學中國文學所，2010。

〔註51〕《莊子靈光的當代詮釋》，頁80。

場，乃在於這種呼喚具有吩咐保護存在的力量，一言以蔽之，及語詞呼喚在於其表達所具備的能量。總之，「語詞魔力」、「表達能量」、「命名呼喚」根本是三位一體的關係。〔註52〕

體道的冥契經驗也有些類似宗教通神的特質，而上述的三者也是以一種原初的體驗為基點，並說明從這種體驗流出的「咒語」所具備的特性，「呼喚存有」就是這種語言最大的力量。有如神話思維中的「命名」的意義，見識自然的神力之後，初民以一種部份代全體的隱喻思維，設定了此神的名字，一但呼神便有如神臨，因為此隱喻的名稱背後，帶出的是一連串的存有力量之呈現。但上述三者的表達去除掉了神話中神對人的絕對控制權，只留下了帶出存有魔力的隱喻表達方式〔註53〕，使存有以單純能量或力量運作的方式呈現，也正因如此隱喻的表達方式就可產生新的各種變化可能性。因道（存有）的流動不已、不可實體化之特性，讓道家選中用具有召喚魔力與可隨時轉換的隱喻手法來進行表達對道的體驗與領悟。〔註54〕

從道說開始到存有呼喚，從存有自身開展到存有者召喚存有，隱喻連結兩種框架的能力在「說道」的呈現上具有強大的詮釋效益，以此，賴錫三更將卡西勒語言哲學中最核心的「基本隱喻」接入其研究中。「基本隱喻」是卡西勒在探討語言原初力量來源的發現，卡西勒回到神話時代去尋找在邏輯理性語言之前，是否有一種語言具有魔力與生命，以復甦乾枯的理性語言，「基本隱喻」即是他找到的答案：

「基本隱喻」是神話的以及語言的概念本身得以表達的條件。的確，甚至是最原始的言語發聲也要求有一個從某一認知的抑或情感的經驗轉化為聲音的變形過程，亦即轉化為一種該經驗不同的，甚至是全然相對的媒介過程；恰如最簡單的神話形式也唯有憑藉使得某一印象脫離日常的、普通的、世俗的領域，並把它高抬至「神性」層次即神話——宗教「意蘊」範圍的變形過程方能產生一樣。這裡所牽涉的就不只是位移了，而是一種真正的「進入到另一個起源之中」；實際上，這不只是向另一個範疇的轉化，而是這個範疇本身

〔註52〕《莊子靈光的當代詮釋》，頁81。
〔註53〕關於神話與道家之間的同異關係可參賴錫三，〈神話、《老子》、《莊子》之「同」「異」研究——朝向「當代新道家」的可能性〉，收於《莊子靈光的當代詮釋》。
〔註54〕猶如賴錫三所言：「語言的隱喻不可被實體化，否則就違背了氣化不已的宇宙、生命之自由實像。」詳參氏著，《莊子靈光的當代詮釋》，頁83。

　　的創造。〔註55〕

　　基本隱喻來自於一種「創造」，並非簡單的因相似而可以進行觀念類比，而是真正的由一種對某種「意象」與「象徵」的強烈情感，進而爆發出的一種聯繫與創造，而所謂的聯繫是指我與他人、事物、世界等進行的「不思議」連結，即我因隱喻的過程創造出了兩個不同領域得以溝通的橋樑，更是一種保留原義與變義，並不斷移動的「動態」過程。在這一動態的過程中，可能不只會出現一種變義，而在這橋樑的移動中亦有可能繼續連結到其他意象，而這種新的連結就是一種新的創造。

　　基本隱喻之所以可以成立，來自於神話中部份即全體的思維，創造更來自於這種微妙的上古存有連續性中，可說這樣的隱喻型態就如存有者跟存有的關係一樣，換個角度說就是物與道互滲即「化」的另一種說法，依據上面的說明，化不只是單純的變換更是一種無止境的「創化」過程，而神話中因為「強烈情感」帶出的隱喻力量，在道家方面就是用「沉思之思」的方式體會後，變化出的活潑語言，可說一為宗教性的感情，一為美感式的體悟。賴錫三以此為基，在其後的道家研究中更加入了里克爾「活的隱喻」之概念，以及雷可夫與詹森（Lakoff & Johnson）的「認知隱喻」理論，開展出許多老莊的隱喻研究。〔註56〕

　　海德格爾的道說與詩意語言與卡西勒的基本隱喻，說明了隱喻具有揭露存有的深刻內涵，以及隱喻具有召喚存有魔力的特質，使得隱喻成為對物與道之間既模糊又精確的表達方式，模糊來自於因道不可限定，隱喻必須隨時而變；精確是因為唯有這樣多變的方式與涵義，方能表現道的多面性，防止道被單一化詮釋的危險。

　　從海德格爾「基本存有論」開出「存有的道說」，以及為了陳述存有後設的「詩意語言」，一直到卡西勒的「基本隱喻」等等，思想的隱喻研究多半都借用了西方現當代的理論資源，而之所以能接入使用，筆者推想應是中國本就以「隱喻思維」為書寫的主要核心，不論是文學評論或是思想建構，設計情境與借物起興都是中國文人的拿手好戲，西方的理論給了研究者一把隱喻的解剖刀，讓我們得以進入其中。

〔註55〕（德）恩斯特・卡西勒（Ernst Cassirer），于曉等譯，《語言與神話》，（臺北：桂冠圖書股份有限公司，1990），頁75。

〔註56〕有如〈老莊的肉身之道與隱喻之道〉、〈從《老子》的道體隱喻道《莊子》的體道敘事──由本雅明的說書人詮釋莊周的寓言藝術〉，其他更散見在其文章之中。

在現當代的隱喻研究中，除了上述的海德格爾的詩性隱喻以及卡西勒的基本隱喻〔註57〕之外，還有幾個類型走向：一是用認知隱喻探討古典文獻中的結構、思維、編排等，有如鄭毓瑜、鄧育仁、周世箴等；二是用神話學原型的概念、以及深層心理學的角度，去探討中國文學或思想中的隱喻與象徵，並配合古典文獻佐證，去追溯中國思想的遠古資源與演變，有如楊儒賓、伍振勳等；三是其他哲學理論討論隱喻的方式來解讀古文獻，如劉滄龍、鍾振宇等。當然在各種不同的研究方式中也有混用的情形，只是強弱的區別，但就如前節中所言，身體本就是隱喻發出與聚集的核心之所，故身體／隱喻相雜論述的出現其實並不意外。無獨有偶，在雷可夫與詹森的概念隱喻研究中，特別說明了隱喻背後是具有系統與概念的世界觀，而構成隱喻的概念皆源於「直接肉身體驗」，〔註58〕強調隱喻的根本來自於身體接受外在世界、文化、習慣等等的經驗後，轉化出來的語言產物。兩人的認知隱喻研究，在語言學與哲學的雙重性下，運用較可分析的步驟與思維模組，能比傳統賞析的做法更明確思考隱喻映射時目標域與來源域之間的關係，這也是上述鄧育仁等人的研究進路方式。

除了解析古典中的隱喻結構與映射角度外，筆者認為這樣的方式有助於將複雜的辯證與導引，做出較為明晰的思維軌跡，不過在此之後脫胎於二領域模式的隱喻映射研究，Fauconnier 的「心理空間理論」（mental space theory）更運用了多重的空間映射之關係，將思維中各個來源與目標之間的關係說明得更為詳細，〔註59〕也更易發現其中系統的相似性，若搭配框架理論的協助，將可把許多以前不一定相關卻可放入同一系統的線索，理出脈絡，而以此為基，再來搭配其他隱喻理論的深刻義理，將有助於解析孔、莊天、家、人隱喻

〔註57〕使用卡西勒思想成為研究資源之學者，不在少數，有如用來建構儒家符號文化的劉述先；近期討論漢字文化的楊儒賓；研究禮的林素娟；研究荀子等思想家的伍振勳；還有前述的研究道家的賴錫三；還有使用卡西勒隱喻思維來進行儒家隱喻研究的黃俊傑等。卡西勒的文化符號哲學，打開的是一個文字、意象、意義與力量的歷史複合體，故在面對到中國古典文獻時，卡氏的理論可以讓古文獻中的字與意象產生更大的動能，特別是卡氏將神話與語言的源頭相合的隱喻研究，使得語言本有的魔力復甦，其實若連結上海德格爾的存有道說，將更適切的表達中國思想的呈現方式與深刻內涵，此點賴錫三已有提及，不再贅論。

〔註58〕雷可夫與詹森著，周世箴譯注，《我們賴以生存的譬喻》（臺北：聯經出版社，2006），頁204。

〔註59〕詳可參 Fauconnier, Gilles. 1994. Mental Spaces: Aspects of Meaning Construction in Natural Language. Cambridge: Cambridge University Press.

的內在風光。

五、研究方法

　　本論主要的研究方法將以雷可夫與詹森的認知譬喻思維出發，運用 Fauconnier 的「心理空間理論」，搭配上框架理論以及事物屬性結構兩者，成為主要的研究進路。在雷可夫與詹森所著的《我們賴以生存的譬喻》，對於語言的譬喻現象，開發背後所帶出的概念、運用、推論以及身體經驗的呈現，主要是以「概念譬喻」為立論基礎，分析手法是以「來源域」與「目標域」的譬喻映射（metaphroical mapping）「二領域模式」〔註60〕來進行研究。

　　要先說明的是，本論的隱喻涵括範圍較大，此處的譬喻底下可區分為隱喻、明喻、轉喻等方式，但其中的隱喻主要是指去掉喻詞的呈現，與本論的隱喻（思維）不同，反而與「譬喻思維」相似，都是指此種語言表達方式背後運作的機制、來源以及內蘊，而對認知思維來說，只要在文句有出現跨域的現象，即可被稱為隱喻中。

　　概念譬喻來自於人類如何面對生活的思維方式，周世箴在書中導論說道：

　　　　譬喻的中心是推論（inference）。概念譬喻運用空間域與物件域等感覺肌動域（sensory-motor domains）的推論去導出其他域的推論，如具有親密性、情感、判斷等概念的主觀判斷域。因為我們借助譬喻思考（reason），我們所用的譬喻就在極大程度上決定我們如何過日子。〔註61〕

　　其中的「域」是指在人類依照感知、經驗、時空以及相關性的分類，分出一個個不同時空或物件專屬的「領域」，在某一概念或知識的系統組織下，形成一個個各自區別又可聯繫的領域。〔註62〕依照這些領域與領域之間的相關性以及當下的需求，就會形成所謂譬喻的「推論」，譬喻會幫忙轉換許多未知的系統或知識，成為我們熟悉的「域」中的經驗與結構。所以常使用甚麼樣的譬喻，其中被用來關聯跟理解的空間與物件，就是使用者經驗中最核心用來認識未知的憑藉，經驗與情感也會隨著這些譬喻的運用而左右，主要因譬喻

〔註60〕關於來源域、目標域以及譬喻映射的解釋可參《我們賴以生存的譬喻》，頁75～77。
〔註61〕《我們賴以生存的譬喻》〈中譯導讀〉，頁22。
〔註62〕「域」有些許不同的類別與範圍，詳細可參《我們賴以生存的譬喻》〈中譯導讀〉，頁73。

來自於生活中與未知相遇的感觸，以及渴望理解的要求。〔註63〕

在某個情境、事件下相關的事物都可放置在這個「領域」中，此時若能使用框架思維來推論，可以更好地找出其中重要且需要的語意項目，甚至依照推論更可找出其中被隱藏的要素，有助於找出領域中在映射時潛藏的項目，加深我們對於隱喻意義的理解。

而雷可夫與詹森之所以將譬喻稱為「概念譬喻」，是因為它是一個具有抽象性結構的連結，意即喻詞與喻依在句子中相連，不只是單一性的某個特色相似，而是喻詞、喻依背後都會各自有自己經驗意義下的系統結構，有兩個不同的領域，是因為抽象概念上的類屬，才讓兩者產生譬喻的效果。這一說法使得譬喻成為兩個系統之間的交互關係，而非單一詞與單一詞之間偶遇的創意。

譬喻的中心思考是「推論」以及譬喻是概念系統的聯繫，兩者都有指向譬喻具有認識論的效果，對於新的命名、理解過程都有推進功能，以此，周世箴將雷可夫對於譬喻性語言具有的三大特點進行了整理：

> 譬喻不僅是稱名的方式，也是思維的方式。這是思想的樣貌，也是話語的樣貌（Lakoff，1987）。從這一角度看，譬喻性語言便有普遍性、系統性、概念性等三大特點：
>
> 1. 譬喻的普遍性：
> 不只是修辭手段，而是語言的常態。經過長期約定俗成而進入日常語言並使人們習以為常。據 Reddy（1979）統計，英語中 70% 的表達方式是譬喻性的。
>
> 2. 譬喻的系統性：
> 轉喻和譬喻同樣扮演著促成意義延伸的角色，所建構的不只是我們的語言，也包括我們的思想、態度與行為；兩者均立基於我們的經驗。有系統地存在於我們的文化中。
>
> 3. 譬喻的概念性：
> 譬喻性語言連用涉及我們認識世界的方式，Lakoff & Johnson（1980）強調身體經驗在概念形成中的重要性。大部分的概念體系本質上是

〔註63〕 「譬喻的重要性在於它顯示了語言的彈性與原創力……從認知層次上看，譬喻無疑是人類企圖理解與表現抽象概念的重要媒介。兩種本來不相關的現象常可藉譬喻的運用構成新的認知關係，而成為人類了解新事物、新現象的憑依。」《我們賴以生存的譬喻》〈中譯導讀〉，頁 64。

譬喻性的，是「譬喻」建構了我們觀察事物、思維、行動的方式，也就是說，譬喻在我們的生活中是不可或缺的。此一發現有助於了解人類思維運作的方式（以身體經驗為基礎），更有助於了解各種文化間的特性與共性，更深入發掘我們世界的奧秘。〔註64〕

普遍性是以當前的現象來論，雖說是以英語為考察對性，但對於中國文字的組構以及轉注、假借等等，無論是用音相近、形相近或是意義相近的「文字譬喻」之造字方式，說不定會超過英語的 70%，加以近代戰後中國語詞大量吸收含納各種外語翻譯成為日常語彙，使得漢語也可是一種好考察譬喻使用的好素材。普遍性重在溝通的功能，系統性與概念性除了溝通功能之外，著重在觀察、思維、建構以及行動的呈現，研究這種譬喻呈現的方式，會深入不同文化間認知的差異或共性，亦可以比較東西文化上思維世界時根本性的不同。〔註65〕

譬喻之所以會產生，是來自兩個領域的映射，映射的基礎，是：「而是以身體與日常經驗及知識為基礎的」，〔註66〕並非隨意可為，這裡強調的是譬喻的「合理性」以及「根源」特質。雷可夫與詹森非常強調譬喻源於身體經驗的論點，以此反對西方傳統學術或分析哲學認為譬喻只是一種心智的語言活動，〔註67〕不同身體感與社會知識面對同一事物的譬喻隱射將會產生差異，改變其感知的體驗，亦會修改理解的角度，進而又產生出新的身體感與社會文化，在轉變人的思考與身體感覺兩者，譬喻同時作用。

再深一層去揭開譬喻初始的狀態，有如卡西勒追溯到神話經驗中，人身心與存有遭遇的狀態，雷可夫與詹森認為，根本的始原概念來自於「直接肉身體驗」：

> 所謂的「直接肉身體驗」（direct physical experience）不僅僅是與身體有關而已；更重要的是，每項經驗都在一個具文化前提的廣闊背景之下發生。因而此一經驗可能會產生誤導，在談論直接肉體體驗時，就好像確實有某種臨場經驗之精髓存在，可用我們概念系統來

〔註64〕《我們賴以生存的譬喻》〈中譯導讀〉，頁 65～66。

〔註65〕「由於語言中的譬喻表達式成系統地與譬喻概念相維繫，我們便可以運用譬喻性語言表達式來研究譬喻概念的本質，從而對人類活動之譬喻本質有所了解。」《我們賴以生存的譬喻》，頁 15。

〔註66〕《我們賴以生存的譬喻》〈中譯導讀〉，頁 77。

〔註67〕《我們賴以生存的譬喻》〈中譯導讀〉，頁 19。

「詮釋」。文化預設（Cultural assumptions）、價值以及態度，並非可由我們自由選擇要不要套在經驗之上的概念外罩。更正確點說，所有的經驗都由文化貫穿，我們藉著文化由經驗呈現這樣的方式來體驗我們的「世界」。〔註68〕

直接的肉身經驗意指人在對於外在事物有所接觸，或對自己身體產生探索時，此情境會觸發或漸漸形成「概念」出現，「譬喻」就隨之而來，幫助我們理解世界。特別的是，上述還注意到了文化對於肉身的鉗制力量是無可選擇要否的，故我們的肉身經驗都參雜著自身文化的編碼，譬喻的使用也會因此產生差異，造成對萬物感觸的不同。〔註69〕文化與肉身的交疊，才使得概念譬喻的認識手法得以成立，但基礎點都是來自於我們用來感知世界的肉身。〔註70〕

因肉身與世界交流之經驗而來的概念譬喻，由一組組人累積而來的結構呈現，在雷可夫與詹森的歸類中，主要分成三種：一是空間方位譬喻，有如以上／下這組概念去譬喻好壞、優劣、高級低級等等極度差異的狀態或情緒，空間方位感知是一種最基本的經驗與能力；二是實體譬喻，意指我們運用生活周遭看見的實體事物，譬喻模糊的心理情感、思想或狀態，將抽象轉化為具體，又可區分為實體與物質譬喻、容器譬喻、擬人化；三是結構譬喻，將人類對某個經驗情境或事物的系統性了解後的概念，用其中的語詞與系統去談論另一個概念，有如「人生是旅行」，藉由起點、終點以及其中的阻礙等等旅行的結構，去比擬人生亦可譬喻為同一結構的展現。〔註71〕其實許多學者的研究也都可以用此三者類別區分其研究類型，有如老子的容器譬喻、諸子水的結構譬喻、五行綜合型的譬喻等等，但學者們的研究更深入到譬喻背後的世界觀以及巨大的思想系統中，建構出思想的厚度與廣度。

〔註68〕《我們賴以生存的譬喻》，頁114。

〔註69〕概念比譬喻早出現的說法，與卡西勒有所不同，是因為兩者著重的焦點與現象有差，卡西勒是直接追溯語言與神話間相互關係，進而推論出人在與存有遭遇的現場就會產生出一種渴望隱喻命名此存有現象的身心動能，雷可夫與詹森則是著重在當下現象中的譬喻，如何可能根據身體日常經驗的常規認知，去理解較陌生或是需要建造新意事物，前者是先站在類發生學的角度之後才切入到認識論的研究，後者是先由認識論切入到現實根源性的思考。

〔註70〕此處以身體為基本的思考，明顯受到西方當代「身體轉向」研究進路的影響，所以才會與前兩位隱喻理論者強調的立論點有所偏重，但其實前述兩者亦有隱含這一向度，只是較為隱晦。

〔註71〕詳細可參《我們賴以生存的譬喻》〈第四章〉、〈第六章〉、〈第十二章〉。

　　譬喻背後巨大的思想內蘊，是學者們最著力的要點，譬喻的厚度以及強度，在雷可夫與詹森的思考中，即為詞彙編碼與譬喻蘊涵多寡，譬喻結構與系統之間複雜關係之意。〔註72〕在一組譬喻的概念後，用來乘載其結構的詞彙多少，就是其詞彙編碼，有如流水的水道譬喻思想的走向，水的湧出、流動、導引、回歸、匯集等等都是其編碼，譬喻蘊涵就是將這些思想沒有的結構，導入到思想的表達之中，讓思想獲得了流水的特性與動能。一個譬喻有多少的編碼，會影響其系統的映射的全面性與特徵化表達，而這些編碼如要系統化的探索，就需要框架理論（frame theory）以及事物屬性結構的幫助。

　　框架可說是一種組織認知概念方法，反映了人類心智中一種普遍的認知機制，可說明人類的知識與經驗，並非單個單個儲存在腦中，而是將不同概念運用有系統的方式一起進行儲存。Fillmore 是最早將框架理論（frame theory）帶入語言學領域的先驅，將之用來解釋種語言現象，〔註73〕他將框架「定義為特定而又統一的知識網絡或對經驗連貫、一致的圖解。」〔註74〕有如經歷過交易買賣過程的人，會在心中累積出一個買賣事件的框架，當我們再次準備要買賣的時候，就會知道買賣過程中一定會有賣家、買家、商品以及金錢等項目，框架的思考幫助人們能夠依照經驗與學習的知識去對類似或相同的情境，做出快速的整理與反應。另外，框架可被視為一種概念系統，在特定框架中只要提及其中某個項目，其他在此框架中的語意項也會被誘發出來。意即框架內所有的要素都存有某種系統的相關性，當，這點在研究之時相當重要，因分析語料、文句時，其中所明確寫出的某個詞彙，將誘導或隱藏著與此詞彙相關的其他詞彙，而被誘導出的詞彙也會成為分析時的重點，本論中許多用來做隱喻映射的項目，不少都會使用到這個方式去得出在文句系統背後所隱藏的內容。〔註75〕

　　「事物屬性結構」主要是張榮興依據 Pustejovsky（1995）的屬性結構理論（qualia structure），將事物的「外在形式」（formal）、「組成成分」（constitutive）、「動作」（telic）和「產生方式」（agentivity）不同面向的屬性整理之後，再連

〔註72〕詳可參《我們賴以生存的譬喻》〈中譯導讀〉，頁 78。

〔註73〕Fillmore. 1985. Frames and the semantics of understanding. Quaderni di Semantica 6.2: 223.

〔註74〕引自張榮興，〈心理空間理論與《莊子》不為官寓言的隱喻〉，《分析臺灣語文研究》12.2（2017）：162。

〔註75〕詳細操作方式可參〈心理空間理論與《莊子》不為官寓言的隱喻〉中頁 163 的說明。

結 Radden & Panther（2004）之「動機」配合「概念框架」，將之統整與系統化
成為一個「事物認知概念結構」〔註 76〕，如下圖 1.1：

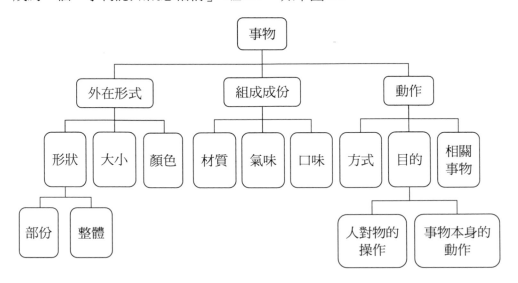

圖 1.1 事物的認知概念結構〔註 77〕

　　事物屬性結構將事物外在形式、內在組成與動作三方面的區分，這看似
簡化的動作，卻可將許多以前未被放置在一起思考的隱喻線索納入，且在此
三大方底下的細項並非固定，而是可依分析事物的特性去做調整。比如以
「家」為例，在外在形式上為宅邸、房屋，其內在組成即為家人、情感、信
念、血緣、階級等，動作上就是此家人自身相處時的各式行為與互動，抑或
是與外在人事物的行為與互動。如此可將家的意義完整以及擴大化，並可針
對不同的項目去探索思想家對於何處較為關注，其運用隱喻的目標域中各自
映射的項目為何，進而再去思索其原因並搭配其他研究，將能更細緻地且明
確地討論問題。

　　將來源域中的譬喻編碼以及事物屬性結構的系統與內容，藉由譬喻蘊涵
的功能導入到目標域中，讓目標域的事物產生出新的意義與結構，會改換我們
對於此目標域事物既定的印象以及意涵，即是創造出新義，此創造來自於說話

〔註 76〕 本論後述再提及此事物認知概念結構，無論是指概念圖還是說明時，皆會以
　　　　 事物屬性結構統一名之。

〔註 77〕 詳可參張榮興，《跨時空手語詞彙認知結構比較》（台北：文鶴出版社，2015），
　　　　 第一章部分，以及張榮興，〈譬喻與修辭：語言癌的深度剖析〉，《語言癌不癌？
　　　　 語言學家的看法》，（台北：聯經，2016），頁 81～108。

者、寫作者使用「新喻」的成果，而這種新喻亦會反過來創造「新的真實」：

> 新喻有創造新真實（new reality）的能力，當我們開始以譬喻理解
> 我們的經驗時，就會發生；當我們開始付諸行動時則變成一個更玄
> 妙的真實（deeper reality）。如果一個新譬喻進入我們行為所依存的
> 概念系統，便會更改那個概念系統、感知，以及由此系統所賦予的
> 行為。〔註78〕

　　文學的創作者、思想的傳遞者都使用許多譬喻的方式，去改換我們對於
世界的固定認知，猶如宋玉開啟的悲秋原型，使得後世相關的文學作品都染上
了它的色彩；莊子中支離疏的行為與結果，讓人領悟了常與非常的下場，是否
有必然如此的疑問？新的譬喻方式可以轉移概念，進而創造出新真實，不只是
思想中的轉換，是真正影響到人看待萬事萬物的眼光，以及相應而來的行動，
甚至成為一種改變社會文化的力量：

> 譬喻能為我們創造真實，特別是社會真實，因而可以是未來行為的
> 前導。而這些行為當然就會與譬喻相合，轉而會強化譬喻使經驗相
> 合的威力。在這一點上，譬喻可以說是自我實現的預言（self- fulfilling
> prophecies）。〔註79〕

　　因為譬喻本身就是基於肉身與周遭環境互動後的產物，所以創造新譬喻
改動我們的思維認知之後，下一步就是回返的影響著身心的狀態與行為，而這
些行為又會強化譬喻的強度，「譬喻循環」運作不停之後，影響便遍及群體。
因為合理且具情感、價值意義的譬喻，本就具有加強溝通的功能，加以說出來
的話語以及行為結構都符應於此譬喻的系統，所牽引出的情境性與感觸就被
加成，亦於達到一種群體的一致性：

> 能發現適當譬喻去溝通非共享經驗（unshared experience）中之相關
> 局部或者去凸顯雙方共享經驗（the shared experiences）而忽略其餘。
> 在創造一致（rapport）並溝通非共享經驗之本質的過程中，譬喻想像
> 是決定性的技巧，此一技巧有頗大部分要看你融合世界觀以及調整
> 經驗範疇化方式之能力。〔註80〕

　　故對於譬喻性的語言，需要建立出一種審查的眼光與批判的可能，不然就

〔註78〕《我們賴以生存的譬喻》，頁232。
〔註79〕《我們賴以生存的譬喻》，頁245。
〔註80〕《我們賴以生存的譬喻》，頁335。

會落入權力操弄譬喻話語的陷阱，而被激起不自覺的情感，進而被利用。〔註81〕由此可推論譬喻性語言在發出與接受之時，會產生出一種「氣氛」，在主客間醞釀，會引發出一種相應的情感，可與「氣氛美學」裡所說的「間地位」相聯繫，且伯梅也希望藉由瞭解氣氛的運作，而讓人對氣氛具有省察性與反抗性。〔註82〕

　　雷可夫與詹森在解析了譬喻的認知運作方式以及根本之後，提出了「譬喻思維」的想法，視譬喻為理性與想像力的整合。譬喻所需的範疇、蘊含以及推論都需要理性的處理，將看起來不相關的兩者作出相似的聯繫則是以想像力為出發，並依照其一貫的立場認為日常生活的思維中充斥著這兩者配合而出的譬喻，人類才得以掌握以及理解世界。甚至是被視為文學最精緻的詩性譬喻，都具備著想像與理性相合的軌跡，而在許多無法言說的經驗、未知的理解甚至是具體實踐的過程中，譬喻都發揮著它的雙重效用。〔註83〕

　　研究分析自身語言行為與母語文化中的譬喻，將有助於打開自我理解的可能，因為譬喻本來自「我們與自然、文化以及人際環境（our physical, cultural, and interpersonal environment）的持續互動」〔註84〕產生的，譬喻蘊含的內在意義編碼，會展示出我為何為我的結構原因，搜尋譬喻的類別、事物、系統使得重新發現我與他人共性與差異性，並擴寬自我的視野與界限：

> 正如要搜尋譬喻去凸顯我們與他人的共性以求相合，我們也整體要
> 搜尋個人譬喻去凸顯我們的過去、目前的活動以及夢想、希望與目
> 標等等以求相合。大部分自我理解就是搜尋恰當的個人譬喻去明白
> 人生意涵。你的經驗對你而言的意義，自我理解要對此作永無休止

〔註81〕「政經意識形態是以譬喻性術語為框架的，正如所有其他譬喻，政經譬喻能夠隱藏真實面，但在政經領域，譬喻的意涵更甚於此，因其束縛我們的人生。政經系統中的譬喻能藉其隱藏之力而引起人性降級（human degradation）。……譬喻的盲目接受可能暗藏著降級化（degrading）的真實，無論是所謂「先進」社會中藍領階級與白領階級的工業化職業還是全世界的奴隸均無例外。」《我們賴以生存的譬喻》，頁341。

〔註82〕關於氣氛美學詳可參何乏筆著，〈氣氛美學的新視野——評介伯梅（Gernot Bohme）《氣氛作為新美學的基本概念》〉，《當代》70（2003.04）：34～43。

〔註83〕「我們若能藉助譬喻蘊涵與推論來理解詩性譬喻，那就也能以同理看到詩意想像結果其本質上的理性成分。譬喻是我們最重要的工具之一，我們嘗試對無法全部理解的對象作局部性理解：我們的感覺、審美意識（aesthetic sensibilities）、道德實踐，以及性靈覺知（spiritual awareness）。想像力的這些努力並不迴避理性，因為想像力運用譬喻，借助譬喻性的理性。」《我們賴以生存的譬喻》，頁288～289。

〔註84〕《我們賴以生存的譬喻》，頁336。

的反覆協調。以治療為例，許多自我理解涉及自覺地認出原本不自覺的譬喻，以及我們如何賴以維生。這涉及持續建構人生的新相合，那種賦予舊經驗新意的整體相合性。自我理解的過程是對自己而言的人生新故事之永續發展。〔註85〕

這裡提示著譬喻的研究必須參考使用者的生命經驗以及重大事件，此生命史將會大幅度的影響著譬喻的根本經驗以及意義，不同的使用者在同一文化時空底下，雖運用看似相同譬喻的背後，除了共同的來源以外，亦有差異化的表現，使用者就在這反覆的書寫譬喻之中，治療自己根源性的生命問題，以達成思想與自我的完整化，即可說譬喻的運用與研究是一個自我完成的呈現。

在前述的基礎上，脫胎於二領域隱喻的心理空間理論，更加詳細地開展多個隱喻中來源與目標的相關性，Fauconnier 所稱的心理空間（mental spaces）是一種概念結構，有如前述概念譬喻那樣。不過概念譬喻的內涵不只有雷可夫、詹森所設定的那幾個類型，隱喻因其背後語言形式錯綜複雜的認知過程，實具有著多重概念在其中。心理空間理論先以語言或文字中所呈現的具體情境，建構出一個真實空間（reality space）（又可稱之為基礎空間（base space））（Fauconnier，1997：38～39）。然後，根據某些空間建構詞（space builders），另外設定出與此空間相對應的心理空間，在隱喻來說就是來源與目標的初步設定，並找尋出 A 與 B 之所以可以相類屬的條件為何，即有著另一個類屬空間，此空間相當重要，因是說明隱喻相似性所在，但在具體分析之時，不一定會將之畫出。

隱喻本就是用 A 談 B 的過程，而在隱喻的創造與完成之後，所產生的新意不只是 A、B 空間帶來的部分整合，而是會發生意想不到的新語意結構，為了將這種語意互動的現象進行分析與描述，Fauconnier 和 Turner 在心理空間理論中加入了空間融合理論（blending theory），〔註86〕試圖說明心理空間如何相互運作。這意味著 A 與 B 的映射會產生出一個新的融合空間，這個空間不只繼承了 A 與 B 的部分語意結構與系統，更可生發出新語意，此點與前文中隱喻理論中，隱喻具有著創造力與生發新事物的本體論意義相似，語詞之間的碰撞會帶出新的世界與價值觀念。A 與 B 空間可被稱之為輸入空間，產生出

〔註85〕《我們賴以生存的譬喻》，頁 336～337。

〔註86〕詳可參 Fauconnier, Gilles and Mark Turner. 1996. Blending as a central process of grammar. Conceptual Structure, Discourse and Language, ed. By Adele E. Goldberg, 113~130. Stanford: CSLI Publications.

C 的融合空間意義，但其實輸入空間可不止兩個，在隱喻強度與厚度皆高的狀態下，會有多重輸入空間的可能性，亦可稱之為隱喻的多重映射。

另外要特別說明的是，雖說本論以心理空間理論為分析的工具，但具體分析時卻不會按照上述說明的方式逐步進行，因為心理空間理論具有相當強的靈活性，多個輸入空間之間將會產生複雜的映射與互動關係，所以在分析時會主要呈現不同輸入空間的關係，亦因融合空間主要是將不同輸入空間中的要素，透過系統性的提取，並匯通出新意義，其內容需要詮釋與說明，故融合空間的內容說明將在敘述中說明，而非在圖表中呈現。〔註87〕還有心理空間中，多重空間的映射是以輸入空間 I、II、III……的方式進行，並非傳統隱喻映射的來源域空間對目標域空間的方式，因為其更強調空間之間複雜的連結關係，但本論在分析中仍會用來源域、目標域的標示說明，方面讀者理解不同空間之間的映射過程與先後。

本論將以認知隱喻的心理空間分析進路，去探討孔、莊兩者對於天、家、人的譬喻編碼內容，並藉由其生命史的框架範圍，以及兩人文句所呈現出的來源域樣貌，去推測並映射出他們心目中天、家、人的理想狀態，並在運用認知隱喻的技巧中搭配其他隱喻理論深刻化其意蘊，並勾連兩者之間可能性的聯繫，有無類屬相似的可能性。

另外，本論所探索的隱喻並非單指孔、莊書寫中某個隱喻的神話或文化源頭，而是應該要參雜其所處的歷史時空及個人際遇，找尋其人所處的時空框架及影響重大的項目，挖掘其天、家、人隱喻中富有普遍性與獨特性的事物屬性結構為何，並探索這些來源域中的語意項所映射的目標域具體項目為何。在這些隱喻的探索中，思想家身心位於歷史與個人變革之時所承受或選擇的方式，不只挑戰與擴張其原有框架的內容，亦會影響著隱喻意義的走向與豐富度。在先秦禮樂崩壞、價值丕變之時，孔莊如何用其隱喻重建一條由人到家以致通天的方式，以及兩者之間是否在隱喻的使用與取捨上有甚麼微妙的相關性，即為本論的思考之處。

前文雖然對隱喻可能帶出的深刻存有內涵，以及研究的多方可能性可以稍微理解，但對於本論將隱喻作為一個研究孔莊思想如何重建天、家、人意義

〔註87〕心理空間理論使用時靈活性相當高，這也構成其難度，真正在進入到文句分析時，圖形的變化多端，故不會按照原初理論設計的四個空間互動那麼輕易，詳細使用與分析的方式，可參考張榮興在〈心理空間理論與《莊子》不為官寓言的隱喻〉中對於語料的分析方法。

來說，仍屬模糊，將於下文另立一章，來總的討論如何運用當代西方隱喻理論進行統整與改動，以呈現出本論具體的研究方式，在此茲不贅論。

六、論文架構簡介

本論共分成七章，各章的內容簡述如下：

第一章為緒論，簡要說明本論之問題意識及與之相關的研究，並思考各式隱喻作為分析文本的可能性，並以認知語言學中的心理空間理論作為主要的隱喻解析方式，搭配框架與事物屬性結構的方式，來推進本論的論點與視角。

第二章為研究與理論回顧，對於近代三大隱喻理論的發生、研究方式及其意義作出說明與討論，並將之總結於心理空間理論的研究方式，強調隱喻映射的認知分析，有助於將各式隱喻理論的複雜內容陳述清晰，並以心理空間為基礎來進行之後的分析。

第三章探討孔子的天、家、人隱喻的映射及其意義，將藉由框架思維與事物屬性結構的幫助，先對孔子的生命事件及其背景做出分類與判斷，藉由孔子身心經驗的文獻來推論，孔子對父者缺席以及本身身分認同的困境，加以殷周文化與巫文化對其之影響，如何成為其隱喻重建其天、家、人的出發點。接著借用心理空間多重映射思維，去探索並推論孔子「以天為父」，以弟子與自我成立「教團之家」〔註88〕與最終核心推動天、家、人重建的「孝之人」，其背後的隱喻映射關係及其意義為何，並具體畫出孔子天、家、人隱喻映射的複雜之心理空間圖表。

第四章探討莊子的天、家、人隱喻的映射及其意義，和第三章相同，運用同樣的方式去對生平資料少缺的莊子，進行第一步生命事件的探究，主要以其豐富的文本內容與相關研究，去思索莊子本身多重文化身分所帶給他的隱喻資源，特別是薩滿教文化給予其思維影響之強，讓莊子如何推究出一個母性之天、大化之家與養生之人的天、家、人隱喻。以此思考三者多重來源的映射中，如何脫除了巫教文化可能產生的問題，還呈現出了甚麼樣不同於傳統思維的改革意義，更藉此說明了氣化存有連續性的觀點對其隱喻建構之影響，並將此複雜的連結與變化關係具體畫出在天、家、人隱喻映射的心理空間圖表。

〔註88〕教團是指孔子與弟子之教學關係所成立的特殊關係團體，為筆者自行命名，方便之後論述。

　　第五章探討孔、莊天、家、人隱喻之異同比較，本章運用第三和第四章兩章認知分析與意義推論的成果，比較孔莊之生命背景與天、家、人隱喻中是否有其相似之處，抑或其隱喻有先後繼承與改動的可能性，以此作為孔莊思想相關、互補的另一種進路。

　　第六章為結論，總結本論的研究，並說明認知隱喻研究如何有助於系統性地研究中國文本的內在意涵，以其在此研究之後的進一步思考，最後是孔莊思想互補後可能具有的新時代面貌。

第二章　西方隱喻理論的探索與綜合
──研究方式與步驟的提出

一、前言

　　當代的隱喻研究，不可避免的將與西方遭遇，筆者對於西方隱喻研究成果的討論除了上一章敘述的認知隱喻部分，本處將說明另外兩種隱喻理論，因此兩種理論皆對當代隱喻研究特別是東方思想及其文獻有不小的影響力，亦可融合於本論主要的認知隱喻研究方式，且可加深加廣認知隱喻分析的意義與內涵，故需花些篇幅說明，分別是卡西勒的「基本隱喻」（radical metaphor）之論述，二是里克爾的「活的隱喻」之研究。

　　卡西勒解析語言與神話之間的關係多年後，將神話的情感要素列為語言產生的一個重要條件，語言背後就隱喻著人面對萬物出現時的起始情感，讓隱喻成為語言的基本構成。而基於神話「部分即全體」的世界觀，人遭遇某一個現象之時，其情感可以擴張到對於世界萬物的尊敬與感嘆，隱喻的語言乘載著人與存在遭遇的景況，所以當人創造出對於此一現象的名稱之後，再次道出時，等於重新展開一整個人與此現象再遭遇的存在狀態。

　　穿透人與世界存有關係的隱喻語言，即是卡西勒基本隱喻，這樣的說法去除掉神話中神意志的權威性與無法反思的強烈情緒之後，可用與中國隱喻思維的某部分進行討論；一是里克爾（Paul Ricoeur）在討論隱喻時，對於隱喻過程與隱喻過程中必須的情感要素的探索，形成了隱喻的三個步驟，﹝註1﹞這三

─────────────────

﹝註1﹞此三步驟後文再詳細說明。

個步驟對隱喻的分析有相當的洞見。這樣的分析方式，將隱喻的進程、各種與世界連結的可能性打開，使得隱喻變成一個不斷變動的「活體狀態」，無怪乎里克爾將之稱為「隱喻的存有論」。加上前文提及雷可夫與詹森《我們賴以生存的譬喻》一書，其中對於隱喻的認知強調必須基於「肉身經驗」，且「語言本身」就是一種隱喻現象，如果離開肉身經驗的情境便無法理解隱喻，藉此反駁西方各種主觀主義與客觀主義偏頗，具有相當的時代意義。

上述三者的方法可說互有補充，主要的共同點在於對身體感、情感、情境性、隱喻的創造能力、轉變能力等方面，而各自用不同的角度切入隱喻的研究視角。東方學者近來的研究方式，大多也都注意到了中國隱喻的身體思維（身體感）、具體性（情境）、興發作用（隱喻的創造與轉變能力）等面向，似乎可與西方對隱喻的考察進行連結。「比興」這一中國特有表達思想之方式，有著精神、身體、世界、情感與實踐的價值意涵，亦是用來解開孔莊隱喻思維的一個重要方向，前文所言的三個隱喻理論之方式，有助於系統性的展示其中的理路，底下就先整理基本隱喻與活的隱喻之理論的分析手法與特殊之處，筆者再試圖運用認知隱喻的方式去融會三者，詳細說明這三者在本論研究的搭配與切入方式。

二、卡西勒的基本隱喻——神話與語言之關係

卡西勒主要的哲學成就來自於對符號意義的探索，其研究在 20 世紀哲學的「語言學轉向」中興起，當時無論海德格爾、維根斯坦等著名的哲學家，都藉由語言為研究的途徑去思考其哲學核心問題，當時許多語言學家的理論探索，也影響著卡西勒的哲學路向，有如索緒爾、洪堡德等。在同時代的氛圍以及前視域的刺激與資料底下，卡西勒進一步去探索符號如何呈現為文化的各種象徵，而在這象徵背後有無其來源，並隱藏著歷史、神話或是隱喻的力量。

（一）符號之意義——命名

對卡西勒來說，「符號」出現之處就代表人類與世界相遇的痕跡，因此再度使用此符號之時，將會召喚出當時的世界。符號可以出現各種「表達方式」，所謂的表達，就是指神話、藝術、語言和科學等用來表達人與世界之間的關係，卡西勒言：

> 神話、藝術、語言和科學都是作為符號（symbols）而存在的，這並
> 不是說，它們都只是一些憑藉暗示或寓意手法指稱某種給定實在的

修辭格，而是說，它們每一個都是能創造並設定一個它自己的世界之力量。在這些它自己創造並設定的世界中，精神按照內在規定的辯證法則展現自身，並且，唯有通過這種內在規定的辯證法則，才能有任何實在，才能有任何確定的、組織起來的「存在」。因此，這些特定的符號形式並不是些模仿之物，而是實在的器官（organs），唯有通過它們的媒介作用，實在的事物才得以轉變為心靈知性的對象，其本身才能變得可以為我們所見。〔註2〕

　　其中對於古典神學、哲學或美學所謂的「模仿論」〔註3〕做出了反駁，將各種符號設定為創造世界的方式，而非仿形上或自然的次次級指稱，意圖使符號成為「器官」，即是指人們藉以用來與世界交流與相遇的管道，以此才有可能讓認知知覺世界，再藉由符號開展一個文化世界的創造，是以符號作為認識整個世界的一種說法。而「這並不是說，它們都只是一些憑借暗示或寓意手法指稱某種給定實在的修辭格，而是說，它們每一個都是能創造並設定一個它自己的世界之力量。」此句其實已經進入了符號背後隱喻力量思考。

　　符號並非代稱，而是蘊藏著開啟文化無限創造的存有可能，在卡西勒處的存有是奠基於人們文化現象與世界的交流之間所出現的狀態，〔註4〕而之所以有這種力量，要先由所有的原初點「命名」這件事看起：

命名（naming）的工作必是先於心智構想關於現象的概念並理解現象這一智性工作的，並且必定在此時業已達到了一定的精確度。因

〔註2〕恩斯特・卡西勒（Ernst Cassirer），于曉等譯，《語言與神話》，（臺北：桂冠圖書股份有限公司，1990），頁9。

〔註3〕古典的模仿論意味著人的哲學、神學與藝術，都是模仿自然，再現自然的一種方式，演格來說並非創造了一個哲學或藝術品，人只是藉由所見所感的自然世界，去作出仿造的陳述與行為。

〔註4〕此處卡西勒符號與存有間的關係，和海德格直接契入存有的方式有所差異，在兩人著名的哲學大辯論中，前者立基於文化符號帶出人類無限的創造性，得以達到一種近似於形上的成就；後者則是著眼於文化與符號的框限，使得人無法正視自己的有限性，唯有回到存有者自身才有可能穿透存有而開顯其意義。雙方交鋒不斷，其後，卡西勒也一直試圖找出可以回答或是轉換海德格存有論述的研究與探討，產生出許多論點的轉化與推進，本文只關注在卡西勒提出基本隱喻時的論述，關於卡西勒的符號哲學之歷程與變化，詳可參林遠澤，〈從符號形式到生命現象——論卡西勒符號形式哲學的文化哲學涵義〉，《臺大文史哲學報》83（2015.11）：109～150。而關於當時Davos學術會議以及其後的歐陸哲學與分析哲學的發展，或可參 *A Parting of the Way: Carnap, Cassirer, and Heidegger.* by Michael Friedman. Chicago: Open Court, 2000。

為正是命名過程改變了甚至連動物也都具有的感官印象世界，使其
變成了一個心理的世界、一個觀念和意義的世界。〔註5〕

命名是人類掌握世界與建構系統的第一步，並且需要達到一定的普遍性
認同，命名才會取得建構、傳遞經驗與意義的功能，命名的重大意義在於人們
說明或指稱某一事物或現象，可以在此事物或現象不在場的情況下進行。「不
在場」就意味著人可以打造一個心理空間去研究、推論以及系統化所得到的資
訊，並得以傳播給他人。命名先於概念是顯而易見的，沒有指稱事物的代碼，
那麼以抽象化具體事件的概念思維，當然無處而出。

命名既為概念的基礎，那麼準備命名前的狀態勢必是基礎中的基礎了：
「就是說，我們是要領悟並闡明注意（noticing）的性質和方向，因為『注意』
在心理活動中一定先於『指稱』功能的。」〔註6〕以此卡西勒特別提及了「注
意」這一先於「指稱」的感官動作，說是感官動作，卻也是需要身體與理性的
同時運作，才有可能將「焦點」放在此物身上。之所以把焦點放在某一事物或
現象身上，是因該事物引起了我們心靈特殊的波動與反應，「注意」打開了人
與世界遭遇的第一現場，以至於產生出了「指稱」的慾望。〔註7〕

「遭遇現象進而出現指稱的慾望」，這對命名發生的理路，卡西勒將之用
來探索人類語言的初始狀態，並追溯到神話思維中的初民與天地相遇的場域，
找尋因震撼、感嘆而發出的第一聲類命名，紀錄與萬物之神碰撞的那刻，並以
此代稱神之名，神話建構與語言發展就在同一時間併行而出。

（二）神話與語言

為了探究神話與語言的發生，卡西勒思考神話發展的順序，「順序」是指
神的出現、演變的現象，他借用烏西諾的三階段：「瞬息神」、「專職神」與「人
格神」來與語言的發生歷史作討論。瞬息神：「只要聽任自然滋生的情感、個
人的境遇、或令人驚詫的力量顯示帶著一股神聖的神氣移注於個人面前的物
體之中，他就會經驗到瞬息之神，就會創造出瞬息之神。」〔註8〕此階段相
當於為何初民會「注意」某個現象相關，意即注意最初來自於人對於存在的

〔註5〕《語言與神話》，頁28。
〔註6〕《語言與神話》，頁28。
〔註7〕「語言從未簡單地指稱對象、指稱事物本身；它總是在指稱源自心靈的自發活
　　　　動的概念。因此，概念的性質取決於規定著這一主動性觀察行為之取向的方
　　　　式。」《語言與神話》，頁30。
〔註8〕《語言與神話》，頁18。

未知力量具現化目擊後，所產的注視，接榫而來的是一種高度集中的身心體驗過程，一種被神力穿透的通靈狀態：「不是直覺經驗的擴展，而是直覺經驗的終極界線；這裡我們所去有的，不是促發我們去經歷那不斷擴大著的存在國度的擴張衝動；不是廣泛分布的衝動，而是高度集中的衝動……為它而『著魔』」，〔註9〕有如被神所「攫取」的景況，人與現象之間似乎解消了界限：「主客體之間的張力得以釋放，與此同時，主體的興奮情狀客觀化，變為神或怪迎面出現在心智眼前。」〔註10〕集中的體驗過程，使得存有綻發的某一現象成為了神怪，初民便試圖將其藉由聲音或情感作出命名，也就是語言的起始之處。

專職神：「我們發現了另外一組神靈，它們並非源於自然滋生的情感（按：瞬息神為自然現象之體驗），而是出自人類已成秩序的持續性活動……於是，在人類活動的每一個部類中都產生出一個代表該類活動的特殊的神。」〔註11〕相較於出自自然存有穿透的瞬息神，專職神來自於人類與世界長期互動而來的建構現象，都於某一活動的範圍之內擁有其較為固定的意義與性質，而類似此專職神底下的活動行為的描述詞彙，也都會歸屬於此一專職神所管轄的範圍之中，這點在東方比較常見，猶如神農、灶神、土地公等等。許多現在外語中描述活動的詞彙，皆有專職神名遺留的影子，可說失去神話魔力與氛圍之後，專職神的神名就成為了某些行為活動的詞彙的字根，成為當代語言的詞彙表達的上位詞，這也是語言中作為統一許多詞彙——「概念」的原初思維。

人格神：「起初，眾多的神祇名稱各有與之相對應的嚴格區分的專職神；現在，這些神明通通匯集在以這種方式出現的一個神身上，它們變成這一個存在的數種名稱，分別表達他的本質能力和範圍的諸方面」，〔註12〕因為人類的歷史、器物、發展與相應的行動不斷轉變，專職神背後的意義產生失落，在眾多神祇中，會因為文化意識或產業結構的取向，被挑選出一位神，塑造成一個專有名稱，並賦予其人格的概念，其他眾神之能力或名稱就會成為祂的某一個存有面向，神被「統一」在一個神名底下，一神教就此出現，有如西方基督教或伊斯蘭教的一神論述。相應於語言的進程，就如同人在眾多的事物之指稱

〔註 9 〕《語言與神話》，頁 32。
〔註10〕《語言與神話》，頁 32。
〔註11〕《語言與神話》，頁 20。
〔註12〕《語言與神話》，頁 21。

中，系統化分類出不同的領域，各各歸屬於某個抽象化的概念之下，最終在將所有納入形上學的範圍之內，形成以 Logos 的為中心的語言哲學理論。多個神話所謂的語言創世，也就依於這種「一神」與「Logos」的相關而產生：

> 語言意識和神話——宗教意識之間的原初聯繫主要在下面這個事實中得到表現：所有的語言結構同時也作為賦有神話力量的神話實體而出現；語詞（the Word；邏各斯，Logos）實際上成為一種主要的力，全部「存在」（being）與「作為」（doing）皆源出於此。在所有神話的宇宙起源說，無論追根溯源到多遠多深，都無一例外地可以發見語詞（邏各斯）至高無上的地位。〔註13〕

> 語詞（邏各斯）在起源上居於首，因而在力量上也位於尊。與其說它是神本身，倒不如說它是神的名稱，因為神名似乎才是效能的真正源泉。〔註14〕

神話與語言之間難分難捨的關聯性，在卡西勒的探索底下，由稍縱即逝、劃分區塊一直到邏輯概念的統一及系統化，辯證的說明了兩者的互滲與影響，語言的發生始終都與人和存在的相遇與互通所產生的強烈情感有所關係，以此將語言的根扎在存有開顯的那一瞬間。神之名就有如存有力量的刻痕，在初民的心中，若再次提起，就有如神臨現在前，語詞被賦予了一種召喚的力量，這點在東方道教中在儀式與符令上運用神的隱諱字，以請其神之威力或降靈，即為一種召喚力量的神之名。以此類推，神話思維中的人之名也是如此，掌握其名就等於抓住了他的靈魂，故名稱在當時被視為若說出就有如實際在場的特性，語言就是「實在」。〔註15〕

（三）基本隱喻

神話作為後世語言演進的借鑑，讓語詞背後的召喚以及實在力量，暗藏著某種潛能，到了現代依然如此，這種潛能來自於語詞帶來存有彰顯的能耐，而在此彰顯之中，語詞又創造了另一個自己的世界，讓卡西勒的符號成為文化建

〔註13〕《語言與神話》，頁 42。

〔註14〕《語言與神話》，頁 44。神名召喚神力，故名稱就是一種聖顯的符號，掌握名稱就掌握世界的神力，因此易產生出暴力性的問題，推到現代來看，掌握主要符號象徵權力者，也可以召喚出人的各種情感與慾望，而現代則是被資本的慾望話語不斷的牽動而不自覺，可說是一種當代「神話學」的復活。

〔註15〕「意識經驗並非單純地與語言結合為一體，而是被語詞所吞沒了。因此，凡被名稱所固定的東西，不但是實在的，而且就是『實在』。」《語言與神話》，頁 51。

構無可或缺的建構物。彰顯與創造的能力，之所以可以加諸到語言與神話身上，是來自於一個共同的核心：「不論語言和神話在內容上有多麼大的差異，同一種心智概念的形式卻在兩者中相同地作用著。這就是可稱隱喻式思維的那種形式。」〔註16〕「隱喻式思維」指得並非是修辭學上的「隱喻」而是卡西勒的「基本隱喻」：

> 這種以前此已知的語彙為質料的位移與替代，必須與真正的「基本隱喻」（radical metaphor）清楚的區別開，因為真正的「基本隱喻」是神話的以及語言的概念本身得以表達的條件。的確，甚至是最原始的言語發聲也要求有一個從某一認知的抑或情感的經驗轉化為聲音的變形過程，亦即轉化為一種該經驗不同的，甚至是全然相對的媒介過程；恰如最簡單的神話形式也唯有憑藉使得某一印象脫離日常的、普通的、世俗的領域，並把它高抬至「神性」層次即神話——宗教「意蘊」範圍的變形過程方能產生一樣。這裡所牽涉的就不只是位移了，而是一種真正的「進入到另一個起源之中」；實際上，這不只是向另一個範疇的轉化，而是這個範疇本身的創造。〔註17〕

語言在建構神之名時，就已經將存有的力量轉化為一個文化的創造，這裡是和海德格直接契入存有的「沉思之思」後產生的詩意語言有所差異，基本隱喻的創造來自於人藉由存有的提醒與衝擊，自我開創了一個無限的符號世界，根源處仍是存有，但形式上已轉化成一種宗教、文化型態的表述方式。在前述許多神話與語言之間的相關中，早已出現了這種既繼承又創造的隱喻概念在其中，人在遭遇自然力量時，運用相關類似的聲音或代碼來指稱瞬息神，這種尋找相關性以及創造語詞的過程，本身就是基於對存有在場所感受到的強烈情感，並為此找出指稱的隱喻行為，〔註18〕將未知命名進而建構出對自身具有意義脈絡的架構。

「基本隱喻」的探索來自於，神話中「部份與整體」之間相連的關係，意即存有彰顯的某一現象，必然根源於整體存有的力量方可綻出，這點與神話或

〔註16〕《語言與神話》，頁72。

〔註17〕《語言與神話》，頁75。

〔註18〕「任何嘗試探求這種概念和名詞替代過程的發生原因，任何嘗試說明這類隱喻（即有意識地將公認不同的物體劃為同一）的使用何以如此廣泛而多樣，特別是在就思維和說話的原始形式而作這番努力時，都會把人引回到神話思維和情感的一種基本態度上去。」《語言與神話》，頁75。

語言被職能、概念分類類屬成系統以及最後統歸於 Mana、〔註19〕一神或前述的原初語言 Logos 相仿：

> 整體的每一部分就是整體本身：每一個樣本即等於整個的種。部分並不只是表象整體，樣本也不只是表象它的類；它們與所歸屬的整體是同一的；它們並不單純是反思思維的媒介輔助物，而是實際上包含了整體的力量、意義和功效的真正的「在場」。這裡人們一定會想起可以稱作語言和神話「隱喻」之基本原則的「部分代替整體」（parsprototo）原則。〔註20〕

這也說明了如何保障語詞出現時，會具有召喚存有力量的根本性，部分永遠隸屬於整體，這時刻的出現指示存有某一面向的顯現，以及功能性的不同，這點在神話中，連工具也被視為「天賜之物」，〔註21〕是由存有吐出的文化英雄所給，和整體存有亦脫不了干係。所以每個語詞的背後都帶有著一整個世界的活力，來自於部份即整體的神話思維，語詞就是存有的真實在場〔註22〕，神話的存有活力、語言的固定、統合與不斷分枝的能耐，兩者在相互配合之中，藉由基本隱喻的媒合，生生不息。〔註23〕如此的基本隱喻作法有如中國思想中對於形上創生之「道」的命名與描述相似，端看《老子》言「道可道非常道」，

〔註19〕 Mana 是指在初民時期中一種存在於世的龐大魔力，無論人事物都分享著 Mana 的力量，這種魔力可以繼承、變化、移動等，Mana 因為尚未被擬人化所以並非指一種神格的象徵，而是一種萬物分享的力量整體，於近代中亦可於玻利尼西亞人的社會文化中，發現 Mana 的存在。關於 Mana 的世界一體之神話觀念，詳可參恩斯特・卡西勒，甘陽譯，《人論》（臺北：桂冠圖書股份有限公司，1990），頁 140～142。

〔註20〕 《語言與神話》，頁 79。

〔註21〕 《語言與神話》，頁 53。

〔註22〕 「如果說古代修辭術把部分代替整體或整體代替部分這種手法列為一種主要的隱喻類型，那麼，這種隱喻直接從神話心智的基本態度中發展而來就實在是顯而易見，無須多說了。同樣清楚的是，對於神話思維來說，隱喻不僅只是一個乾巴巴的「替代」，一種單純的修辭格；在我們後人的反思看來不過是一種「改寫」的東西，對於神話思維來說卻是一種真正的認同。」《語言與神話》，頁 81。

〔註23〕 「在思維的這一領域內，沒有什麼抽象的指稱：每一個語詞都被直接變形為具體的神話形象，變成一尊神或一個鬼。任何一個感覺印象，無論它多麼模糊，只要在語言中被固定住保存了了來，就會以這種方式變成神的概念和指稱的起點。……在這方面，神話一再從語言中汲取新的生命和新的財富，如同語言也從神話中汲取生命和財富一樣。這種持續不歇的主動和互滲證實了語言和神話的思維原則的統一性，語言和神話只不過是這條原則的不同表現、不同顯現和不同等級而已。」《語言與神話》，頁 82～83。

《莊子‧大宗師》言「夫道，有情有信，無為無形；可傳而不可受，可得而不可見；自本自根，未有天地，自古以固存⋯⋯。」對於創生之形上的未知做出命名，且所選取的詞彙之意涵將會對思想產生巨大影響，道之本義為道路，後有道德之意，意味著這個未知是有條通往形上意義的道路，使得超越性與個體有限制的人有相互接觸的可能，創造出一個新的天人相合之世界，而一切萬物皆是道之氣的變化所成，無論何物都有道氣充斥其中，部分之物亦可代表道，打造了中國特有的存有連續性之形上學。此點在探索思想家創造隱喻詞彙來說明其核心概念時，就可注意到此詞彙可能具有得力量為何，以及其核心隱喻與其他部分的連續性關係。

卡西勒之所以探詢基本隱喻在神話與語言的作用，是為了重新賦予邏輯語言與科學語言的乾涸，試圖為其注入存有的活水，並以此打下符號文化哲學的穩固地基。

三、里克爾的活的隱喻──隱喻的模糊、厚度及張力

保羅‧里克爾（Paul. Ricœur 又可翻為保羅‧利科），法國哲學家，其思想由現象學與詮釋學而來，對於語言、歷史、時間、真理、自我等概念都有所論述，而其對隱喻的見解與分析過程，於思考隱喻的形成及其重新描述世界的能力將有所助益。此處將藉由里克爾《活的隱喻》〔註24〕與〈作為認知、想像、情感的隱喻過程〉〔註25〕兩個作品，去思考隱喻本身具有的功能、特性、來源以及本體論的論點。

首先，里克爾對於古典哲學對於隱喻只具有裝飾與說服的論點，有所不滿，這種「修辭學手段」應該具備了重新創造現實的能力：

> 隱喻作為話語的策略而出現，該策略在保留和發展語言的創造能力
> 的同時也保留和發展了由虛構所展現出來的啟發能力。〔註26〕

> 隱喻是話語借以發揮某種虛構所包含的重新描述現實的能力的修辭
> 學手段。〔註27〕

〔註24〕（法）利科（Paul. Ricœur）著，汪家堂譯，《活的隱喻》（上海：上海譯文出版社，2006）。

〔註25〕（法）保羅‧利科著，曾譽銘譯，〈作為認知、想像及情感的隱喻過程〉，《江海學刊》（2005.1）：22〜27。

〔註26〕《活的隱喻》，頁5。

〔註27〕《活的隱喻》，頁6。

　　所謂的虛構就是想像的用力之處，隱喻不只是單純的修辭手法，而是藉由想像在現實與虛構之間開啟裂隙，使之相互滲透，讓認知思維有所變動，轉換並重啟人對於世界固定的視角，隱喻成為認識的途徑，是一種對僵化的框架思維進行「再認識」的新啟發。

　　好的隱喻之創造者，可借用隱喻改換觀者的認知，是因為隱喻具有兩種功能：一是「修辭學」功能，二是「詩學」的功能：

> 修辭學首先是一種雄辯的技巧，它的目標也就是雄辯術的目標，即起說服作用。……詩歌並不是雄辯術，它的目的並不是勸說，相反，它是要淨化恐懼和憐憫這類的情感。詩歌和雄辯術描述了兩個不同的話語世界，然而隱喻卻涉足每一個領域……隱喻因此有著獨一無二的結構，但是具有兩種功能，即修辭學功能與詩學的功能。〔註28〕

　　隱喻就是拿來說服並啟發讀者，不論是在科學或神話，對剛出現的事物進行命名並非單純只是一種替代原則，而是一種認識世界的隱喻手段，並以此方式來說服自我或大眾此一說法的合理性；至於啟發作用，就西方來說就是一種悲劇的洗滌效果，因為在觀眾與舞台上展演的悲劇之間，形成一種既是劇中人又不是的「隱喻」作用，意指我的情感在角色與自我之間徘徊，可有劇中人的恐懼、悲傷，也有局外人對此的同情與憐憫，是一種情感的隱喻狀態，在西方詩學的隱喻中，這樣的效益也必須產生。

　　隱喻之所以可以具有上述的多種功能，必須更深入隱喻形成的動態過程，才能了解其具體的運作方式以及效應之來源。

　　里克爾對隱喻的形成與作用進行了步驟性的考察，具體可以分為三個進程和一個的結論。三個進程分別是：「看作」、「形象化與象徵性」、「分裂指稱」；結論即是隱喻具有「本體論」的價值，底下將一一闡釋其內涵與洞見。

（一）「看作」的想像功能

　　亞里斯多德認為創造好的隱喻依賴於沉思「相似性」的能力，〔註29〕所謂的相似性並不只是物理意義上的相像或形式上的類同，更來自於一種對事物聯繫性的新發現。在卡西勒處，對於隱喻找出相似性環節，來自於人類實踐活動中，各種功能性的相同所產生的，並且依於「部分及全體」的神話原則為變形的基本思考，就是隱喻呈現不同樣貌但卻是一於這種實踐功能與神

〔註28〕《活的隱喻》，頁 7。
〔註29〕〈作為認知、想像及情感的隱喻過程〉，頁 22。

話原則而出現。里克爾不是從這一角度來思考，是直接就語言的現象起手，對隱喻的話語現象來說，去思考這一相似性在當下如何產生，而非追溯到神話思維中去。

里克爾首先思考的是「想像」為隱喻的根基，這點似乎無須多論，而想像所造成的隱喻，其相似性是：「揭示異質觀念間的血緣關係之修葺。亞里斯多德稱之為名稱轉移的東西，及意義的轉移，無非是邏輯位置的由遠及近的運動和轉換。」〔註30〕修葺著不同事物與概念之間的距離，並且藉由一絲一毫的聯繫，將兩者在句子的設定底下，將兩者的意義轉移，是一種遠近拉扯的張力特質。在隱喻的陳述中，舊的意義與新的意義在語詞間拉扯，所以隱喻本身也具備了「破壞」舊意義的效果，衝破固定框架的認知功能，而古典哲學認為隱喻的使用將會扭曲、阻礙真理的呈現，就是著眼在隱喻破壞性的負面，但里克爾卻認為這恰恰是隱喻傳遞出啟迪與新訊息的正面功能。這點在《莊子》文本中嶄露無遺，其文中許多匠心獨造的隱喻詞彙，諸如後文會探討道的天均、天倪，就是將器物的特性附於在天，並將單純天的覆蓋特性加入了創造、旋轉的象徵，將天的框架內容做出了新的認知突破。〔註31〕

這種被視為意義「偏離」的隱喻現象，〔註32〕是打亂科學邏輯分類的「新歸屬關係」，〔註33〕具有對於固有範疇的違反、〔註34〕重新描述現實〔註35〕以及創造新可能的啟發效果上功不可沒，那麼正面來說，隱喻是否根本就是一種創造秩序的方式：

〔註30〕　〈作為認知、想像及情感的隱喻過程〉，頁23。

〔註31〕　此點在後文論莊子之天時會有詳細說明。

〔註32〕　「在偏離日常的用法時，它們使陳述『顯得更加典雅』（III，2，1404 b9）；在普通民眾眼裡，它彷彿成了『外來語』（III，2，1404 b10）。這種語言風格也給話語提供了一種『陌生的』氛圍。……注重修辭的話語的主要優點是給話語帶來一種『陌生感』，但它完全掩蓋了這一過程。修辭風格以適當的比例將明晰性、愉悅性和陌生感混合起來。……隱喻轉換中類的關聯所提到的距離感和親近感有助於這種陌生感的形成，而這種陌生感與明晰性的要求相對立。恰當的隱喻的謎一樣的性質也有助於陌生感的形成。」隱喻造成的意義之偏離，也達到了使語言陌生化的效果，使得語言產生一種新的、吸引人的魔力，此點與隱喻的說服功能有相關性。《活的隱喻》，頁42。

〔註33〕　「隱喻就需要通過不規則的歸屬關係來打亂一個網路。」《活的隱喻》，頁23。

〔註34〕　「我們難道不應該說隱喻僅僅是為了創造一種秩序來破壞另一種秩序？我們難道不應該說範疇錯誤僅僅是發現的邏輯的顛倒？」《活的隱喻》，頁23。

〔註35〕　「隱喻包含了某種信息，因為它『重新描述』了現實。因此，範疇錯誤是處在描述和重新描述之間的具有解構性中間環節……。」《活的隱喻》，頁24。

如果隱喻屬於啟迪思想的方法，我們難道不能假定打亂並且轉移了某種邏輯順序、某種概念的等級秩序、某種分類的方法與產生所有分類的方法相同嗎？毫無疑問，我們只承認已經構成某種次序的語言功能。只有當隱喻產生了先前的秩序上的偏離時，它才會產生新的秩序。但是我們難道不能想像，這種秩序本身源於它所改變的相同方式？難道沒有在邏輯思想的起點、在所有分類的根基上發揮作用的「隱喻性」？〔註36〕

里克爾在此追問及邏輯思想根源的隱喻性是否存在，這點卡西勒已經表明得很清晰了，邏輯的語言與隱喻的語言在其發生的原初與過程互相關聯。隱喻的破壞力就是他的生命力，在詩人的筆下不斷在固有的基礎上轉換變化出新的意義，並使得舊有的被更新，以此賦予語言活力與未來性。里克爾雖未向卡西勒一般追溯至神話與語言之關係，但藉由對於隱喻與邏輯之間同有創造秩序的聯繫，找出了兩者根源上的相似性，使得意義的界線產生模糊，讓意義自身交融出新的可能。這點很好的說明了西方哲學邏輯性語言與東方思想中隱喻性語言，基本都具有可以創造某種新秩序與邏輯的可能性。

語言的秩序本身就是一個隱喻性的創造：

最初隱喻性概念破壞了本義與轉義的對立，也破換了日常語言與外來語言，秩序與不守秩序之間的對立。它提出了這樣一種觀念，秩序本身源於對語義場的隱喻性構造。正是以語意場為基礎才會產生出屬和種。〔註37〕

隱喻達到了轉換意義與模糊對立的成效，並藉當下的時空的語言場域中，找尋到一個最適切或是新發現的秩序起點，無論邏輯語言的原初分類或是詩意語言的創造，皆源於此，這樣的說法也與卡西勒認為隱喻的分類作用，來自於人類實踐活動的累積相仿，都是有具體的語意場發展出來的。而這一切的起點就是找出「相似性」，即如何在差異之間看見內在的連結：「對相似性的洞見是對舊的不相容與新的相容間的衝突的感知。『遙遠』在『鄰近』之中。看見相似性即不管差別卻通過差別看見一致。這種同一與差異間的張力刻畫了相似性的邏輯結構。相應地，想像是同化在差異上產生新類型的能力。」〔註38〕

〔註36〕《活的隱喻》，頁24。
〔註37〕《活的隱喻》，頁24。
〔註38〕〈作為認知、想像及情感的隱喻過程〉，頁24。

藉由想像找出事物之間的相似性，就是所謂的「看作」，將 A 看作 B 就是一種上述提的到破壞邏輯與製造聯繫的動態過程，需要「看」與「思」同步運作，〔註39〕經過觀看的感官接受一直到內在情感與邏輯的嫁接，方可完成。「看作」即是上述所有意義的偏離、破壞、重新創造以及連繫成新秩序的動作。

（二）隱喻形象化與象徵性

既然說隱喻是想像的產物，並且需要具有發現相似性的洞見，那麼隱喻會帶出的許多意象之間的比較或提取，就是必然的呈現。這裡必須區分處隱喻創造者與接收者對於隱喻意象的取用方式，在創造者方面，提取兩個事物進行隱喻，皆會伴隨著意象的出現，包括對於意象本身的外在形式、內在結構或感觸等等進行對比連結，可說人對意象的經驗、情感是隱喻發生的第一步，在其中找出相似性與聯繫性之後，才出現了隱喻的名稱或使用，聽來是否和卡西勒討論瞬息神與語言發展相似呢？接收者方面，會因為文字隱喻給予的象徵符號意義帶出意象，而將隱喻的兩個意象在語句的情境中作出重疊性的觀看與思考，試圖找出創作者對此兩者的相似性基點。

不論是從創造者或接收者來看，隱喻都有帶出意象的形象化功能，而在創作者的形象化隱喻中，本來具體的意象，將會隨著相似性的創造，形成一種抽象的象徵意義，即象徵意義指向了兩個事物的「相似性」本身。有如「阿基里斯是隻獅子」，阿基里斯與獅子的形象都會同時出現，但將兩者相連的是「勇猛」的象徵性。隱喻的形象化伴隨而來的就是象徵性的呈現，而里克爾在討論亞里斯多德對隱喻有將任何不在場事物「置於眼前」的功能時，就述說此一概念：

> 但是隱喻是以具體事物的特點描繪抽象性質這種觀念已經存在。亞里士多德如何將這種「置於眼前」的能力與妙語（trait de'sprit，通常指俏皮話。──譯者）聯繫起來呢？是通過隱喻的這樣一種特點，即「顯露」，「使人看見」。這一特點使我們回到了陳述問題的核心。關於陳述，我們已說過，它的功能是使話語「顯現出來」。「置於眼前」並非隱喻的附屬功能，而恰恰是形象化比喻的本義。同一種隱喻可以因此包含相稱性邏輯因素與形象性的感性因素。〔註40〕

相稱性邏輯因素即是發現相似性的結構，形象性的感性因素即是我們藉

〔註39〕〈作為認知、想像及情感的隱喻過程〉，頁 23。
〔註40〕《活的隱喻》，頁 44。

由隱喻帶出意象的功能，為這個相似性找到外部條件或內部感受的要素，要達到兩者，「置於眼前」的隱喻功能就不能喪失，形象化使得話語顯露出「身體」，〔註41〕讓接受者可以在看或思中去感受、體會與探究。置於眼前的形象化能力，是隱喻最強而有力的臨場感效果，可重新鑄造一個新的認知框架，改換人本身的認識狀態。記憶良好的讀者，也可以在這裡嗅出卡西勒神之名呼出時，隱喻本源具有的「召喚實在」特性，與所謂的「置於眼前」有異曲同工之妙，甚至加強了里克爾對於情感在隱喻中重要性的立場，〔註42〕中國傳統的詩的藝術，將這種置於眼前與召喚實在之能力發揮的很好，底下里克爾亦是以西方詩作來作為例子。

　　隱喻的形象化，搭配上相似性的結構，生產出象徵性的特質，這種特質使得隱喻具有多方連結的可能性，特別是將某狀態、情感進行隱喻擬人後所出現的動作，更是把象徵性開放的各種可能性極大化。里克爾以柯特的詩作為例子「『當我坐在心畔／憎恨之思纏住了我憂傷的靈魂』，隱喻性表達『纏住』呈現了悲傷，彷彿它可以把靈魂包在一個斗篷中。亨勒評論道：『〔隱喻性話語〕引導我們通過考慮像它的東西來思考事物，而這就是意義的象徵性模式。』」〔註43〕所有可以進行「纏住」動作的物件與意象，會在我們的聯想中源源不絕的出現，再藉由我們自己想像與邏輯的協調，設定出合理範圍內的事物，以此作為隱喻的可能指涉。上述指向了象徵性很重要的一點：觸發多重意象，意象的產生由事物的象徵特性為起點，加以接收者本身的生命經驗聯想創造出各種不同的可能性，所以一個詩意的隱喻（好的隱喻）之所以可以成功，取決於一個隱喻所能帶出的隱喻厚度有多少，而這些厚度會決定隱喻意義的深度以及廣度。〔註44〕偶然的隱喻與這種詩意的隱喻必須有所區分，因為兩者對於相似性所開創的形象化與象徵性的厚度，有著巨大的差異，可說這種隱喻是「作

〔註41〕 「形象化表達之於話語就好比輪廓、容貌、外形之於身體。言語雖然不是身體，而是精神活動，但它通過不同指稱方式和表達方式在某種程度上類似於外形與真正的體形的那些特點的差別。」《活的隱喻》，頁70。

〔註42〕 關於情感在隱喻過程中的思考，後文會再詳述。

〔註43〕 〈作為認知、想像及情感的隱喻過程〉，頁24。

〔註44〕 〈作為認知、想像及情感的隱喻過程〉，頁24～25。隱喻的厚度意味著，意象不斷的在象徵性的興發下出現，這點啟示著隱喻研究的切入方式，楊儒賓在討論五行之象徵以及延伸的意義時，就有如藉由追索五行本身的意象以及其內在的象徵，找出神話、歷史、儀式、德行等與此象徵相關的後代意象或行為，以此打開「五行隱喻的厚度」一般，似乎可以做個方法上的比擬與思考。詳可參楊儒賓，《五行原論：先秦的太初存有論》（臺北：聯經出版，2018）。

家的比喻」、「詩人的特殊創造」。〔註45〕

要達到這種隱喻的高度，又需要回到對於相似性的洞見上面，並賦予更多新的意象與意義在其中，作家的比喻具有強烈的創造力，所以里克爾反思的說：「與其說隱喻表達了以前存在的某種相似性，還不如說隱喻創造了相似性。」〔註46〕因為相似性來自於詩人身心與世界遭遇後的特殊感觸，以此感觸才能創造出新的隱喻以及新的秩序。

（三）分裂指稱的隱喻作用——懸置與張力之創造

第三個部分就是隱喻的分裂指稱作用，所謂的分裂指稱指的是隱喻作用之時，喻詞本身的意義與喻依外加的意義，使得喻詞原本的指稱與喻依的指稱相互拉扯，兩者都試圖想將意義拉向自身，形成一種指稱上的張力現象，以此可以稱為「分裂指稱」。分裂指稱在思維上達到的第一個認知功能就是「懸置」，〔註47〕指日常生活普遍的指稱在隱喻的運作中，被暫時打上括號放在一旁，包括其固定意義也是如此，沒有取消其意義，只是在喻依給予的指稱與意義中，發現更深層的存在結構：

> 詩的語言〔按隱喻〕並不比語言的任何其他使用對現實說得少。但借助於複雜的策略來提到它，一種懸置，並好像取消了和描述性語言卿卿我我的日常指稱性。然而，這種指稱只是次級指稱的否定性條件，是建立在毀壞直接指稱之上的間接指稱的否定性條件。它被稱為次級指稱僅僅是因為日常語言指稱性的置上性。另一方面，它是原生的指稱，以至於它提示、揭示、揭露——或隨便你怎麼說——現實的深層結構，而我們作為終有一死者生於此世並暫時居於此世而與現實相關聯。〔註48〕

明顯地，對現象學有所吸收的里克爾，在這裡使用了「懸置」的功能，並用隱喻另一物體的觀看，去思索隱喻這一次級指稱是否比直接指稱更加「原

〔註45〕「正是這種創新要求我們將比喻的偶然動因（必要性和娛樂性）與比喻的狹義上的動因（想像、個性和情感）區分開來。賦予色彩，通過出乎意料的新組合而激起驚異感、驚奇感，給話語注入力量與活力——如此之多的動力只有通過比喻——形象化表達表現出來，我們應把這種比喻成為『作家的比喻』，因為它們出自『詩人的特殊創造』。」《活的隱喻》，頁 86。
〔註46〕《活的隱喻》，頁 118。
〔註47〕〈作為認知、想像及情感的隱喻過程〉，頁 25。
〔註48〕〈作為認知、想像及情感的隱喻過程〉，頁 25。

生」，分裂指稱造成了邏輯思維上的停頓，使得意義出現變化，讓此在的我們於隱喻的張力中，找到一個間際的空間去找尋自我與物自身相互的存有關係。詩人的隱喻就是藉由次級指稱拉開現實的裂縫，對固有的概念與指稱行使了否定與質疑的權力，在人與世界之間探索物我之間的交流關係。隱喻並非去除日常語言的定義，而是不斷的增加歧義，並在特定的語境中尋求舊與新的「調停作用」，拉出「一連串」的相關意義，給予語詞有類似自我開顯的能耐，〔註49〕當然一切都必須依於詩人之心的隱喻手法。

　　隱喻的分裂指稱功能，使得語詞的意義滑動並生產出許多歧義，造成了某種隱喻特有的「模糊性」與「多義性」，然而兩者是一種循環的相互製造，因模糊而多義，因多義而模糊。就如里克爾最初的追問，邏輯分類的原初難道不具有隱喻性嗎？以此去思考話語本具有隱喻的根源力量，故話語就是一種模糊性與多義性的隱喻產物，而從話語中約定俗成或固定化的語詞，之所以可以在時空之中不斷進行語義變化便是來自模糊性的增生：

　　　　我們還可以把這種模糊性視為語義變化的條件。在被納入一種模糊的句子時，語詞獲得了新的意義。因此，話語的模糊性為語詞的模糊性開闢了道路，而語詞的模糊性可以導致既有意義的改變，意義的變化則增加多義性。〔註50〕

　　　　語詞的模糊性，它的界限的不確定性，將詞義分散的多義詞以及將多義性區分開來的同義詞的結合，尤其是使語詞能獲得新意義而又不喪失原有意義的語詞的累積能力──所有這些特點促使我們表明語言的詞彙「是一種不穩定的結構，在這種結構中，個別單詞可以輕而易舉地獲得和喪失意義」。〔註51〕

　　模糊性的動能，使得語詞進行一次次的轉化，取得於隱喻的力量，語詞本身就是「不穩定的結構」，並非科學或邏輯思維認定的某個物件本身將會具有固定或真理特質的意義，模糊性開闢的道路，就來自於分裂指稱拉開現實的「間空間」中，在此，言語本身的存有力量得以彰顯為許多樣貌。但為了使得說話者與接收者有可以相互理解與交流的平台，這樣的模糊性與多義性，

〔註49〕里克爾在此曾提及隱喻此調停作用有似於海德格「去蔽」，都些揭露了此在與世界之間存有關係的原生性與複雜性，詳述請參〈作為認知、想像及情感的隱喻過程〉，頁25。

〔註50〕《活的隱喻》，頁169。

〔註51〕《活的隱喻》，頁174。

必得藉由語境來進行篩選，尤其是日常運用的語詞更需要有這樣機制。〔註52〕
隱喻陳述也具有這樣的篩選功能，在句子中特殊的語境氣氛中，盡可能的在某
一象徵性的方向下去進行隱喻意義的有條件開發：「在隱喻陳述（我們不再把
隱喻作為語詞而是做為句子來討論）中，語境活動創造了新意思，這種意思
具有事件的地位，因為它僅僅存在於此時的語境中。……只有真正的隱喻即
生動的隱喻既是事件又是意義。」〔註53〕這點對隱喻研究的提點相當重要，
對於各種古典隱喻應該是一種歷史事件與意義的呈現，不能單純用一種哲學
解釋或神話學名詞的借用去理解，因為只有在歷史語境所造就的語境條件之
下，思想家、文學家所作出的隱喻及其背後的意義選取才能找到其定位與真
實的根源。

　　回頭來說語詞的意義之所以是一種「不穩定的結構」，就是因為「意義的
恆常性不過是語境的恆常性，這種恆常性是自明的。穩定性本身是有待說明的
現象。」〔註54〕亦即每次語詞在話語中出現時，我們都必須藉由語境去「猜
測」其意義，〔註55〕目前的穩定性結構只是這個時代所暫時確定下來的交流方
式，而這種部分的意義需要由整體去思考，聽來不也耳熟？語詞在其根源處
具有隱喻的特質，卡西勒從神話的部分與整體之關係亦得到了同樣的結論。
語詞不穩定的結構，在莊子〈齊物論〉中說明的更為清晰，對於語言所產生的
意義如何因為時空或意識形態有所變化，莊子更思考了語言不穩定性的必要
性，僵化的意義將會導致某些壓迫的產生，莊子之所以不斷使用隱喻這種模糊
性強的方式書寫，或是「正言若反」的特性，正是要強化這種不穩定的結構，
以達到對特定價值系統的動搖。

〔註52〕「在話語中，多義性，即語詞意義的純粹潛在性質經過了篩選。相同的語境機
　　　　制（語詞或非語詞的）有助於排除多義詞的模糊性並且決定著新意義的形成
　　　　『詞語或非詞語的語境使得偏差，使得不合習慣的意義的使用成為可能』。要
　　　　確定同一個語詞的不同意義，不管是慣用的意義還是不慣用的意義，都必須
　　　　訴諸他們的語境用法。」「詞語並無本義，因為它們並沒有固有的意思。它們
　　　　也沒有任何自身的意義，因為被理解為整體的話語以完整的方式擁有意義。」
　　　　《活的隱喻》，頁171、頁105。
〔註53〕《活的隱喻》，頁134。
〔註54〕《活的隱喻》，頁105。
〔註55〕「語詞的意義每次都必須『猜測』，我們絕不能信賴既有的穩定性。翻譯的經
　　　　驗具有相同的傾向：它表明句子並不是拼湊物，而是有機體。翻譯就是創造一
　　　　個具有同一性的詞集，在其中每個單詞獲得了所有其他單詞的支持並且逐步
　　　　受益於全部語言中的親近關係。」《活的隱喻》，頁106～107。

　　里克爾以此三步驟，去分析隱喻現象的開始、延續、創造與合理性，但不僅於此，里克爾認為在隱喻的運作過程中，「情感」的要素不應被落下，甚至情感、想像與認知思維在隱喻中是同時進行的：「看作」是「看」與「思」的配合，看其實不限於視覺的說法，可以全面放大為「感覺」，這種感覺兩者「相似」的過程，人必須讓自己參與其中，無法置身度外像個客觀的實驗者那樣比較，因為「感覺」使得人身心都參與了這一個隱喻同化的神秘事件中，而得到一種自我說服的情感以及參與的喜悅。〔註56〕

　　在形象化到象徵性的過程，隱喻（詩）意象的想像帶出將使接收者或創造者，產生出相應的情感，強度小則稱為一種情感共鳴，大的話就會形成巴舍拉（Gaston Bachelard）所言的「迴盪」（retentissement），處於一種自我與意象強烈交流下的高張情感，〔註57〕這些情感就是形成象徵性的重要過程，事物的那些外在或內在的樣態，勾引起這些不同日常情感強度的情感，會被視為象徵的中心，並以此聯繫更多其他可能引起類似感動的意象或事件。

　　在分裂指稱的部分，里克爾說的更明白：

> 情感也呈現隱喻的認知成分的分裂結構。一方面，情感——我指的是詩意的情感——暗示了我們身體情緒的懸置。情感是否定性的和質疑的經驗，這些經驗與日常生活中老生常談的情緒有關。在閱讀時我們並不真的害怕或憤怒。就像詩的語言否決了描述性化話語對我們關心的日常對象的第一序列指稱一樣，情感也否定了將我們和指稱的第一序列對象相連的第一序列情感。但這種否定僅僅深植於情感運作的背面，這種情感非對象化的把我們植入這個世界。這種情感不僅否定了情緒而且否定了它們的變形。〔註58〕

　　此處特別區分了「日常生活的情緒」與「詩意的情感」，對應的就是日常生活第一序列的指稱（即前文中的直接指稱）與詩意隱喻的指稱（前文的次級指稱）。情緒與情感的區別，來自於情感具有厚度與分歧性，情緒卻是單一種狀態的展現，用前述的西方古典悲劇詩為例，具有厚度的情感是可以內在地感受到劇中人的害怕與悲傷，也可以外部地憐憫與同情他們遭遇。因我們可以內在同感隱喻的對象與世界當中，並非單純像局外人進行冷漠的觀看，

〔註56〕〈作為認知、想像及情感的隱喻過程〉，頁26。
〔註57〕詳可參（法）加斯東・巴舍拉著，龔卓軍、王靜慧譯，《空間詩學》（臺北：張老師文化事業股份有限公司，2007），頁36、頁289。
〔註58〕〈作為認知、想像及情感的隱喻過程〉，頁27。

故好的隱喻將我們「非對象化」的植入在世界之中，與世界產生一種聯繫，卻又不失個體本身的獨立情感，造就出了一種詩意的情感，「既是又不是」的深度感受。

（四）隱喻的本體論功能

隱喻的本體論功能，其實在前述的三個步驟中已經現出端倪，隱喻具備拉開現實指稱的能力，讓意義可以多方發展，猶如「去蔽」的效果，讓存有的多重可能性在語言與情感的向度中綻開。詩人的發現「相似性」的能耐，切開了物理意義上的類屬關係，直接在我與世界之間尋找更根源、更多元的連結方式，模糊性與多義性亦是物自身開顯自我的保證與走向，在分裂的指稱中，人們認識到了事物不同面向的展示，以及對應於我深度的情感，一切都基於隱喻的揭露存有本體的功能。

回到最初詩歌隱喻的奧仿對象自然，就更容易發現隱喻本就是對於自然存有的一種「再現與模仿」，而再現與模仿都是對於現實重新創造的方式，亦即並非單純的仿效。有別於柏拉圖的眼前事物是理型的模仿品，這裡的模仿是一種詩人對自然存有力量的借用，幻化成衝擊現實與重造描述的隱喻力量，是一種創造的呈現。里克爾對於詩學為何模仿自然提出了以下的本體論觀點：

> 在「指稱現實」與「道出自然」之間難道不存在隱含著的親緣關係？如果這一假設沒有效，我們可以理解為什麼《詩學》絕不可能脫離「模仿」也不可能脫離「自然」。「模仿」這個概念歸根到底可以作為理解語境的檢索。這意味著，任何的話語都不能排除我們對世界的歸屬性。所有模仿，甚至創造性的模仿，尤其是創造性模仿，處在「在世」（這是海德格用語——譯者）的領域，就它上升到情節而言它顯示了這種「在世」。我從亞里斯多德的「模仿」中所看到的便是想像物的真實性，是詩的本體論發現的能力。陳述因為模仿而生根，隱喻的偏離屬於表現現存事物的偉業。但模仿不僅意味著所有話語都屬於世界。它不僅保留了詩歌話語的指稱功能，作為「自然的模仿」，它把這種指稱功能與將實在表現為現實的過程聯繫起來。〔註59〕

此處的模仿說明了對自然的藝術再造過程，有如翻譯一般，期間具有差距性也有相似點，但可確定的是藝術本身獨一無二的特質。里克爾藉由古希臘悲

〔註59〕《活的隱喻》，頁58。

劇與藝術傳統來陳述模仿的深刻意涵，並將此角度放到隱喻中來考察，使得隱喻產生本體論的可能性，指稱現實與指稱想像物變成同一的創造行為，語言的logs（此處指語言的邏輯與原初意義）必須含納隱喻的多重可能性，才有可能去除一言堂與僵化的可能性。由此看來中國古代思想藉由與自然溝通，並用特殊的身體修煉或現實行為去模仿自然，即是將隱喻的本體論效力達到最好的在世狀態，依此，中國的藝術型態抑或功夫型態更是創造性模仿的具體表現。

　　因此，里克爾的「隱喻」意味著是一種人與萬物存有之間最根本的相遇關係，藉此關係道出自然以及指稱的過程，裡面蘊含著情感以及理性的身心運作，而所謂「活的隱喻」意味著隱喻的指稱都像真實活著會自我活動、自我增生的生命一樣，都有實在的具體地位：「將人描述成『行動著』的人，將所有事物描述成『活動著』的事物很可能是隱喻話語的本體論功能。在此存在的所有靜態的可能性顯現為綻放的東西，行為的所有潛在可能性表現為現實的東西。『活的』語詞就是道出『活的』存在的東西。」〔註60〕至此隱喻話語的本體論功能，相當清晰的指稱著每一個物自身存有的樣貌。

四、以認知隱喻為主輔以基本隱喻、活的隱喻理論為研究方式探究

　　卡西勒的基本隱喻研究切入的思考處有三個突出之處：一是由命名前與後的身心狀態去對創造指稱所帶出的情境作出探討；二為不用先後的邏輯思維態度思考語言與神話的關係，而是進入當時語境的景況，思索兩者互滲的關係；三是在文化符號、人類以及存有三者之間尋找根源、開創以及呈現的差異與共同之處，三個要點都指向了隱喻思維得以發生與創造的身心狀態、發生情境、不同形式以及存有根據。卡西勒的基本隱喻強調之重點也有三：一是語言本身就是隱喻；二是隱喻使人可與世界產生理解與再創造的可能；三為隱喻背後聯繫著存有的整個可能性。

　　里克爾的活的隱喻分析的步驟有三：一為將 A「看作」B 的發現相似性之過程；二是隱喻文字形象化的帶出意象，並產生象徵化的進程；三是隱喻造成現實指稱與詩意指稱的分裂，使得指稱背後的存有意義得以脫出固定認知框架，產生多方開顯的可能性。里克爾的重要思考有三：一是隱喻需有語境才有意義，即是隱喻必然依賴於陳述，需要在句子的歷史時空設定下，隱喻方才取得其創造性的意蘊；二是情感在隱喻中重要的地位，是使人可以感受存有與維

―――――――――――――――

〔註60〕《活的隱喻》，頁 58。

持自身獨特性的中介，賦予隱喻情感厚度與日常的情緒做區分；三是隱喻具有的本體論功能，隱喻彰顯了人遭遇物自身與整體存有的動態過程，使創作者與接收者感受到存有綻開的多元性與協調性。

　　雷可夫與詹森的概念譬喻的特點有三：一譬喻是普遍性而非特殊修辭狀態下的呈現，意旨語言本身的組成八成以上都是譬喻；二譬喻是兩個系統間的相關聯繫，而非單一詞彙的連結；三譬喻是用來形塑概念讓人得以掌握世界以及建立生活秩序的方式。重要的立場也有三：一譬喻根源於身體經驗以及當下時空語境的限制；二是譬喻可以創造新的現實，改換人的認知概念；三理解自身文化的概念譬喻結構，有助於省察與反思自我生命的問題與實現。

　　三者在研究隱喻之時，雖然出發點不同，但都注意到一些基本的設定：語言本身就是一種隱喻；隱喻立基於人與世界當下經驗與情感的互動；隱喻需要有其歷史語境才有理解的可能，意即隱喻的探究是一整個時空系統的討論；好的隱喻概念會改換人的認知結構、情感甚至契入存有的根源。這種研究上的「相似性」並非偶然，底下將以卡西勒的思考連結上里克爾的研究，再以雷可夫與詹森的研究為方法，去概要的聯繫三者。

　　先看到卡西勒在討論指稱作用時，提到先於指稱的動作「注意」：

> 我們是要領悟並闡明注意（noticing）的性質和方向，因為「注意」
> 在心理活動中一定先於「指稱」功能的。〔註61〕

　　在「注意」的過程之中，是需要身體感官與理性的同時運作方有可能「看到」，而發展出將此物、此情感狀態「看作」一種指稱的能力。化為指稱同時需要「看」（看到）跟「思」（看作）兩方面的配合，這一對自然感觸轉為指稱的初步隱喻行動，就有如里克爾討論語言隱喻過程的第一個階段：「想像被理解為『看作』，而且與涉及邏輯的轉移的話語本身、關係的修葺同質。……亞里斯多德在談到創造好的隱喻就是沈思相似性時暗示了這一洞見。這種對相似性的洞見既是思又是看。」〔註62〕即隱喻創造了對於第一指稱（喻體）與第二指稱（喻依）的「相似性」，並非只是單純的性質相關才有相似性，〔註63〕

〔註61〕《語言與神話》，頁 28。

〔註62〕〈作為認知、想像及情感的隱喻過程〉，頁 23。

〔註63〕有如 George Lakoff and Mark Johnson 在討論譬喻如何產生相似性時，所歸納出的幾個特質：「譬喻創造相似性的五種方式 1. 常規譬喻（方位、實體、結構）常常以我們在經驗中所感知的相互關聯為基礎。……2. 像「觀念是食物」這樣結構上變化多端之常規譬喻，可能會以方位譬喻與實體譬喻生發出

就里克爾的看法兩個指稱產生了一種「遙遠在鄰近之中。看見相似性即不管差別卻通過差別看見一致」〔註64〕的隱喻創造力。

但只要指稱出現，就與指稱者的心靈狀態有關，卡氏繼續說：

> 語言從未簡單地指稱對象、指稱事物本身；它總是在指稱源自心靈的自發活動的概念。因此，概念的性質取決於規定著這一主動性觀察行為之取向的方式。〔註65〕

根本的心靈自發特質，極可能有著情感與身體感的雙重要件（其實二者可以為一）。但不可忽略的「前見」本就影響著理性與非理性的視角，以及顯性與隱性行為的先天侷限。若反過來思考隱喻，隱喻即是不斷跨越與擴大這一侷限性，不只是在意識層面，甚至是藉由興發出的情感來改變身體感覺，有如巴舍拉所言的「浩瀚感」，〔註66〕也是里克爾強調的「詩的情感」，因為被興發出的情感基礎進而帶動視角的轉移，並且實際影響到身體上的行動，這更進一步達到「平面隱喻」引起的「立體隱喻」之功能。這裡筆者指的平面隱喻是單指語言文字表現出的隱喻現象，而立體隱喻是指因為平面隱喻引起的情感波動，進而產生個人想像力的興發，由文字描述產生意象的連結，進而觸及身體感上轉變。或者應該說隱喻本來就是從身體經驗所出發的（有如雷可夫與詹森所言：「始原概念來自直接肉身體驗」），所以隱喻才有轉變身體感之可能，而這一身體經驗不單單只純粹的肉體，除了感官功能與情感之外，仍還有文化社會

來的相似性為基礎。……3. 新譬喻多半是結構性的，能以常規結構譬喻同樣的方式創造相似性，也就是能以實體譬喻與方位譬喻發出來的相似性為基礎。……4. 新嘗喻借助其蘊涵，凸顯、貶抑與隱藏等方式挑出某一經驗範圍。譬喻於是描述了被凸顯的全部經驗範圍與經驗的其他範圍之間的相似性。……。5. 相似性可以是對譬喻而言的相似性。……」所謂結構性的隱喻需要相當的文化資源與地方性知識，而新隱喻的創發所需的「結構性」，也可說是被詩人創造、（或委婉的說）找尋出來的，有如里克爾所說的活的隱喻可以不斷的創造相似性、產生多義與模糊特性，以產生跨域的無限可能。而中國的隱喻陳述方式，就在許多思想家、文人的字句中被使用，打造出一種有別於西方的「隱喻思維」，且這一隱喻是具有多方興發能力的爆炸性思維。而結構隱喻的基礎應還有包含著「情感」這一重大因素，有如里克爾說的情感也必須被放進隱喻的過程中來討論，特別是詩性的隱喻，能否激發出一種相同的情感也是隱喻成功與否不可或缺的事實。關於上述引文說法可參《我們賴以生存的譬喻》，頁240～241。

〔註64〕〈作為認知、想像及情感的隱喻過程〉，頁24。

〔註65〕《語言與神話》，頁30。

〔註66〕《空間詩學》，頁279、293。

的經驗要素必須考慮，〔註67〕可說是一種身體的「前見」，這意味著對身體不同的歷史文化思維，就會影響其隱喻的使用方式，且這一隱喻方式也會影響此文化中人的生活方式。〔註68〕

　　不同的身體文化思維，打造出了不一樣的隱喻方式，怎麼感受世界，就會創造出怎樣的隱喻群組。要觀察一個思想的根源與脈絡，可以就其隱喻使用的各意象與各意象的象徵體系來進行推論，即某一意象若常被使用，且其意義豐富（多義性），便可以看出這一隱喻意象是此文化思維中重要的「本喻」，有如卡氏在討論神時，如何看出其力量大小與位格高低所言：

　　　　對於宗教情感來說，一個神的力量是由其名稱之後描繪詞的多寡表

　　　　現出來的；多名性是位格序列更高的神的必要條件。〔註69〕

　　由此連結，一個本喻具有強大的「詞彙編碼」能力與多方的「譬喻蘊涵」兩種表現方式發揮其多義的變換能力，〔註70〕越好的隱喻可涵蓋的可能性越大，「詞彙編碼」與「隱喻蘊涵」的範圍越大越廣。

　　由神之名探討可以連結到一個文化的本喻，這樣的本喻似乎必須具備相

〔註67〕　這樣的說法對於後現代理論不陌生，舉一凸顯的例子就是傅柯對於「規訓身體」的考察，詳可參（法）傅柯（Michel Foucault）著，劉北成譯，《規訓與懲罰——監獄的誕生》（臺北：桂冠圖書股份有限公司，1992）。若回到隱喻的認知角度來談的話，George Lakoff、Mark Johnson 之言獲許可以相互支持：「所謂的『直接肉身體驗』（direct physical experience）不僅僅是與身體有關而已；更重要的是，每項經驗都在一個具文化前提的廣闊背景之下發生。因而此一經驗可能會產生誤導，在談論直接肉體體驗時，就好像確實有某種臨場經驗之精髓存在，可用我們概念系統來『詮釋』。文化預設（cultural assumptions）、價值以及態度，並非可由我們自由選擇要不要套在經驗之上的概念外罩。更正確點說，所有的經驗都由文化貫穿，我們藉著文化由經驗呈現這樣的方式來體驗我們的『世界』。」參 George Lakoff、Mark Johnson 著，周世箴譯注，《我們賴以生存的譬喻》，頁 114。

〔註68〕　在此雷可夫與詹森的討論也可以當作補充：「譬喻的來源與目標之間的關係並非任意搭配，而是有其事物性質和身體或文化經驗基礎的。」《我們賴以生存的譬喻》〈中譯導讀〉，頁 97。

〔註69〕　《語言與神話》，頁 63。

〔註70〕　此處的說法可參《我們賴以生存的譬喻》〈中譯導讀〉，頁 78。這樣多義的隱喻情形，也可說是一個文字隱喻的意象引起了多種可能的意象，而好的詩性隱喻就具有引起多種意象、情感的特質，即是隱喻創造的「想像厚度」引發了這樣的現象，有如里克爾言及隱喻的第二過程所言：「詩的文字結構呈現的想象場景的厚度產生隱喻的意義。」這一過程就是在「看作」的相似性「圖像化」之後，可以對隱喻的意象產生象徵的感觸。可參保羅・利科、曾譽銘譯，〈作為認知、想像及情感的隱喻過程〉，頁 25。

當強烈情感基礎，才可保證其興發的意象可以多元多種。藉由卡氏論述神名的呼喊就是語言的一種「基本隱喻」情形來看，這基本隱喻並非普通修辭性的隱喻方式，基本隱喻來自於一種「創造」，並非簡單的因相似而可以進行觀念類比，而是真正的由對某種「意象」與「象徵」的強烈情感，進而爆發出的一種聯繫與創造。而所謂的聯繫是指我與他人、事物、世界等進行的「不思議」連結，即我因隱喻的過程創造出了兩個不同領域得以溝通的橋樑，更是一種保留原義與變義，並不斷移動的「動態」過程（抑或可說是一種張力過程），在這一動態的過程中，可能不只會出現一種變義。在這橋樑的移動中亦有可能繼續連結到其他意象，所以原始的高位之神靈，才具有相當多不同的名稱，不只是因為先民們的需要投射，也是那最初隱喻的「感嘆詞」，有多方連結的創造與聯繫力量。

在語言思維與神話形象化糾結不清的時代，每一個隱喻的指稱都被視為一種「在場」，且看卡氏繼續說明：

> 在思維的這一領域內，沒有什麼抽象的指稱：每一個語詞都被直接變形為具體的神話形象，變成一尊神或一個鬼。任何一個感覺印象，無論它多麼模糊，只要在語言中被固定住保存了了來，就會以這種方式變成神的概念和指稱的起點。……在這方面，神話一再從語言中汲取新的生命和新的財富，如同語言也從神話中汲取生命和財富一樣。這種持續不歇的主動和互滲證實了語言和神話的思維原則的統一性，語言和神話只不過是這條原則的不同表現、不同顯現和不同等級而已。〔註71〕

在神話力量的意象與語言對其隱喻的指稱之間，不斷的互相產生意義的交換，意象的多重象徵性、語詞命名後的加強與轉換，都使得意義不斷延伸，形成一種詮釋上的循環，在意象與語詞之間的動態意義過程，也可拿來與對隱喻的研究做出可對話的空間：隱喻的語詞也被具體化為一個形象化的圖像，並在句子的語境之中形成第一指稱與第二指稱的張力連結，並引出其中的象徵性，隱喻的來源域意象給了目標域意義不斷擴張的可能性，可說也就和神話與語言的互補並互相給予活力的觀察息息相關，而這樣一個不斷意義轉換、雙重意象張力與保存其實指向了對生活世界意義的不斷補充。

這一的隱喻過程，就有如里克爾在談論隱喻過程的第三階段一般：「由於

〔註71〕《語言與神話》，頁82～83。

隱喻的意義不但沒有廢除反而保留了字面意義，隱喻的指稱保持了它所暗示的日常視域與新視域的張力。……想像並不僅僅通過人為的對相似性的洞見而圖形化術語間的謂詞性同化（筆者：隱喻的第一階段），它也不僅僅因為呈現由認知隱喻過程激發並決定的意象來刻畫意義（筆者：隱喻第二階段）。相反它為日常指稱的斷裂和再度描寫世界的新的可能性的憧憬做出具體的貢獻。」〔註72〕隱喻是想像與理性相合的產物，隱喻具備了「分裂指稱」的能力，即是第一指稱與第二指稱間有相容相分的張力特性，但都保留一、二指稱的意義，且在一、二指稱之間的空白，想像力可以動態的進行對各種意象的連結，所以在這往返與一、二指稱間，反而加強了隱喻對世界新的發現能力，亦可產生嶄新觀看世界的方式，就有如雷可夫與詹森所言：「新喻有創造新真實（new reality）的能力，當我們開始以譬喻理解我們的經驗時，就會發生；當我們開始付諸行動時則變成一個更玄妙的真實（deeper reality）。如果一個新譬喻進入我們行為所依存的概念系統，便會更改那個概念系統、感知，以及由此系統所賦予的行為。」〔註73〕新的譬喻方式可以轉移概念，進而創造出新真實（新世界）。

　　上述大概把三種筆者關注的西方隱喻研究加以融合與互滲，但必須要注意的是，這裡討論並非神話式、也非標新立異式的隱喻，因為隱喻的使用，是相當具有自己的一套推論方式，是「想像」與「理性」的結合產物，可說隱喻具有一種「反思能力」，並非神話思維下無法反思的隱喻系統，亦非標新立異只為了修辭展示所用，有如雷可夫與詹森提到為何進行隱喻研究時所言：

　　　　之所以聚焦於譬喻，是因其整合了理性與想像力，理性至少涉及範
　　　　疇、蘊涵以及推論，通過一物看另一物是想像力的眾多面向之一，
　　　　本書稱之為譬喻思維（metaphorical thought）。因此譬喻是具想像力
　　　　的理性。因為我們日常思維範疇在極大程度上具譬喻性，日常推理
　　　　涉及譬喻蘊涵與推論，平凡的理性（ordinary rationality）本質上也是
　　　　譬喻性的。我們若能藉助譬喻蘊涵與推論來理解詩性譬喻，那就也
　　　　能以同理看到詩意想像結果其本質上的理性成分。譬喻是我們最重
　　　　要的工具之一，我們嘗試對無法全部理解的對象作局部性理解：我
　　　　們的感覺、審美意識（aesthetic sensibilities）、道德實踐，以及性靈

〔註72〕〈作為認知、想像及情感的隱喻過程〉，頁26。
〔註73〕《我們賴以生存的譬喻》，頁232。

覺知（spiritual awareness）。想像力的這些努力並不迴避理性，因為
想像力運用譬喻，借助譬喻性的理性。〔註74〕

　　理性與想像的結合才會出現隱喻的各種可能，也才可提煉出一種意象可
以引起巨大的「迴盪」，有如巴舍拉的「日夢」，也是需要理性與想像力的結
合，所以詩性隱喻（當然是指豐富又指導性高的）也是理性與想像力相互作
用的產物，並非一堆「不可言說」的錯亂。且個人的日夢狀態（其實就是一
種不斷跨界的隱喻狀態）是可以與宇宙「浩瀚感」進行接觸，產生出集渺小
與偉大的極端情感，形成一種個人與宇宙間相容又相分的隱喻狀態，可稱之
為「宇宙一體感」。

　　每一個隱喻都有其背後的推論，〔註75〕譬喻的中心「推論」會因各民族
「地方思維」的不同，而具有差異的論述方式，尤其是西方與中國思維，呈現
出兩種極端的不同：一較為「抽象」並邏輯演繹事理，一則是講究與「具體世
界」的聯繫關係，並強調事理就在這些關係之中。故東方的譬喻性更強，因為
在抽象的語言之中講究「精確性」與「標準性」，譬喻性質必須降的相當低，而
在東方天人可相應相感的思維中，必須與世界進行多方聯繫，譬喻性的語言就
變的相當重要，並且因「天」不言，故要能夠瞭解天與自己身上具有的「天之
德」，就必須要一種體驗性、指點性、隱喻性高的語言，才能夠多方產生與「世
界關係」連結的「興發狀態」，而此一興發狀態可說不只是一種思維上的體驗，
也更是身體上的「臨現」，如何說之？就如雷可夫與詹森所言，譬喻性思維是以
「身體經驗」為基礎出發，故此身體經驗可能會在興發之時被「喚回」，而產生
身體感，最簡單的舉例方式，就有如人在聽故事之時，會跟著喜怒哀樂一般，
且此一情緒反映會讓身體也有所相應，這在閱讀過程中就可發現。

　　但在這以身體情感的層次上，仍須注意到里克爾的說法，他認為在隱喻過
程中的情感相當特別，被隱喻召喚出的情感也處於分裂的狀態，因其本來的情
感與隱喻召喚出的情感達到了一種張力性，使得兩種情感相分又相融，就如前
面所言的「浩瀚感」，其實是由個人獨特的私密感與世界的浩瀚感連結，展現

〔註74〕　《我們賴以生存的譬喻》，頁 288～289。
〔註75〕　如雷可夫與詹森所言：「譬喻的中心是推論（inference）。概念譬喻運用空間域
　　　　　與物件域等感覺肌動域（sensory-motor domains）的推論去導出其他域的推論，
　　　　　如具有親密性、情感、判斷等概念的主觀判斷域。因為我們借助譬喻思考
　　　　　（reason），我們所用的譬喻就在極大程度上決定我們如何過日子。」《我們賴
　　　　　以生存的譬喻》〈中譯導讀〉，頁 22。

出一種又分又合的狀態，就里克爾的想法，在這樣的隱喻情感中，我們找到了世界也找到我們在世界中存在的方式，情感的確是我們與世界連結的重要橋樑，這是隱喻相當深刻的本體論價值。

　　結合上述所論，就三種隱喻研究提取出可對先秦儒道隱喻思維進行分析的進路，即是：隱喻意象的源頭、隱喻的身體感與情感、隱喻的創造性、隱喻的張力、隱喻的情境性、隱喻的存有論。就筆者看來這幾方面是理解與研究儒道哲人使用意象進行隱喻的可能切入點，在中國實踐為主的思維，隱喻其實指向了一種理想的身體狀態（有如聖人之踐形、真人之忘形）或是社會狀態（如渾沌、大同），哲人們使用隱喻也是直接想讓人感受到由心而發的情感氛圍（四端之心、自然之感），希望激發人往一理想生活方式前進（禮樂成仁、逍遙無礙），並藉由隱喻創造出或特殊或日常的情境，來對生活世界進行補充，這隱喻思維與身體思維是相互糾纏並不可分的結構，更可說明隱喻動態活體的存有論基礎。

　　不同的隱喻理論在結合討論之後，總需要一個具體的分析方式去進行，如前章所述，心理空間理論即是首選。不只可將隱喻的來源目標做出清晰的對應，且在此映射中亦可呈現出隱喻指稱的分裂與相合之面相，非 A 非 B 的隱喻過程就在映射相連的線段中呈現，且隱喻具有的創造力亦在多重來源融合之後，呈現出新的意義與建構中新的世界與價值觀。在多重的空間之間，還可藉由語意項之間的對應去找尋可能被複製到目標中的部分系統為何，這是二領域的呈現較難做到的，只有在多重空間的比對中，較易因語意項之間的結構關係而推敲出來，而在此結構關係中輔以作者生命經驗的框架思維，更可發現其隱喻背後的情感之來源，以及其強度與厚度的探索。所謂的強度來自於此隱喻之情感，是源於自我的片段感受，還是關乎人整個生命與世界互動的體悟，而厚度則可具體從多重來源的方式來清晰得知。心理空間的分析方式，做些微調整之後，可很強地結合上文三個隱喻理論的內涵，並有系統地開展出隱喻之意義。具體之操作將在下一章的前言部分演示。

五、小結：理論的運用與論文主軸的展開

　　本論立基於眾多前輩學人的研究之上，將取用其研究成果並思考孔莊在面對世界變動時，如何開展自己對於天、家、人的隱喻重建，會通三個隱喻理論之後將以認知隱喻的視角為主並從三個角度切入：

　　第一是思想家在創造其隱喻之前或之時所處的歷史情境，將會帶出的何種獨屬於他的生命「框架」？當然以一個哲人的生命史當作框架，會相當巨大，本論主要會提取孔莊在其生命經驗、歷史情境與其文本中重要的要素來組構，特別聚焦在其對與天、家、人的探索中，藉由框架要素的蒐集，再去映射到其文本或相關文獻中的話語，試圖勾勒出孔莊未言明的目標域。之所以如此探究的原因起於雖然前輩學人對於隱喻本身的文化來源與神話思考多有論述，但思想家如何選取隱喻要表現的面向，仍依於其生命經歷與感悟所出現，雖有文化的共性，卻亦有人選取自我存在的種種設定在其中。此亦是上述隱喻理論著重的語境之問題，還有隱喻的來源與目標之間因為思想家生命歷程，所展開的意義張力。故真實的隱喻之源，應來自於思想家生命框架中的重要事件。

　　所以本論使用相關文獻時，只要與孔莊相關，而在意義以及前輩學人的研究中是可信賴的資料，皆會用之，隱喻應做為哲學與史學的橋樑，讓思想的圖譜更加清晰化。

　　第二是在孔、莊的文獻中尋找其對於天、家、人相關論述與隱喻的表現方式，運用心理空間的分析方式讓三者底下的隱喻系統明朗化，試圖較有步驟地切入不同學說的內核，找出其具體映射的隱喻事物，再連繫創造其生命經驗之重要歷史事件，拓出其思想的隱喻厚度與情感深度，運用事物屬性結構的三大面向去思考隱喻背後身心經驗與情感意義的呈現，由此來發現孔莊隱喻思維的創造性與異同。

　　第三運用隱喻研究的視角是找出孔莊最根源的隱喻意象，不論是生命框架要素或隱喻在人、家、天上的文句象徵，皆有賴於身體感與歷史場所、想像界域的配合方才具有雷可夫與詹森的說「創造真實」的實踐效果，借鄭毓瑜身體感興之說，可感可知可悟的此身，即思想家在世存有的型態選擇，亦是另一個隱喻之源。

第三章　孔子天、家、人隱喻的映射
及其意義探討

一、前言

　　孔子做為百家爭鳴的起首，不論墨、道、法都以孔子設定下來的儒家為挑戰、承接、破除之對象。生於春秋末的孔子，如何在其歷史時空背景所設下的框架限制中，重新建構周文中關於天、家、人的深刻內蘊，並在其認知中映射出三者隱喻的厚度，擴充其背後詞彙編碼而產生大量的譬喻蘊涵，是一大哉問。就如前所論，隱喻的根基來自於語境以及人身在其中所產生的情感動能，此意味著需去思考影響孔子重大「生命事件框架」為何，藉此找出可代表孔子的諸多要素，才能在歷史留下的文句中，找出相應的映射要素，並在不同空間的對應中思考其隱喻融合出的系統與項目，搭配上分屬於天、家、人的隱喻群，有助於理解孔子如何重論或實踐性的融合出周朝禮樂未盡的隱喻系統與內涵。

　　語意的詮釋，以及詮釋的依據，有沒有一個系統性的方法可依循呢？就如前章所論，本論使用的是認知語言學中的事物屬性結構、心理空間與框架理論的配合，來對資料文本進行拆解與補充，試圖在茫茫文海以及哲人若有似無的思想中找尋其核心的來源域與目標域，底下將藉由吳佩晏與張榮興論文中的例子，〔註1〕來說明本論分析的視角與方法。

〔註1〕詳細的心理空間分析請參吳佩晏、張榮興，〈心理空間理論與《論語》中的隱喻分析〉，《華語文教學研究》7.1（2010）：97～124。本處將以比較簡化的方式搭配框架理論與事物屬性結構，來說明說與補充分析的方式。而以心理空間的

其論文中以〈子罕篇〉第十三章中的「子貢曰：『有美玉於斯，韞櫝而藏諸？求善賈而沽諸？』子曰：『沽之哉！沽之哉！我待賈者也。』」〔註2〕其中子貢對孔子說有一美好的玉珮，要藏在書櫃中呢？還是要找個好商人賣了呢？孔子回答當然要賣阿，我只是在等好的商人而已。以此短文為例，配合各家註解，並運用心理空間理論，找出來源與目標域中映射的各項語意成分，文句中本來的內容，有美玉、美質、櫃子、識貨的商人以及金錢，最後一項「金錢」是文句中沒有的，是因「框架思維」誘發所產生的：「所謂的框架指的是知識或連續的圖像化經驗所建構成的具體統一結構」。〔註3〕具體來說，是一個包含過程、角色及參與者的概念結構。而本例的分析是藉由「買賣的框架」而來，因在買賣的框架中會包含四個要素：買方、賣方、商品以及貨幣，即使在原文句中沒有這項要素，但藉由框架理論可誘發出框架中必須的要素，揭露語境中未提及卻相等重要的語意項。此點相當重要，因古代文句精簡，常選取最具象徵意義的要素來說明與映射，諸多被隱藏的要素皆需自行找尋，框架思維可幫助我們藉由聯想與誘發的方式，去補足這些要素。在思索隱喻映射之時，每個語意項都可能有巨大的意義在其中，故框架思維能幫助分析時不遺漏那些未被提及的項目。

看待論語這段文獻需要用隱喻的角度來分析，文句中未明說的目標域部分，是孔子自身的當代處境與願望，在來源域中的要素的映射需求之提醒，加上過往各家註解的選取，可做出與來源域對應的目標域要素：有孔子、才德、隱居的地方、識才的君王、俸祿、官職。兩個空間之所以可產生映射，是因目標域與來源域有相似性的連結，在本例中有二，一為「隱蔽收藏」、二是「揭開顯露」，前者是說明玉為何藏，主要聯繫的有來源域中美玉藏在櫃子與目標域中有才德的孔子隱居某地；後者是說明玉為何沽，主要聯繫的有來源域中識貨的商人與金錢，以及目標域中識才的君王、俸祿與官職。其中買賣框架中的買賣過程，就像玉被賣出，對應到目標域就是人出仕的移動過程，簡要的映射對應圖如下：

分析方式來分析古代隱喻還可參考張榮興，〈心理空間理論與《莊子》不為官寓言的隱喻〉、張榮興，〈心理空間理論與《莊子》「用」的隱喻〉，《語言暨語言學》13.5（2012）：999～1027。

〔註2〕本章使用《論語》文獻眾多，皆引自（清）阮元校刻，《十三經注疏‧論語注疏》（北京：中華書局，2009），之後再引只標篇名。

〔註3〕Fillmore, Charles J. 1985. *Frames and the semantics of understanding*. Quaderni di Semantica 6.2: 223.

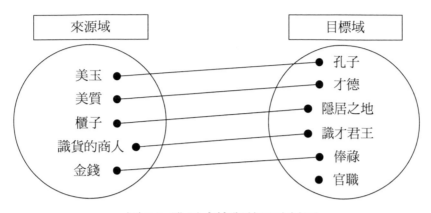

圖 3.1 孔子才德與美玉映射圖

　　最後兩個空間經過語境的篩選後，會用篩選過後的語意項創造出新的融合意義，非重點的要素將被捨棄，並使文句的隱喻意義朝其核心思考發展。在本例中因金錢、俸祿並非孔子所想，故在融合的意義中不會出現，其內容就原分析為：「孔子不想將美玉留在櫃中獨賞，希望可以讓更多人觀賞美麗的玉石，如果有識貨的商人欣賞玉石的美那就把它賣了，猶如孔子不願避世隱居封閉才德，希望自己的才德可以造福人類，如果遇到識才的君王賞識其才德，那就出仕為官拯救社會吧！」〔註4〕

　　這論述的分析中，雖說框架要素所誘發的金錢一項，最後在融合空間的意義中並未出現，但這更加強了孔子出仕的高尚情懷，故不論框架所找出的要素是否被取用，都可能會加強隱喻的意涵與情感。另在此分析中並未提及到筆者前論的事物屬性結構，如若能在在映射對應前將玉的屬性概念作出分析，將更能完整找出更多空間中的映射意涵。如從動作一項來說，可知當時王官君子皆佩玉於身，在行走時若玉的撞擊聲過大，是提醒君子做事需謹慎冷靜，而玉的內在意義有端正君子的寓意，以此搭配上孔子想要出仕的本懷，確實符應於想端正上位者行為，而讓下位者能安居的想望。以此觀之，玉的隱喻義闡明了，孔子並非想自我主政成為一方霸主，而是希望如周公一般輔佐聖王，開創太平之世。

　　若再深究玉在先秦時的各項意義，那麼就會衍伸出更多對應的內容，並發現許多可映射的語意項，如在《禮記‧聘義》孔子曾因回答子貢問題而說明玉高貴的原因：「夫昔者君子比德於玉焉——溫潤而澤，仁也；縝密以栗，知也；廉而不劌，義也；垂之如墜，禮也；叩之其聲清越以長，其終詘然，樂也；瑕不掩瑜，瑜不掩瑕，忠也；孚尹旁達，信也；氣如長虹，天也；精神見於山川，

　　〔註4〕引文內容與圖表詳參〈心理空間理論與《論語》中的隱喻分析〉，頁105。

地也；圭璋特達；德也；天下莫不貴，道也。《詩》云：言念君子，溫其如玉。故君子貴之也。」〔註5〕引文中即是以玉的各項事物屬性結構，與其他抽象的價值做出隱喻映射，回扣到上文的分析，以玉比自身的孔子，其實也蘊藏了可比天、地、人之精華的自信。

上文分析時運用心理空間、框架理論以及事物屬性結構的配合，將能使得文句中未說明的內涵，解釋得更加深入與清晰，底下筆者也將使用這種分析搭配各式古籍資料的內容，思考組成孔子生命重要的框架事件為何，並推敲孔子生命的這些要素，如何映射出他心目中的父之天，且此父之天又如何影響其組成新型態的無血緣家庭，最終探索孔子認為人之所以為人、家之所以成家還有天人可相契的核心相似之處又是甚麼。

二、身分認同、家庭組成與政治困頓建構組成的孔子生命框架

思想家使用的語言、隱喻與意象，除了文化血脈上的影響外，還包括個人生命所組成的情感內涵，以此打造出其風格與特色。「文化血脈」是指有如楊儒賓對於五行的探討，以此歸納出諸子對五行隱喻的演變之選擇性接受，〔註6〕可找出中國古代思想的意象之原型，並建構出其系統以及取向。「情感內涵」則是指思想家因為在其拋擲的世間，於每個衝突與挫折當下被強迫或自我選擇後，所留下的強烈情感經驗，無論這些經驗是一種「形象」或是歷史「真實」，皆會成為後人討論思想家如何建構核心隱喻時的基礎，有如里克爾在討論隱喻之時，提其情感對於隱喻成型的重要性那般。

孔子亦是如此。

論及孔子之隱喻前，必先論及其生命的重要事件框架，因思想是人生命歷程的縮影，知人方可論其喻，不同時代的情境與身體經驗感受，將映射並隱藏於書寫者的隱喻之中。雷可夫與詹森提醒隱喻即是人體驗濃縮內化而出的產物，故若無知其命，無以為論，此一「在世」的歷史處境，將決定其面對的課

〔註5〕（清）阮元校刻，《十三經注疏三・禮記》（北京：中華書局，2009），頁3665。
〔註6〕詳可參楊儒賓：〈水與先秦諸子〉，《語文、情性、義理——中國文學的多層面探討國際學術會議論文集》，（臺北：國立臺灣大學中國文學系，1996），頁533～574。楊儒賓：〈吐生與厚德——土的原型象徵〉，《中國文哲研究集刊》20（2002.3）：383～445。楊儒賓：〈太極與正直——木的通天象徵〉，《臺大中文學報》22（2005.6）：59～98。楊儒賓：〈刑—法、冶煉與不朽：金的原型象徵〉，《清華學報》新38：4（2008.12）：677～709。楊儒賓，〈時間形式、禮與恥感——火的原型象徵〉，《清華學報》新43.4,（2013）：555～598。

題，以此綻放生命的隱喻意義。

先秦思想家一片迷霧的生命史中，孔子的生平最為「清楚」，只要研究其人、其事、其思想，都會先做出一番考證與界定，無論是《論語》的痕跡，《左傳》、《國語》、《史記》的記載，還有長期被視為偽書近來卻因出土文獻有了翻案機會的《孔子家語》。前輩學人做了許多的考證研究，大抵確認了《論語》、《國語》與《左傳》中孔子生存形象的意義。〔註7〕《史記》對孔子傳說、歷史與虛構的敘述，雖然各種事件的發生或對話的時間有所錯落，甚至是謬誤，但對於孔子的生命樣貌，也具有考察的價值。〔註8〕加以《孔子家語》因1973年河北定州八角廊所出土的漢墓竹簡中，有《儒家者言》，內容與《家語》相近；1977年安徽阜陽雙古堆出土了漢墓木牘，內容亦與《孔子家語》相關，大陸學者楊朝明更明確對《孔子家語》為偽書一書進行了完整的翻案，並認為《孔子家語》一書的價值，應不低於《論語》。〔註9〕故在思考孔子在其生命史框架的要素時，哪些事件形成其形象及其思想的隱喻映射的核心要素，將廣採各方古籍中較無爭議的部分，進行編排與論述。

孔子在歷史中被描述的形象，不論真實性與否，都相當程度地反映了孔子在眾人眼光下的地位，若是此形象與其思想的內核有其相關性，那麼就必須放進來思考孔子是否真如歷史描述一般，在其與命運遭遇和抉擇中，種下了思想隱喻的根源？此處將先藉由事物屬性結構的方式，先對孔子需要找出的框架要素有個大致的方向概念。事物屬性結構對事物主要可分成三個部分來說明，一為外在形式，二是內在組成，三是動作及其目的等，對探討孔子的生命史框架來說，其外表就《論語》多為記載其神情，而非具體樣貌，其後最近其時代的《荀子》則陳述孔子：「仲尼長」、「仲尼之狀，面如蒙倛」，〔註10〕《史記》

〔註7〕李隆獻，〈先秦漢初文獻中的「孔子形象」〉，《文與哲》25（2014.12）：21～76。

〔註8〕雖然清代崔述的《洙泗考信錄》曾對《論語》提出許多質疑，但近代錢穆先生也對此做出了不可以《左傳》疑《論語》的論斷，相關論述可參氏著，《先秦諸子繫年》（臺北：東大圖書股份有限公司，2014）、氏著，《孔子傳》（臺北：東大圖書股份有限公司，2010）。與孔子生平相關的論述亦可參李零著，《喪家狗》（臺中市：好讀出版有限公司，2011）、白川靜著，韓文譯，《孔子》（臺北：聯經出版事業股份有限公司，2013）。另外中國各個時期對於孔子以及《論語》的考證與論述，汗牛充棟，註中所列多為與筆者論述較相關的篇章，讀者若有興趣閱讀其他可參李隆獻於〈先秦漢初文獻中的「孔子形象」〉一篇中註1至註13之書目。

〔註9〕詳細的論述請參楊朝明著，〈「轟然打破」的成見——《孔子家語》偽書案的終結〉，《出土文獻與儒家學術研究》（臺北：臺灣古籍出版社，2007）。

〔註10〕王先謙，《荀子集解》（北京：中華書局，2012年），頁73、74。

則稱其「生而首上圩頂，故因名曰丘云」、「長九尺有六寸，人皆謂之『長人』而異之」，〔註11〕綜合來說，是指孔子長的高可能有 190 公分，長相跟古代臘月之時，驅逐疫惡鬼或有人出喪用的神像面具，形狀主要為方形而醜陋，髮多蓬亂，看起來非常兇惡，頭頂有個大凹陷處。

除卻後代宋明為孔子揣測出的特異長相，《荀子》與《史記》應最為接近，簡言之，孔子長得高卻相貌可怕，但其思想仍可傳百世，弟子無一不敬佩其人，可看出其思想內涵的主要影響要素，應放在其生命的內在組成與人、社會的互動兩個項目，故底下將以此思考三個造成孔子思想隱喻之源的生存命題：一是孔子的身分，因身分是個抽象且需要定義的詞彙，無法一眼完全判定，是人組成的一個不可見內在項目，而不同的身分將會影響其思想與隱喻使用的起點與範圍；二是孔子的家與國，由於家與國是人與人相互動作與關聯方可成形，而人的心靈及對現實世界的價值觀，亦是由此打造，故必須探索其內容；三是孔子遭遇的困頓，挫折是來自於人與外在世界的人、事、物互動交流後，產生的一種狀態，而重要的生命挫折，亦是思想轉折的重大之處。簡要言之，身分的問題是思考孔子內在認同的糾結，家與國的探索是拼湊孔子心靈的組成，困頓則是拼湊孔子的困局。藉由事物屬性結構的思考可簡要化為孔子屬性概念圖如下：

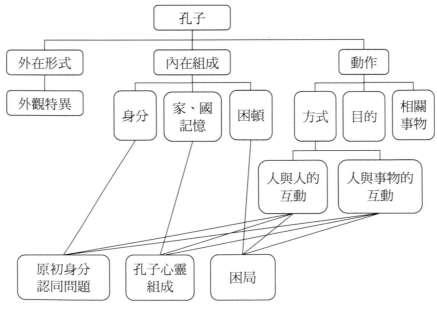

圖 3.2 孔子的屬性概念與對應之命題

〔註11〕 （漢）司馬遷撰，《史記》（北京：中華書局，2010），頁 1905、1909。

　　事物屬性結構的使用，可在研究前端時考慮到諸多面向，並有個分類搜索的標準，在此就可運用屬性概念歸結出的三點方向去找尋其中的框架要素，以作為孔子天、家、人心中隱喻的來源域之項目，準備之後的對應映射，以及融合出新意義的揀選選項。

（一）孔子的身分

　　第一個討論孔子身分的論點，是指「雙重國籍」的認同問題。孔子雖生於魯國，先祖卻是宋人，即殷商遺民，《左傳》中孟僖子就曾提及「禮，人之幹也，無禮無以立，吾聞將有達者，曰孔丘，聖人之後也，而滅於宋，其祖弗父何，以有宋而授厲公，及正考父佐戴……。」並要二子「孟懿子與南宮敬叔，師事仲尼」〔註12〕以學習禮的廣泛知識與真髓，文獻透露了兩個訊息，一是孔子祖籍於宋；二是孔子當時雖教禮、復禮以制公卿貴族的僭越，但身為三桓之一的季氏仍承認禮的重要性，並以孔子為聖人之後。

　　另外《孔子家語》〔註13〕更詳細的記載了孔子的來歷。從微子啟被封於宋之後，一路至孔父嘉，遂以孔為姓，其被華督所殺，〔註14〕後孔防叔「避華氏之禍而犇魯。」，〔註15〕一直到號稱為孔子之父的叔梁紇（郰梁紇），孔家的地位一直從諸侯、公卿、大夫下降至士，〔註16〕而孔子只是士之子，更無世襲家產可言，其少貧賤，須多能鄙事以養活自身。在《孔子家語》對於孔子家族的描述中，可發現一個要點，即是其家在歷史舞台上至孔子已是接近為「庶民」，孔子在一連串的譜系中接近了周代階級的底端。

　　〈孔子世家〉中有段描述於孔子離世前，在病中發夢以此體悟到自己的原始身分：「孔子病，子貢請見。孔子方負杖逍遙於門，曰：『賜，汝來何其晚也？』孔子因歎，歌曰：『太山壞乎！梁柱摧乎！哲人萎乎！』因以涕下。謂子貢曰：『天下無道久矣，莫能宗予。夏人殯於東階，周人於西階，殷人兩柱間。昨暮

〔註12〕楊伯峻編，《春秋左傳》（高雄：復文圖書出版社，1991），頁1295～1296。
〔註13〕陳士珂輯，《孔子家語疏證》（北京：中華書局，1985）。
〔註14〕〈宋微子世家〉：「九年，大司馬孔父嘉妻好，出，道遇太宰華督，督說，目而觀之。督利孔父妻，乃使人宣言國中曰：『殤公即位十年耳，而十一戰，民苦不堪，皆孔父為之，我且殺孔父以寧民。』是歲，魯弒其君隱公。十年，華督攻殺孔父，取其妻。殤公怒，遂弒殤公，而迎穆公子馮於鄭而立之，是為莊公。」《史記》，頁1623。
〔註15〕陳士珂輯，《孔子家語疏證》，頁234～235。
〔註16〕錢穆已有論及孔氏地位削弱的描述，詳可參氏著，《孔子傳》，頁2～4。

予夢坐奠兩柱之間，予始殷人也。』後七日卒。」〔註17〕相同類似的敘述也出現在《孔子家語‧終記解》與《禮記‧檀弓上》之中，〔註18〕但就孔子之語似乎早期對其為殷宋遺民的身分並不太確定，而是於死前藉由夢的體悟才確認了其血緣源頭。亦即若此語可信，孔子家譜確實是後人慢慢增補或說是後人擬說的，而若此語不可信，那麼亦有可能是因對照孔子本來的家譜，才衍伸出來的說法。

　　此處要思考的是孔子的殷血魯身，是否會造成他思想發展上的困擾？精準地說，先祖是被周朝擊敗的殷遺民，魯國又是周公封地，孔子介於兩者，在不斷被拋擲的生存處境底下，「身分認同」的問題所產生出的各種心理要素，會否對於其思想的內在建構產生影響？在鄭吉雄的〈從遺民到隱逸：道家思想溯源──兼論孔子的身分認同〉〔註19〕研究中，特別提及了這個問題，筆者歸納鄭氏對此的三個討論點：一是孔子的血緣與出生地，讓其進入了思想政治抉擇的矛盾。〔註20〕二為若孔子家族譜系無誤，那麼孔子以殷人貴族後裔之身分，卻選擇周禮為復興對象，其中更顯其尷尬處境與價值之堅持。〔註21〕三是面對殷商隱士的不斷嘲諷，孔子仍尊重與禮敬他們，試圖抱著一種寬諒與調和的歷史觀去調和殷周法統的對立關係。〔註22〕三點都從孔子位於殷周文化、政治之夾縫中，去探討孔子的兩難與抉擇，並點出其對於選取周禮為宗，並配以三代制度理解的深刻思考，鄭吉雄認為這正是孔子的偉大之處。〔註23〕

　　「身分認同」在當代早已是社會學、心理學、倫理學、史學、哲學的討論對象，身分認同背後更包括了家庭組成、文化環境、國家意識等等許多可以認識或建構自我的影響因素，對於一個人的心靈的成長以及價值的走向，會出現

〔註17〕《史記》，頁 1944。

〔註18〕錢穆曾對此說法提出質疑：「今案《論語》載孔子言，皆謙遜無聖意，此歌以泰山梁木哲人自謂，又預決其死於夢兆，亦與孔子平日不言怪力亂神不類，恐無此事。」但就如朱曉海〈孔子的一個早期形象〉之研究，孔子仍有許多形象是被歷史或是權力所剪裁過，而《左傳》也喜以預言型態寫史，孔子做為讀史亦可能為寫史者，這樣的話語似乎也不一定太過。原文詳參錢穆，《孔子傳》，頁 128。

〔註19〕鄭吉雄，〈從遺民到隱逸：道家思想溯源──兼論孔子的身分認同〉，《東海中文學報》22（2010.7）：125～156。

〔註20〕〈從遺民到隱逸：道家思想溯源──兼論孔子的身分認同〉，頁 145。

〔註21〕〈從遺民到隱逸：道家思想溯源──兼論孔子的身分認同〉，頁 146。

〔註22〕〈從遺民到隱逸：道家思想溯源──兼論孔子的身分認同〉，頁 148。

〔註23〕〈從遺民到隱逸：道家思想溯源──兼論孔子的身分認同〉，頁 148。

相當程度的左右。無論孔子之生或死，都象徵了其在兩個文化與正統之間的命運、思索與回歸，夢見周公的感召或兩楹之間的安息，雙向的表達了孔子內在的想望與原鄉。故孔子的雙重國籍身分要素，會影響孔子自我與對他人的想法與互動，亦會在其面對「人」如何建構時，有深刻的隱喻寓意於其中。

　　第二個討論孔子身分的論點，有一種離開正統闡述的看法，就是孔子的「巫」身分，相對於上述孔子的具體血緣問題，這裡思考的是孔子的「思想血緣」的一個文化來源。「巫」身分，可以有三種說法：一是儒者本來就是一種具有祭祀或祝禱功能的類巫；二為孔子曾有過類似巫的職業身分；三是孔子可能就是某一種新型態的巫。

　　要對這幾種身分做出討論，必須先理解一下《國語》中對巫的形容：

> 昭王問於觀射父，曰：「周書所謂重、黎寔使天地不通者，何也？若無然，民將能登天乎？」對曰：「非此之謂也，古者民神不雜，民之精爽不攜貳者，而又能齊肅衷正，其智能上下比義，其聖能光遠宣朗，其明能光照之，其聰能聽徹之，如是則明神降之，在男曰覡，在女曰巫，是使制神之處位次主，而為之牲器時服，而後使先聖之後之有光烈，而能知山川之號、高祖之主、宗廟之事、昭穆之世、齊敬之勤、禮節之宜、威儀之則、容貌之崇、忠信之質、禋絜之服，而敬恭明神者，以為之祝。使名姓之後，能知四時之生、犧牲之物、玉帛之類、采服之儀、彝器之量、次主之度、屏攝之位、壇場之所、上下之神、氏姓之出，而心率舊典者為之宗。於是乎有天地神民類物之官，是謂五官，各司其序，不相亂也。民是以能有忠信，神是以能有明德，民神異業，敬而不瀆，故神降之嘉生，民以物享，禍災不至，求用不匱。」〔註24〕

　　昭王所問之「絕地天通」是中國神話、歷史、君權上的大事，其中最關鍵的角色就是巫／覡（底下簡稱巫），巫在觀射父的形容下，集天地之精，明萬物之成，序民神之分，行禮制之別，具威儀之重，幾乎就是聖王之能了。以此見巫的早期型態具有統治下民與溝通天意的政治功能，明顯是借用古代巫王的一種描述手法。觀射父的說法尚算是「理性」，若回到絕地天通本來的神話版本，就確實是一種帝王將神意收歸自身的戲碼，以匡正早期到處皆有「家巫」、「民神雜揉」的景況。《國語》對巫的介紹，點出了一個巫最重要的任務

〔註24〕　（吳）韋召著，《國語‧楚語下》卷十八（臺北：臺灣商務印書館，1956），頁73。

與動作：「訂定秩序」，無論上下、生死、交往、祭祀等都在其無限廣大的智慧中得到了確定的方式，「何其多能？」就來自於其可通天的「明神降之」，使自身成為一個預告、裁示的神意身體通道，可類比於上古存有論中的「存在在存有者身上彰顯」。〔註25〕以精爽還有聖、智、明、聰作為必要條件，更積極地彰顯出神意、智慧與道德一體的象徵，巫實為精英中的精英。

在歷史的演進、價值的改變與更多繁雜事務的出現，大巫、神巫型態的「全能巫」自然也出現了職能分化的演變體系。〔註26〕就陳夢家的研究，商代就分出了不同的「神職」人員：「巫、祝、卜、史」，而祝、卜、史，都從巫來，〔註27〕到了周代，由於禮樂制度的發展，全能巫的職權被切割的細瑣，並因周人對價值理性的建立，其神話色彩也大幅下降，區分出了大宗伯、小宗伯、大卜筮、筮人、大祝、小祝、大史、小史、師、巫，名稱上的「巫」最終在周禮的精神與制度下，被分到只掌管和禳災祛病相關之事。

小巫的專職化，致使許多不同功能的「巫」有了各自的使用領域，而前人從甲骨文等古文字上尋找到了儒與巫之間職能相關的證據，也已有研究強調儒者與巫文化之間的關係，前人多有論述，茲不贅論。〔註28〕雖然如此，並不表示儒者就是巫文化的遺留代表，陳來在其論著中提及不可將巫文化直冠在儒家之上，視其為儒家思想的源頭，因為從殷到周，已經從「巫文化」進到了「祭祀文化」的階段，祭祀文化來自於一種理性的發展，奠基禮樂制度的核心思維之上。〔註29〕雖說孔子前的「儒者」應該與巫的功能有所相關，但已是在禮樂的核心底下做出的禮儀功能，到了孔子更進一步的去強調小人儒跟君子

〔註25〕 當然海德格此說法是具有哲學反思過後的論調，去除各種人格、神意等等的主宰因素，讓存在回復到其自身的一種展現，但體悟或思惟到這種存在的狀態，並讓此在成為存有的守護者或彰顯者，亦有存有者是存在顯現之通道的意味，故才以此類比於聖智之巫者受明神啟示，成為真實神意守護與彰顯的通道。

〔註26〕 巫的體系分化，由全能巫到各種不同的專職巫，或許與卡西勒所言的由瞬息神到專職神的演進有關。

〔註27〕 陳夢家，〈商代的巫術與神話〉，《燕京學報》20（1936）。

〔註28〕 詳可參胡適著，《胡適之說儒》（西安市：陝西師範大學出版社，2005）、章太炎，《國故論衡》（台北：廣文出版社，1967），頁151～155、郭沫若，《郭沫若全集》（北京：人民出版社，1984），頁439、頁396。楊向奎，《宗周社會與禮樂文明》（北京：人民出版社，1997），頁414、白川靜著，加地伸行、范月嬌合譯，《中國古代文化》（台北：文津出版社，1983），頁121等。

〔註29〕 詳可參陳來，《古代宗教與倫理》（北京：生活·讀書·新知三聯書店，2009），頁12～13。

儒的差異，又是將儒者從職能性的禮儀作用拉到了道德與承擔的向度。〔註30〕
不過「早期儒者本就有類巫的功能」還是成立的。

日本學者白川靜就其對古史與文字的專長，藉由《左傳》、《荀子》、《詩經》
等等的描述與紀錄，推斷孔子根本就是「巫女」與不知何人野合所生的私生子。
《孔子世家》中的孔子身世根本如崔東壁所言一切都是捏造的，且孔子之所以
對於葬禮有極其豐富的知識，來自從小就在巫的圈子中成長，甚至根本就從事
過巫的工作。〔註31〕此論述在當時日本引起了不少的討論，古籍中孔子身世的
迷離，以及白川靜看似有理卻又無直接證據的推論，卻使得「孔子可能從事過
類巫的祝等職業一事」，有機會成立。

最後，「孔子是一種新型態的巫」，可以先從吳文璋《巫師傳統和儒家的深
層結構》來說。吳氏在其文章中討論了儒家與巫教文化之間的關係，並認為儒
者並沒有否定宗教的價值，甚至繼承了某些成分在其理論與思維之中。開山祖
師孔子更是一種綜合型態的開創者：

> 從夏禹、商湯以巫師而稱王的巫師傳統，到文王和上帝交通，直接
> 受天命的周文傳統，武王、周公由文王身上繼承「天命」，而周公自
> 承「善事鬼神」的史料來看，自認為「周監於二代，郁郁乎！文哉！
> 吾從周。」《論語‧八佾》的孔子，他身上的表現必定有巫師角色和
> 功能，但是這已經是經過了周公「反巫師傳統」之後的面貌，也就
> 是說到了「合」的階段了。在「巫師傳統」的繼承和「反巫師傳統」
> 的矛盾中有了一個綜合性的突破與創造。〔註32〕

引文由夏商的巫師傳統，到周公制禮作樂後的反巫師傳統，做出概要的簡
述，並且認為周公雖為理性秩序的制定者，但文王、武王的承天命，與其「善
事鬼神」都表達了巫師傳統的改造。上述說法與前文所言的巫文化到祭祀文化
的進程類似，和陳來不同之處是，陳來認為由巫文化到祭祀文化再到儒家思想，
是一個理性化的過程，不可簡要的將巫覡文化作為儒家之源頭；吳文璋卻認為

〔註30〕就如余英時所言：「中國軸心突破的直接對象是巫文化對於「天命」和「禮」
的壟斷。孔子將「天命」與「禮」兩大觀念都同時收進個人「心」中而予以推
陳出新的理解，他的針對性是十分明顯的。」《論天人之際──中國古代思想
起源試探》，頁 60。
〔註31〕詳可參《孔子》，頁 8～14。
〔註32〕吳文璋，《巫師傳統和儒家的深層結構》（高雄：復文圖書出版社，2001），頁
123～124。

孔子統合了巫師傳統與反巫師傳統的特點，有類似一種新型態的巫之味道：

> 孔子繼承了夏、商、周以來具有「人格神」的「天命傳統」，也承繼了
> 周初自周公以來所建立的「以德受命」的傳統，前者是三代的「巫師
> 傳統」，後者是具有人文化傾向的「敬德」的「反巫師傳統」……但是
> 孔子已經走入了第三階段的「綜合的巫師傳統」，也就是藉由「敬德」、
> 「修身」的過程……藉由「學易」的努力，孔子「下學而上達」，孔子
> 「知天命」了，……這是經過正、反兩個辯證階段所到達的「巫師傳
> 統」，……具有「神性的天命傳統」，又具有「德性的理性光輝」，筆者
> 命名為「綜合的巫師傳統」，這就是儒家的深層結構……。〔註33〕

一種「兼具神性與德性的天命觀」，是吳文璋認為孔子所開創的「儒家深層結構」，稱之為「綜合性的巫師傳統」，其實略有將孔子化為時代「新巫者」之意圖，有識者必然會拿來與余英時思考中國諸子起源之巫者文化對比。余氏認為諸子繼承了巫者的兩個主要命題：「天人（神）合一」、「巫在人神之間的溝通地位」，巫的天人合一講的是「降明神」，諸子是類似與「道」的合一；巫傳遞神意以讓人知，諸子則是讓自身成為道朗現的場所，心成為類似巫地位的溝通天人大道，〔註34〕和吳文璋仍保存「神性的天命傳統」有所區別。〔註35〕

吳氏與余氏說法皆有其理，但若直接回到文獻中對於孔子形象的建構，其實頗有巫者的味道，無論是《論語》中外人問孔門弟子孔子何其多能，或是回答中的天縱之聖，都有觀射父言聖者的特徵。《禮記》或是《史記》中對於孔子得以知曉天地異物之名，以及各種禮制之分，亦有聖巫通明神以知萬物並定

〔註33〕《巫師傳統和儒家的深層結構》，頁141。

〔註34〕關於余英時的舊天人合一與新天人合一的比較異同可參《論天人之際——中國古代思想起源試探》，頁190、192～193、196～197。

〔註35〕雖說諸子與舊時代巫有所差別，但余英時亦說先秦許多現象與孔子夢周公一事，與薩滿教的通靈之夢相當類似：「薩滿式夢境的一個典型特色是，薩滿常常在夢中接收神意的指示。就如伊里亞德所說：『在夢裡，純然的神聖生活進來了，與神祇、精靈和祖先靈魂的直接關係也重建了。』更饒具意義的是，《左傳》和《國語》中也記載了許多發生於西元前六世紀和孔子情形相似的夢境。在這些例子裡，神或祖先的靈魂出現在貴族或貴族女一性的夢中，給予某種形式的建議。最有趣的一件事是魯襄公（西元前571～541年在位）曾夢見周公。……孔子夢周公，這種「神異夢境」（divine dream），它在許多古代文明中都曾出現過。在這種「神異夢境」中，一位夢中人物（祖先、受尊敬的人、祭司或神祇）會向睡眠者現身，給他預言、建議或警告。」《論天人之際：中國古代思想起源試探》，頁156。

秩序的樣態。朱曉海的〈孔子的一個早期形象〉中，就提及孔子這一特殊且根本就是具有天命之聖的形象，〔註36〕在孔門弟子與文獻的描述中，孔子淵博浩瀚的知識甚至有天授的意味，其神秘不可得而聞而學，作《春秋》的事蹟，更定下了孔子有王之地位的天吏角色。〔註37〕可說孔子這一新型態的巫回到類似於全能巫的「聖人」之地位。

近來出土之簡帛文獻〈要篇〉，據研究可以拿來做為孔子「五十學《易》」之旁證，其中有一段落孔子自我說明了與巫史之間的關係：

> 《易》，我後其祝卜矣，我觀其德義耳也。幽贊而達乎數，明數而達乎德，有仁〔存〕者而義行之耳。贊而不達於數，則其為之巫；數而不達於德，則其為之史。史巫之筮，向之而未也，好之而非也。後世之士疑丘者，或以《易》乎！吾求其德而已，吾與史巫同途而殊歸者也。君子德行焉求福，故祭祀而寡也；仁義焉求吉，故卜筮而希也。祝巫卜筮其後乎！〔註38〕

引文中說明了孔子學《易》的態度，解釋了由巫到史至丘之差異，即在於精神狀態、技術模式、紀錄角度還有道德價值之選擇，孔子所謂的「吾與史巫同途而殊歸者也」道出依德不依卜的仁義取向，但觀其所謂「同途」仍是將通天知命作為其學《易》的終極目標。意味著孔子仍具有與史、巫相似的使命與理解，唯以德為念，以行為卜，終身依天道禮樂而進，但不可否認的，「知天命」、「行天德」仍是核心，因此上述的孔子是一種新型態的巫之推論，就有所理據了。〔註39〕

歷史上還有許多關於孔子身分形象的表述，有如李隆獻認為從先秦到漢初孔子的形象就因為弟子、政治、歷史氛圍的影響之下，依照《左傳》、《國語》、《史記》、《公羊傳》、《穀梁傳》、先秦諸子、《清華簡》、《上博簡》、《郭店簡》等等文獻，找出「孔子形象」具有「良臣」、「聖賢」、「先師」三種不同的面相。〔註40〕而前文所論的兩種身分是指孔子「可能本有」的內在特徵，簡單來說，

〔註36〕朱曉海，〈孔子的一個早期形象〉，《清華學報》新 32：1（2002.6）：1～30。

〔註37〕〈孔子的一個早期形象〉，頁 7。

〔註38〕轉引自廖名春，〈帛書釋《要》，中國文化》10（1994.8）：66。

〔註39〕劉述先更提及〈要篇〉的發現，使得孔子晚期學《易》產生思想轉變的歷史有跡可循，並以此討論孔子晚年出現了「天人合一」的思維走向，詳可參氏著，〈論孔子思想中隱含的「天人合一」一貫之道——一個當代新儒學的闡釋〉，《中國文哲研究集刊》10（1997.3）：1～23。

〔註40〕李隆獻，〈先秦漢初文獻中的「孔子形象」〉，《文與哲》25（2014.12）：21～76。

孔子對於其身分這一內在組成，主要有兩個框架可以當作之後隱喻映射的討論要素：一是殷血魯身的雙重國籍框架，裡面包括殷文化、周文化以及身份認同困境等要素；另一個是類巫者身分的框架，裡面含有巫的特質、通天與知天的能力等要素，與李隆獻明確說明就是由「他者」形塑出的形象有所不同。孔子的這兩種本有的內在身分組成，在映射與對應其思想建構與隱喻時會產生影響。

（二）孔子的家與國

上述從孔子本身出發，依照內在組成的角度，去探討其可能的身分特性，接著將由孔子身邊的環境下手，去找尋其思想隱喻隱藏的歷史框架要素。有如鄭毓瑜在討論《詩經》重複套語中有風土地理的譬喻時，尋找當時時代真實的地理天候情況一樣，〔註41〕以此去論述寫作者本身所處的生存環境是如何滲透進入其書寫的編排之中。

要論孔子所在的時空環境，大方向的「春秋末年」、「周文疲弊」等等論述多有，但實際去探討孔子的「家」與「國」對其思想帶來的影響卻是少數，泰半以其家貧作為他多能鄙事的說明，及以魯國作為周朝禮制傳承詳備之地說明孔子思想的堅持與走向而已。一位思想家的思想的內在組成與其心理人格之發展，必然與其所生的環境框架有關，這點無庸置疑，但孔子生平在其詳備之餘，又有許多疑義，此處原則與論其身分時相同，只想在相對可靠的線索中，去拼湊可能與孔子思想隱喻相關的基本認知要素。

首先，關於孔子原生家庭的論述，可以看到《史記》的幾個片段：

> 孔子生魯昌平鄉陬邑。其先宋人也，曰孔防叔。防叔生伯夏，伯夏生叔梁紇。紇與顏氏女野合而生孔子，禱於尼丘得孔子。魯襄公二十二年而孔子生。生而首上圩頂，故因名曰丘云。字仲尼，姓孔氏。

「野合」一詞歷來多為人所討論，一說指叔梁紇年歲高與年少顏氏女相合，於禮或有不合，故稱野合；〔註42〕又有論者言或是古人以聖人感應而生，

〔註41〕詳可參鄭毓瑜：〈詮釋的界域——從〈詩大序〉再探「抒情傳統」的建構〉，《中國文哲研究集刊》23（2003.9）：1～32。

〔註42〕猶如《史記索隱》言：「《家語》云『梁紇娶魯之施氏，生九女。其妾生孟皮，孟皮病足，乃求婚於顏氏徵在，從父命為婚』。其文甚明。今此云『野合』者，蓋梁紇老而徵在少，非當壯室初笄之禮，故云野合，謂不合禮儀。」《史記正義》亦是以年齡老少相合作為野合的解釋，詳可參《史記·孔子世家》，頁1906。

欲神化其事，猶如契、稷，才稱野合；〔註43〕亦有就野合本意去論述，孔子父母是在類似郊媒等巫術感應之場所行事，故為野合。〔註44〕不論三者何者為是，「野合」都是不合正式禮儀之意，即孔子是父母非正常婚配生下的孩子，更有論者對於孔子之父是否為叔梁紇都存疑，認為孔子是位父不詳的孩子。〔註45〕這種「非常」狀態下出生的孩子，在正統人的眼中，就可能幻化為聖人感天而出的神話論述，但以實際的歷史環境以父為核心的政治建構來說，這種「非常」的孩子，雖說在當時的農民階級可能稀鬆平常，但若到了重視家族的中上層政治階級，則可能會受到排斥〔註46〕。

再看看《孔子家語》較為詳細的紀錄：

> 防叔生伯夏。夏生叔梁紇。曰：「雖有九女，是無子。」其妾生孟皮，孟皮一字伯尼，有足病，於是乃求婚於顏氏。顏氏有三女，其小曰徵在。顏父問三女曰：「陬大夫雖父祖為士，然其先聖王之裔。今其人身長十尺，武力絕倫，吾甚貪之，雖年大性嚴，不足為疑。三子孰能為之妻？」二女莫對。徵在進曰：「從父所制，將何問焉？」父曰：「即爾能矣。」遂以妻之。徵在既往，廟見，以夫之年大，懼不時有男，而私禱尼丘山以祈焉。生孔子，故名丘字仲尼。〔註47〕

《家語》的描述孔子有姐有兄，叔梁紇娶顏徵在是為讓孔氏血脈得以流傳，「野合」的不合禮儀之稱呼，在文中以「年大」男與「年小」女做出了婉轉地表示，再藉由「先聖王之裔」的對話，使這「非常」婚姻有一個合理走向。《史記》與《家語》描述略有粗詳與態度上之差異，孔子父母婚配問題、孔子的命名方式亦略有出入，不過皆以禱之尼丘一事卻大致相同，替孔子出生的框架加上了一點「神意」的要素。〔註48〕

接著再看《史記》對於孔子少時父死母喪的描述：

> 丘生而叔梁紇死，葬於防山。防山在魯東，由是孔子疑其父墓處，

〔註43〕如錢穆所言，可參《孔子傳》，頁6。
〔註44〕如白川靜之推測，詳可參《孔子》，頁9。
〔註45〕《孔子》，頁9。
〔註46〕李零就做此說，並強調司馬遷對於孔子的敬畏，不可能有所誣，野合強調的就是「從小受人歧視」，詳可參氏著，《喪家狗（下）》，頁234。
〔註47〕陳士珂輯，《孔子家語疏證》，頁235。
〔註48〕此則文獻頗有民間文學故事主題「季子勝利」的傳說成分在，但此處主要在說明前處野合一事的可能解釋，雖有虛構之可能，卻不失為一種對孔子身世的看法。

母諱之也。孔子為兒嬉戲，常陳俎豆，設禮容。孔子母死，乃殯五
父之衢，蓋其慎也。耶人輓父之母誨孔子父墓，然後往合葬於防
焉。〔註49〕

如引文之描述，那孔子出生時就為「孤」，在宗族制尚未完全崩毀的春秋
末，父者的消亡多半都是家族喪鐘響起之時，前有論孔氏至叔梁紇已為士，早
無世襲之可能，一旦死去家人就有如庶人平民，孔子自言「吾少也賤」，聞的
出家貧無依、地位低下之感傷。另一可論之處，即為孔子母為何諱而不告其父
之墓？《史記索隱》稱之：「謂孔子少孤，不知父墳處，非謂不知其塋地。徵
在笄年適於梁紇，無幾而老死，是少寡，蓋以為嫌，不從送葬，故不知墳處，
遂不告耳，非諱之也。」〔註50〕用的是顏氏被嫌而不從送葬為由，解釋其不知
其墳與不告孔子之因，並強調是「不告」而非「諱」，「諱」本為忌諱、避諱之
意，是否其顏氏因為被嫌而有所不悅而諱呢？還是孔子之父的身分難以言說
呢？畢竟孔子一出生其父便死，寡母孤子不得參加送葬，似乎有些不盡人情，
況就叔梁紇娶顏氏生孔子的用意，不就為延續血脈嗎？如此重要，為何其母要
諱而不言呢？

錢穆在討論此處之時，跳過了「諱」的問題，且道出今人疑惑孔子為何不
知父葬處之因：「孔子父叔梁紇葬於防，其時孔子年幼，縱或攜之送葬，宜乎
不知葬處。又古人不墓祭，歲時僅在家祭神主，不特赴墓地。又古人墳墓不封、
不樹、不堆土、不種樹，無可辨認。孔氏乃士族，更應如此。」〔註51〕其論點
應承繼自崔東壁，說明了孔子不知其父墳的緣由，但母諱一事，仍無可解。白
川靜亦是根據崔東壁的研究，否定了《孔子世家》對孔子設定的家族譜系，並
推測孔子根本非叔梁紇所生，顏徵在是巫祠中的「巫女」，孔子是巫女私通所
生下的孩子，故顏氏不知私通者的姓名或不言其人，〔註52〕如此母諱一事似乎
就有那麼點眉目了。

引文中的另一疑問是，孔子幼時又是何以學陳俎豆、設禮容呢？勿忘其父
若真為叔梁紇，蓋一武士爾，如何得學祭祀之禮？這就與前述的巫身分相當有
關，於其近處或就有人從事此業，甚或其母便是呢？還有孔子年少母死，便得慎
重對待葬禮，其對於葬禮的知識又是從何得來？這些都指向「術士」在孔子小時

〔註49〕 《史記》，頁 1907。
〔註50〕 《史記》，頁 1907。
〔註51〕 《孔子傳》，頁 8。
〔註52〕 《孔子》，頁 8。

曾對其有過相當的影響力，甚至其所處的環境便是下層的「巫祝社會」。〔註53〕

在最可靠的《論語》之中，孔子或其弟子幾乎無言及孔子父母之處，除了後傳的《史記·孔子世家》或《孔子家語》，似乎在先秦無一文獻提及，對於重孝的儒家教團，似頗有蹊蹺。無論如何，在此都可大略建構出孔子原生家庭框架內涵：「孔子可能是非正常婚姻狀態下所出生的孩子」、「父死於其幼母死於其少」、「家微身賤」、「其環境可能與巫祝職業圈相關」。

在大致建構出孔子原生的家庭環境與狀況後，另一個會影響其思想隱喻的就是其所在的「魯國」之大環境框架。要理解一個國家的核心意識，那麼就必須看看其如何開國？選定的理念與制度為何？還有在孔子所在的時期發生何種大事？

魯開國於周公之子伯禽，關於國民組成與制度，《左傳》記載：

> ……殷民六族，條氏，徐氏，蕭氏，索氏，長勺氏，尾勺氏，使帥其宗氏，輯其分族，將其類醜，以法則周公，用即命于周，是使之職事于魯，以昭周公之明德，分之土田倍敦，祝宗卜史，備物典策，官司彝器，因商奄之民，命以伯禽，而封於少皞之虛，分康叔以大路……殷民七族……而封於殷虛，皆啟以商政，疆以周索。〔註54〕

周王朝將殷遺民集中於魯衛，伯禽就領了其中七族，魯地之內亦大比例的為殷商遺民，而「啟以商政，疆以周索」即是在領國之內用商政治理領地、周法限制殷人之權，使遺民在可容忍的最大限度中服膺於周人。「職事於魯」明說是為了「昭周公之德」，暗是以親信監視殷人。傅斯年的〈周東封與殷遺民〉一文，藉由魯史中許多盟會於殷遺民之「亳社」，來推論殷人在魯國的地位，並以《左傳》中「邾子益來獻於亳社」與「陽虎又盟公及三桓于周社，盟國人於亳社」兩事，道出殷遺民在魯國的重要性不因時間減少，甚而在國家變革之時多參與其中。〔註55〕魯國結合了殷文化與周文化的成分，形成了混血的文化型態，對於孔子所吸收的思想資源有決定性的影響，而孔子可能的殷商貴冑後裔身分，亦有加乘效應。傅氏以此為線考察《論語》中多則討論商周制度或文

〔註53〕 《孔子》，頁11。

〔註54〕 《春秋左傳注》，頁1356。

〔註55〕 「魯之統治者是周人，而魯之國民是殷人。殷亡六七百年後之情形尚如此，則西周時周人在魯不過僅是少數的統治者……。」詳可參傅斯年，〈周東封與殷遺民〉，杜正勝更提出殷人在魯國中舉足輕重的地位，季氏亦是得到了這些「隱民」的支持才得以坐大，詳可參杜正勝，《周代城邦》（臺北：聯經出版有限公司，1979），頁30～33。

化的語句，認為儒者與孔子之淵源與殷商有密切之關係，並論「三年之喪」為殷禮，以定下孔子學周卻不宗周，視商周同仁的思維。〔註56〕

另魯國因周公之德，特許用天子禮樂一事，為當時各國之最，〔註57〕加以伯禽治國「溫吞」，將周文化一點一滴地試圖融入魯地之中，其所用時間三年，相比太公之齊只用三月，引起了《史記》中的周公之嘆。〔註58〕由此見魯國制度面應是保留最多禮樂文化之地，思維與政治卻內含豐富的殷商文化於其中，孔子先祖避禍遷移至魯，或許就有這層考量。

孔子所存的魯國時空，據前人考證約生於襄公二十二年（BC552），約卒於哀公十六年（BC479），〔註59〕期間歷經了魯國襄、昭、定、哀四個政權代換，正好趕上了春秋最末尾的一班車。這四個政權都是魯公與國內權臣三桓鬥爭合作的歷史場域，昭公更因為「鬥雞」事件，被三家所伐，奔於齊終生不得回國，魯君地位江河日下，孔子的人生舞台更與三桓多有交鋒，更因季桓子受齊女樂而去魯。

另有一亦與孔子和魯國有相關的人物「陽貨」（陽虎），不可不提。陽貨為季氏大夫，全盛之時可因私怒囚「季桓子」，甚至「欲盡殺三桓適」，〔註60〕要不是事跡敗露，被三桓所逐，魯國早已風雲變色。孔子亦曾被陽貨勸出仕，

〔註56〕 傅斯年著，《傅斯年全集》〈第三冊〉（臺北，聯經出版有限公司，1980），頁166。

〔註57〕 〈魯世家〉：「周公卒後，秋未穫，暴風雷〔雨〕，禾盡偃，大木盡拔。周國大恐。成王與大夫朝服以開金縢書，王乃得周公所自以為功代武王之說。二公及王乃問史百執事，史百執事曰：『信有，昔周公命我勿敢言。』成王執書以泣，曰：『自今後其無繆卜乎！昔周公勤勞王家，惟予幼人弗及知。今天動威以彰周公之德，惟朕小子其迎，我國家禮亦宜之。』王出郊，天乃雨，反風，禾盡起。二公命國人，凡大木所偃，盡起而筑之。歲則大孰。於是成王乃命魯得郊祭文王。魯有天子禮樂者，以褒周公之德也。」《史記》，頁1522～1523。

〔註58〕 〈魯世家〉：「魯公伯禽之初受封之魯，三年而後報政周公。周公曰：『何遲也？』伯禽曰：『變其俗，革其禮，喪三年然後除之，故遲。』太公亦封於齊，五月而報政周公。周公曰：『何疾也？』曰：『吾簡其君臣禮，從其俗為也。』及後聞伯禽報政遲，乃嘆曰：『嗚呼，魯後世其北面事齊矣！夫政不簡不易，民不有近；平易近民，民必歸之。』」《史記》，頁1524。

〔註59〕 詳可參《先秦諸子繫年》，頁3、頁67～68。

〔註60〕 《史記·魯世家》：「定公五年，季平子卒。陽虎私怒，囚季桓子，與盟，乃捨之。七年，齊伐我，取鄆，以為魯陽虎邑以從政。八年，陽虎欲盡殺三桓適，而更立其所善庶子以代之；載季桓子將殺之，桓子詐而得脫。三桓共攻陽虎，陽虎居陽關。九年，魯伐陽虎，陽虎奔齊，已而奔晉趙氏。」《史記》，頁1534。

但等到陽貨出逃之後，孔子才出任中都宰，〔註61〕當是時魯與齊、晉等國多有爭議與戰爭，外患內憂充斥於魯國之中，替孔子設下了一個「生於憂患」的思想舞台。總言之，魯國是一「周商文化混種」的場域，而孔子所在的時期正是魯國國內權臣當道，外部強國環伺的「亂世」框架。

（三）孔子所遇之困頓

此處的挫折主要都來自於孔子的身分、家國所承繼或面對的局面所產生的。

孔氏家族的沒落，以及野合的傳聞，都讓孔子自小就可能備受歧視：

> 孔子要絰，季氏饗士，孔子與往。陽虎絀曰：「季氏饗士，非敢饗子也。」孔子由是退。〔註62〕

孔子母喪約是 17 歲前，〔註63〕正是「志於學」後兩年，季氏開宴席饗士，或是要招攬有才之人，孔子身為士族之後，欲往之學習、尋找出路，陽虎卻斥其不知何來之人，拒於門外，雖說亦有可能會因孔子服喪而不被接受入內，但「非敢饗子」一句更說明了陽虎直接否定了孔子家族，不承認其身分。

後孔子終於五十歲出仕，底下弟子也多堪大用，子路、子貢、冉有、顏淵等多已為官或出名在外，夾谷會後孔子更聲名大噪，大張旗鼓的墮三都，卻在最後關頭失敗，更在齊國與季氏的夾擊下，離開魯國。這是成名後的一大挫折，不只是政治主張的失落，更是那被逼離開父母之地的哀傷。

早期往齊的不被重視，而後想去叛臣之處發展被子路多次當面質疑，以及在其落魄流離的十四年之旅，只有顏回、子路、子貢等少數弟子跟隨，曾拘於匡、微服過宋、流失於鄭、困於陳蔡，四處尋找可為東周而用其才之主。其間秉持著天德生於予的自信，以及受隱者嘲諷又繼續前行的勇氣，讓孔子在亂世中不見用，仍「知其不可為而為之」的命運挫折，末尾在弟子的奔走之下，回歸魯國，然「魯終不能用孔子，孔子亦不求仕」。〔註64〕

歸魯之後兒子、顏淵、子路都先他而去，又麟獸此太平象徵，竟出現在這不可救的亂世之中，或許麟獸就如孔子吧，在錯誤的時刻出現，在魯的晚年孤

〔註61〕陽虎與孔子的關係，在白川靜的思考中，有相當特殊的意味，兩者是信念不同，理想卻有些類似的競爭對手，孔子的流亡路線也與陽虎有所關聯，對孔子來說陽虎就如「影子」一般，提醒並恐懼自我不可墮入其途，其說可參《孔子》，頁 37〜41。

〔註62〕《史記》，頁 1907。

〔註63〕《孔子傳》，頁 7。

〔註64〕《史記》，頁 1935。

獨感或深深地烙印在孔子堅毅的靈魂之中，以致「顏淵死，子曰：『噫！天喪予。』子路死，子曰：『噫！天祝予。』西狩獲麟，孔子曰：『吾道窮矣！』」〔註65〕其所建構的儒之「家」，就在這種哀嘆聲中落幕，最終回歸了兩楹之間。李零近來以「喪家狗」作為孔子一生的隱喻，確實如此，幼時喪家，壯時喪國，老時又喪家，政治無所發揮，只剩《春秋》以及《論語》的隻字片語，得以看見孔子漫步在歷史舞台的優雅、堅持與哀傷。

> 孔子適鄭，與弟子相失，孔子獨立郭東門。鄭人或謂子貢曰：「東門有人，其顙似堯，其項類皋陶，其肩類子產，然自要以下不及禹三寸。纍纍若喪家之狗。」子貢以實告孔子。孔子欣然笑曰：「形狀，末也。而謂似喪家之狗，然哉！然哉！」〔註66〕

孔子一生困頓的框架要素可總歸為幾點：一為身分歧視，二是其為喪家之人，三則是知其不可為而為之的政治困境與焦慮。一、二於早年就已出現，三則於其後才較為明顯，這些挫折將成為孔子思想隱喻的隱藏要素。

三、知我者，其天乎？孔子之天的多重隱喻映射

中國之「天」，是一具有各種隱喻意義的項目，無論是神話思維中的天庭、天帝運用空間與人格作為來源域之映射，還是關乎歷史演變的天命，又或是規律運行的天道，在在都呈現出中國對天的各種想像、期望與寄託。當然，在先秦時代的哲人們更思考著天與人之間的終極關係，從那「不言」的象徵與律動中去尋找通向合一的道路。

中國之天在馮友蘭的思考中大略具有五種意義：

> 物質之天，即與地相對之天。曰主宰之天，即所謂皇天上帝，有人格的天，帝。曰運命之天，乃指人生中吾人所無奈何者，如孟子所謂「若夫成功則天也」之天是也。曰自然之天，乃指自然之運行，如《荀子·天論》篇所說之天是也。曰義理之天，乃謂宇宙之最高原理，如〈中庸〉所說「天命之為性」之天是也。《詩》、《書》、《左傳》、《國語》中所謂之天，除指物質之天外，似皆指主宰之天。《論語》中孔子所說之天，亦皆主宰之天也。〔註67〕

〔註65〕（清）阮元校刻，《十三經注疏五 春秋公羊傳》（北京：中華書局，2009），頁5114。

〔註66〕《史記》，頁1921～1922。

〔註67〕馮友蘭，《中國哲學史》（臺北：臺灣商務印書館，1996年），上冊，頁55。

　　物質之天、主宰之天、運命之天、自然之天、義理之天五者，幾乎包括了人從外在到內在、可能到不可能所要面對的所有項目，亦即不論是環境影響還是價值意義，及無可奈何之事或掌握時空規律，人都不免要與天遭遇。除物質之天與自然之天外，主宰之天、運命之天、義理之天皆為被人隱喻映射後的融合產物，如將五種天都作為是古人對天的理解，就事物屬性結構來說，可簡要且概括性地將物質之天分到外在形式，主宰之天、自然之天、運命之天可說是事物自己或與其他人事物互動的一種呈現方式，而主宰之天、義理之天、運命之天亦可放置在內在組成。但事物屬性結構的區分方式，即是提醒我們一個事物會具有各個面向，並非可各自獨立分割，唯有各面向都統整方才是一個事物的樣貌，這即讓人思考著，馮友蘭的分類與歸納，如果運用在孔子身上，說孔子看見、感受或思考的「天」是可如此切割其單獨面向來看，是合理的嗎？引文中馮氏的舉例，在今天已有許多的可檢討之處，且五個意義之範圍多有重疊，也有歷時性的演進問題，其間的界定也有混淆的可能性。單指「《論語》中孔子所說之天皆是「主宰之天」一句，就可能發生許多以偏概全的印象，鄭吉雄曾論及此點，認為馮氏對天意義之區分不清，容易造成思考上的誤區。〔註68〕

　　牟宗三、唐君毅早期對《論語》中之天具有人格神傾向有所提及，唯後期較少，徐復觀更是直指：「孔子所謂天命或天道或天，用最簡捷的語言表達出來，實際是指道德超經驗地性格而言；因為是超經驗的，所以才有其普遍性、永恆性。因為是超經驗的，所以在當時只能用傳統的天、天命、天道來加以徵表。道德的普遍性、永恆性，正是孔子所說的天、天命、天道的真實內容。」〔註69〕孔子之天已經脫離了宗教人格神（主宰天）的枷鎖，直探超經驗的道德根源，又言「孔子五十所知的天命，乃道德性之天命，非宗教性之天命……而最高地道德感情，嘗試與最高地宗教感情，成為同質的精神狀態。」〔註70〕將最高的道德與宗教感情合而為一，此處的宗教感情則成為了一種儒教信念的原初之所，〔註71〕彷若某種人文聖巫降世之感。在民國大儒們對孔子寄予各種

〔註68〕鄭吉雄，〈釋天〉，《中國文哲研究集刊》46（2015.3）：63～99。

〔註69〕徐復觀，《中國人性論史》（臺北：臺灣商務印書館，2007），頁86。

〔註70〕《中國人性論史》，頁88。

〔註71〕黃信二曾以牟、唐、徐三人的說法，重新思考《論語》中天的宗教特質，並找出書中其他與宗教性有相關的各種現象與詞語，詳可參氏著，〈《論語》中「天」概念的宗教性之轉換分析〉，《哲學與文化》42：2（2015.2）：155～172。

存在體驗的智慧解讀中，又以西方上帝的無限性為對手，打造出東方式的，在人文世界可以參天地的存有思維。近來楊儒賓曾反省此處，以出土文獻對於詩──禮──樂做為性與天道之「具體」內容，意圖繞開無限心的視角，產生「更」東方式的天道論述。〔註72〕

歷來對孔子的「天」以及其衍伸之「天道」、「天命」，皆渴望以一種偏義理性或人文化後的宗教性解釋來「一以貫之」，其實思想家在不同的歷史時刻，觸動的感情與體會，會使其對同一意象有各種的解讀方式。即便是有人格傾向的天，亦有不同「人格」的表現，進入到道德源頭時，義理天也會沾染上思想家個人的色彩，具有獨特對天存有向度的體悟，不應觀一木而棄林。

天在哲人用一生去面對之時，各種意義都會融合互滲，並隱喻著其原本的課題。存在體驗因時段的不同，其側重與表現出的樣態會有所差異，體悟出的多重意義就不應被限縮在單一個框架之中，或許沒說出的，更有可能是哲人的核心所在。子貢言：「夫子之性與天道，不可得而聞之」，看似讓我們對孔子於天的體驗無從得知，但「天何言哉？四時行焉，百物生焉，天何言哉？」一句，卻道出了孔子對天體會後的「言天」之方式，有如莊子所云「終身不言，未嘗不言」的機鋒所在。

要進入孔子對天的思考與隱喻意義前，必須先理解天在殷周之間的其意義框架中的要素是如何轉變。

前述的鄭吉雄對此做出了詳細的考察，並以王國維、顧立雅之研究為基礎，思索古文獻中殷商早已對於天地四時之規律有所理解（曆法與天文），又

〔註72〕楊儒賓藉由戰國簡帛去討論介於孔子到子思孟子學派之間，儒者對於孔子的性與天道之論述，如何進行推進與思考，由具體的詩──禮──樂契近人與天（存有根源）之間關係性的建構，在工夫論的視野下，向內挖開性的泉源，再湧向外的天道，最後統整一體，關鍵就在於離開無限心研究的限制：「在儒家無限心當令的年代，無限心（如良知）被視為『開價值之源』。因此，任何的道德意識或文化意識都必須築基於此無限心之上。然而，我們當確認一項普遍的宗教現象，此即不具無限心縱貫系統的學派可以同時支持一種有限心或不完整的無限心，但同時也可支持一種形上境。西方傳統的 Plotinus、Bruno、Meist Echart、Spinoza 等姑且不論，回到我們的傳統，筆者相信唯識宗與朱子的學說皆可由此點契入。一種高舉『仁內義外』、『樂內禮外』旗幟的學派，它如何從此『殘缺』的基礎上，建構完整的形上世界？此事牽涉到工夫論的證成境界與理論建構的問題，答案不管怎麼設，其前提應該是我們不能再繼續堅持只有無限心才有優入聖域的機會。」詳可參氏著，〈詩──禮──樂的「性與天道」論〉，《中正漢學研究》1（2013.6）：39。

對天能影響人與萬物之生死有所體會（貴人死而為天神或是侍天帝之左右）。
〔註73〕帝號用各種天時、星辰命名之原因並不單純，實已有將自然之天、主宰
之天的意義，隱喻映射到帝王之身的意圖：

> 綜合將種種（殷人）對「天」的認知，落實於人生，以時、日、辰命
> 名其君主，那就絕不會是一種單純的行為。我的意思是，如果殷人
> 觀念中的「天」是如此具有節奏、循環，如此能影響人間萬民萬物
> 死生興廢，那麼他們以屬於「天」的事物命名人間的帝王，就等於
> 將這些特質賦予帝王。〔註74〕

天與殷代帝王之間的關係，雖然不似周代思考甚深，但已有類「天命」
的雛形。王國維討論殷墟卜辭以及金文中「天」（𢍌、𡗶）字：「本象人形」，加
以《說文》「天，顛也」，與《易經‧睽卦》六三『『其人天且劓』，馬融亦釋
『天』為『鑿顛之刑』」，定出天字之本來即是「謂人顛頂，故象人形」。〔註
75〕鄭氏指出此說法，表示人與天之間直接在造字上就有深刻的隱喻關係：
「『天』字本屬人首的象形，等於說『天』字喻指上天之意，實是『人』之形
體引申譬喻的用法。……其潛在的意涵，則是『人』和『天』二者具有引申
譬喻的關係。……擴而充之，必將為中國思想『天人合一』的觀念，揭示一
新頁。」〔註76〕就字源本身，天跟人在造字時依其外在形式的相似性，就可
看出創造此字時，天人可相通聯繫的內在意義必然已經存在，雖然殷人無有
明確的天人合一思想，但其字與其以天文系統隱喻帝王的方式，表示其隱藏
著某種天人合一的概念譬喻於其中，將天人合一的歷史又向前推至殷代，並
非周後諸子的專利。〔註77〕殷周世代的變革，周並非全面性的由自身建立、
隱喻與天的關係性，在鄭氏的看法中，周人繼承了殷人對天的想法而有所改
進，才發展出了所謂的天命意識，兩者是演進並非全盤推翻的關係，對天的
崇拜與映射現象，殷周皆是。〔註78〕

小周革大殷時產生了「天命靡常」的憂患意識，有別於殷人以天映射己

〔註73〕王國維：〈釋天〉，《觀堂集林》（北京：中華書局，1999年），卷6、顧立雅，
〈釋天〉，《燕京學報》18（1935）：59～71。

〔註74〕《釋天》，頁73～74。

〔註75〕《觀堂集林》，頁10a。

〔註76〕《釋天》，頁66。

〔註77〕《釋天》，頁75～76。

〔註78〕《釋天》，頁86～88。

身，周人認為天命是跟隨著有德者而移動，天時時刻刻都在觀察著人間的變動，周公「皇天無親，惟德是輔」就說明此一思想的變革。這種主宰之天的人格意味，由殷商的「天定」成為了「天選」，周人發現了天的某種原則性，使得天監督與給予等等的人格神形象突出，讓天映射為某種命運決定者的樣態相當明顯。而天不言，除了運用占卜之外，自然之天的規律特性也成為思考的對象，《周易》就是規律思考與人事運作相連的佼佼之作，後世所做的〈繫辭〉更將人與自然韻律之間的關係，做出了道德傾向的「聯繫性思維」之表現。

周人界定許多以「德」為準的政治傾向，實是面對天命不可預測的恐懼，及為了建立正統的革命論述所來。周公的禮樂與宗法制度，是保證「德不失」的某種措施，亦是對待天監在上的一種策略，當然其作用也使得人與人之間的關係在當時得到一定的協調作用，但就其政權基礎來說，禮樂與宗法是面對天命不可知的積極作為，相當於將兩者隱喻為對天說話的一種方式。至於要進到德性內化，自律非他律的深刻思維，又是一段人自我理解的長久過程。

周末的春秋戰國時期，王朝的崩解，代表面對天命的策略與措施失當，使得天命究竟為何？屬於誰人？又成為熱門話題，位於春秋末的孔子就其身分的特殊性與命運的課題，乘載了兩種文化對天的設定與自我的反思。馮友蘭的五個天之定義，可以簡要的將天分成自然（天道規律）、義理（天理）與人格（天意／命）三種。自然天是天文、地理、四時等具有規律的現象；義理天是指存有的本體與開展宇宙論的基礎之理，通常會連接到「性」之根本問題；人格天意味著天具有自身的主體性，可以對人事物做出判斷與給予。當然義理天會因人對自然天的體悟而產生，兩者有歷時的演變關係，人格天亦有可能與義理的給予以及規律的推動有關，三者實在思想家的生命中在不同時刻流轉興發，不當以某一角度定論。哲人對天的體驗，並非單向度的設定，思想應有各種多元的可能性，人本是如此。就此三種天的互滲思考與上述的歷史文化背景，底下將以《論語》原文為核心，去探索孔子之天所隱喻的價值與意象。

東方哲人的思想泰半都與其看待自然態度有關，鄭毓瑜的《引譬連類》中亦探討了許多與自然風土有關的詩文與思想之內蘊，楊儒賓的五行研究亦是從古人對於五個元素的體會與思索中提煉其隱喻的延伸與根基。孔子面對自然現象與規律亦有其體驗與思考，甚至將這樣的規律性隱喻到了自身主體行為的表現方式：

子曰：「予欲無言。」子貢曰：「子如不言，則小子何述焉？」子曰：

「天何言哉？四時行焉，百物生焉，天何言哉？」〈陽貨〉〔註79〕

孔子以「天何言哉」作為隱喻去映射自身行為的合理性，藉由天無言但運行四時、續生百物說明天內在運作的動能，以此告誡子貢無言之教的深意，來自於體會與理解，不在於言說的表象之上，〔註80〕這也解釋了子貢為何總不聞夫子的天道論述。此中可發現兩個主要的空間，一是孔子與子貢所在的目標域，裡面包含孔子、小子（弟子們）、（孔子）無言、（小子）無法學習（何述）；二是孔子所說來源域：天，有著天、百物，無言、（百物）規律生長，兩者相似、類屬的部分是兩個空間皆有的現象「無言」以及「給予者」、「接受者」。孔子將天作為來源域映射到自己不想說話的真實情況，融合出了即使天沒有對於百物說任何一句話，百物仍可依造天的四時變化規律生長，就像孔子雖說不想說話，但弟子們還是可以從孔子的身行規律中，找到自身可以成長的養分之意義，〔註81〕亦間接說明了天道的意義內涵即在其自體運行的規律動作中展現，並幫助百物得以自身表現各種樣態與行為，〔註82〕從現象的變化體認到天與萬物之間的互動，去探究天與萬物的「關係性」，並在這種關係性中體會天之動能如何發用。孔子更以此為喻來為子貢開示，應關心主體與事物之間的關係與互動，才得以體會那言語難以陳述的內在規律與意義，幾乎是「二三子

〔註79〕（宋）朱熹著，《四書章句集注》（臺北：大安出版社，1999），頁252。之後《論語》引文皆出自此書，唯在引文後標注篇名，不再出注。

〔註80〕猶如朱熹之言：「聖人一動一靜，莫非妙道經義之發，亦天而已，豈待言而顯哉？」詳參（宋）朱熹著，《四書章句集注》（臺北：大安出版社，1999），頁252。

〔註81〕詳細的心理空間分析可參吳佩晏、張榮興，〈心理空間理論與《論語》中的隱喻分析〉，《華語文教學研究》2010，7.1：97～124。

〔註82〕楊儒賓對於此段文獻有類似存在與物自身關係之看法，並且也將莊子拉入到這個天道運行說法的行列之中：「『天何言哉？四時行焉，百物生焉，天何言哉！』這段話是孔子的感嘆語，孔子說：大自然有何言說？大自然只是如大自然般地運行，四時、萬物自己述說自己，這樣的自我展示即已足夠。我們雖然沒有足夠的文本證據足以確立此段話的年代，但筆者相信有可能是孔子晚年所發。此段話不管是否為晚年孔子所發，但我們看到此段話顯示一種很東方式的表達方式，這是一種萬物自行朗現的方式，在莊子的『天地有大美而不言，四時有明法而不議，萬物有成理而不說』的論述或邵雍的觀物哲學中，我們都可看到一種前詮釋的意義彰顯方式，這種物之哲學強調『物』本身即具有意義的內涵，它可自行表露，物決定了自己的存在，這是一種純淨的『現量』精神。如果我們願意擴大觀察的視角的話，海德格晚期的著作也充滿了這種以物觀物、物自生自化自顯的玄味。」詳可參楊儒賓，〈詩—禮—樂的「性與天道」論〉，《中正漢學研究》，頁38。

以我為隱乎？吾無隱乎爾。吾無行而不與二三子者，是丘也。」〈述而〉一句的天道運行版，〔註83〕更重要地是，孔子將當時只有「天子」、「王」可使用的天之隱喻拉到了自身身上。

「無言」在文脈中看來，可能是孔子對於自身言說教學的一種反思與無奈，又可能是為了點醒子貢只注意表象的觀察態度，但「天何言哉」卻開啟了另一個向度的問題，面對無言之天，孔子又是如何體會自然之天內在的運動之力呢？換哲學式的說法，孔子是如何理解存有的韻律以致契進存有的根源呢？在〈論語〉中孔子曾以自然現象為喻、為知、為感，大概有下列幾句：

　　子曰：「為政以德，譬如北辰，居其所而眾星共之。」〈為政〉

　　子曰：「歲寒，然後知松柏之後彫也。」〈子罕〉

　　子曰：「知者樂水，仁者樂山；知者動，仁者靜；知者樂，仁者壽。」〈雍也〉

　　子在川上，曰：「逝者如斯夫！不舍晝夜。」〈子罕〉

「為政以德」以及「歲寒」兩則，總得來說是以自然作為來源域，去映射政治與人品格的目標域，前者是說明政治場域的狀態與自身行為之關係，角度是以上位者為主，將德行比做維持政治的動能，呈現出無為垂拱而治的樣貌，以天文名稱隱喻上位者的對應，和前面的殷人一般；後者是就時局環境的嚴峻去驗證人格上的堅持，將冬季的冷冽映射到人際關係或局勢上的困境，強調松柏對於嚴寒的抵抗，有如人在困境中方可看見其風骨那般。北辰與群星喻上位者與群臣之關係，松柏則屬個人性的考驗。在自然的規律與特性中，孔子譬喻著人內在德行在個人與群體之間的重要性，但無論是人與人或人與環境，都需要在其互動中、後去理解其在關係性中的地位與重要性。

「智者樂水、仁者樂山」一句，將水流變化與山石穩固作為智者與仁者本性的一種自然化表現，即是在說明智與仁兩個抽象概念的本性、用途、功效，藉由水與山的特質進行比附，古人已有論及。〔註84〕孔子以山水作為仁智的具現化呈現，除了表達上的方便外，亦將人與自然本源之關係聯繫，使存有者與存有物之間藉由興的同感共應，產生了跨類連結的天人思維。孔子在禮樂中搜

〔註83〕錢穆言：「或疑本章孔子以天自比。孔子特舉以解子貢不言何述之疑，非孔子意欲擬天設教。」但孔子天生德予的自信，似乎也不可小覷。原文參氏著，《論語新解》（臺北：東大圖書股份有限公司，2011），頁494。

〔註84〕《十三經注疏・論語注疏》，頁5384。

尋其內在核心所悟出的「仁」，以及用來裁判禮樂是否合理的「智」，將其放置在自然物之中，亦有將山水人文化的意味在其中。

「子在川上」一句在宋明理學中，被詮釋隱喻為道體活動自強不息的寫照，但若放回孔子之感嘆，即是用水流動逝去的空間對應到時空流逝的空間，所做出的譬喻性連結，此句真正重要之處，或許就是孔子在面對時間之時，仍像凡人一樣感嘆光陰的不待，讓孔子在神聖的光環底下，多了更多的人味。

上面幾則都在說明孔子似乎藉由觀察與聯想，使自然之天的規律、特性連結到人事之上。具體性、聯繫性、隱喻性思維在此發揮作用，有如殷人對自然天規律的掌握以及將天賦予帝王的方式，雖然已經開啟了天人合一的某些面向，但還是未能進一步的對於天命有所體會，周人則邁向對天命的創造與理解，而孔子不止於此，其如何「知天」的核心內容還未觸碰到。觀察與聯想固然是知天的一種方式，但孔子還有更深層的體悟需要深入展開。

周人面對飄忽不定的天命，藉由對歷史的理解與民族領袖之行為表現，得出了以德應天的維持方案，也解決了伯夷叔齊的弒君之問，周朝初年不斷的各種政府告示，皆表現對於天意志誠惶誠恐的憂患。周禮的制定，思考了秩序與德行之間必然的關係，猶如從《周易》中看見的循環變化之規律秩序，指導著人事行為的走向一般。周禮更是明確的定下了人和人、人和家、人和亡者以及最重要的人和天的關係和互動，設定出了主體性延伸與變動的階級框架。這些規定與德行成為表裡的人之樣貌，相應的身分將會搭配適切的禮，從行為與外型就可確認其地位與資格。其中最重要的是，德是天所觀看的標準，天命維持的依據。藉由周公制定的禮樂制度，來「確認」天命仍有機會繼續歸周人，是對「天何言哉」的積極性回應，換句話說，「禮樂制度」是周人「知天命」的策略，以取代殷人以「卜巫」接天命的失敗。〔註85〕這「知天命」最重要的課題，就是搞清楚自己目前的身分與地位，是否還是天之所命？是否還是天之所子？猶如孔子以禮樂從何而出，就可望見國家興衰那般：「天下有道，則禮樂征伐自天子出；天下無道，則禮樂征伐自諸侯出。自諸侯出，蓋十世希不失矣；自大夫出，五世希不失矣；陪臣執國命，三世希不失矣。」那麼要復興周禮的孔子，他是否亦是以禮來知天命呢？

孔子在周禮中尋找的最核心之要素，當屬「正名」，林啟屏在思索孔子思

〔註85〕此說法不代表周人就不重巫卜，只是在商周的比較之下，周人的禮樂制度相對的較在人道上積極作為，而非凡是求助鬼神的消極方式。

想一貫的主張時，就以此為主要課題，探究在不同時期孔子所受的知識、挫折與焦慮，是如何堅持、變化「正名」的內容：「『正名』的主張，若從政治實踐的角度來說，當然涉及具體人間世的政治秩序之要求。不過，如果將『正名』普遍化為一種價值觀念，則可說這即是一種『理分』的觀念。當然，勞思光說『理分』可從『道德生活』與『政治生活』兩方向來思考。」〔註86〕並以五十歲為界，思考前期孔子如何以正名為政治地位與秩序的準則，後期孔子又如何將正名轉入自我主體追求的道德持守，再由探入內在道德的規範之根基契向超越的義理之天。林氏借用清儒以及勞思光對於正名的解釋，將政治生活與政治秩序的要求放在前期孔子的思想核心，而道德生活的自律之根本的追尋則是遭受許多挫折，五十歲後的後期孔子之思維方向，這些都以「正名」此一禮之基本出發的兩個方向，不同時期都有兩者的發展，只是比重有所差異。

　　林氏以前期孔子對於禮樂崩壞後，三桓僭禮的焦慮，試圖用「正名」成為政治回復常軌的方針。後期對於理想與政治現實的理解，加上讀《易》的影響，導致孔子開始追索禮在道德主體上為何可為根源之探索，即是正名的表象底下，秩序的道德自律究竟由哪種存在的源頭而來。進而思索出了禮背後的仁有更根源的存有論依據，將仁推進至無窮超越的天之所與，人與萬物關係性的維持方式，將天收攝進人這一存有者之中。〔註87〕由此看來孔子確實是以「禮」來知天命，亦將天命與道德價值的天道合一於人這一存有者來彰顯。

　　規律來自於觀察，但思考其中存在根源的問題，就需要自身深刻的問題意識去揭開世界運作的動能所在。林啟屏顧慮到了孔子生命歷程與焦慮，得出正名在孔子的思想中由外而內再至天的發展歷程，但起始處「知禮的孔子在周文疲弊感到焦慮」的說法，還是略嫌大概，〔註88〕如果能更進到孔子生命問題的核心，將能更理解禮對孔子知己知天的「獨特」重要性。

　　禮是周人知天命、確認身分的一種措施，那麼孔子是否有什麼需要確認的課題呢？孔子出生身分不明，自身血緣的父親又早在懂事前死去，在封建時代父不在加上年幼懵懂，致使孔子自小人微位賤，學有所成並以禮聞名之後，還

〔註86〕林啟屏，《從古典到正典：中國古代儒學意識之形成》（臺北：國立臺灣大學出版中心，2007），頁115。
〔註87〕《從古典到正典：中國古代儒學意識之形成》，頁122～137。
〔註88〕《從古典到正典：中國古代儒學意識之形成》，頁89。

被人稱為「鄹人之子」這種有些輕賤的說法，甚之還被陽虎拒於門外，孔子生命起始的課題就是一種自我定位與認同的探求。「禮」即是一種確認自我地位與他人地位的協調方式，而孔子與子路激烈討論的「正名」，更是說明了孔子生命不在其「位」的追尋體會：

> 子路曰：「衛君待子而為政，子將奚先？」子曰：「必也正名乎！」
> 子路曰：「有是哉，子之迂也！奚其正？」子曰：「野哉由也！君子
> 於其所不知，蓋闕如也。名不正，則言不順；言不順，則事不成；
> 事不成，則禮樂不興；禮樂不興，則刑罰不中；刑罰不中，則民無
> 所措手足。故君子名之必可言也，言之必可行也。君子於其言，無
> 所苟而已矣。」〈子路〉

正名是政治開展的起始，亦是孔子思索如何使所有人都得到自己應在地位，並不互相僭越攻訐的認同歸宿，曾在身分認同中無所措其手足的孔子，更能體會在社會階層中遺失地位的痛苦。「君子於其所不知」的不知，或許不只是告誡子路「不知為不知」的謹慎，亦可能包含著孔子那不為人知的悲傷與體會，「正名」正是找回自己名分與地位，才得以建立自尊與開創未來的一條認同之路。

再深入地去思考孔子身分認同問題，就不能不意會到在其生命史中父親的缺席。鄭吉雄討論殷與周之差異處時，曾提及反映部分殷商思想的《歸藏》與《周易》首卦不同之意義：《歸藏》首卦為坤，《周易》首卦為乾，乾為陽，坤為陰，就概念譬喻的看法，運用乾為上時，以陽為首的階級系統就會在周人建立制度之時複製過去，果然建構出一個父系宗族的封建制度，君君、臣臣、父父、子子的等差之別都以陽為基準，〔註89〕換言之，周禮就是以陽為上的預設去進行。禮樂制度既然是周人知天命的措施，那麼此天命又是以「乾」的陽剛特性為上，而乾本就隱喻的天、父形象，想當而然地滲入了禮的建構之中，那麼孔子除了藉由學禮知禮去建構自我身分的認同之外，在追尋了解天命的路途中，是否亦曾對天出現過某種人格傾向的感情呢？

周禮中最主要的兩個部分就是「尊尊」與「親親」，因為宗法的編排，尊尊與親親的頂端都集中在天子家系。天子家庭兼有尊尊與親親的表現，親親差異上的嫡庶，會成為尊尊上的地位之不同，親親穩定血族之間的家庭和諧，尊尊奠基政治與社會秩序的完整。無論尊尊或親親，追溯至極，都是源

〔註89〕詳可參鄭吉雄，〈論易道主剛〉，《臺大中文學報》26（2007.6）。

於禮的基本預設:「貼近天命的一種方式」,如此說的原因來自天既授天命於天子,期間必然有類血緣的神意關係,不然何叫「天子」,故有「親」的可能。而天意難測,故必內心尊之,行事敬之,德行應之,才可保有天命,故尊天亦可說是尊尊的最上層。「國之大事,在祭與戎」,祭之最大事當然是以祭天、祭祖為最主要,聖王之祖又配享於天,無論尊尊或親親一切都以天為依歸。

禘祭雖還難以確認其實質內容,但做為大祭,與天可能脫不了干係,故孔子言:「或問禘之說。子曰:『不知也。知其說者之於天下也,其如示諸斯乎!』指其掌。」〈八佾〉能將此大祭的意義與儀式表現得恰當,無人有疑、有怪,又以名位相符的角度來進行,那麼天下人都會在此祭中看出主事者的謹慎、敬意與能力,治天下(有天命)又有何難。當時無論周天子或諸侯主行禘祭,要不名不符實,要不實不符名,身為知禮的孔子,不得不感嘆的說:「禘自既灌而往者,吾不欲觀之矣。」〈八佾〉或許不是禮儀程序出了問題,而是正當性的失去後,此禮中尊天、親天而以下貫至人道禮制將全盤錯落。可說禘祭亦被孔子隱喻化為「知天命」的天之隱喻群中,能行此祭,若無有責難,必然擁有天命。

尊尊、親親終極點皆在「天」,而能尊天與親天最明顯之人必為天子,既為天「子」,《周易》中乾父坤母等家庭隱喻,在重陽的周人手上,將「天隱喻為父」似乎相當合理,但也不可忘了,天命移動降於有德者,亦有「天隱喻為君」授命的形象,加以孔子中老年時曾學《周易》,對其中天父地母的宇宙觀並不會太陌生,且孔子一生學習與行道接呈現出剛健不息的樣態,與乾道所言「天行健,君子以自強不息」相仿。西漢的公羊學曾立孔子為「素王」,《春秋緯》更稱孔子為「黑帝之子」,這些類似的神化、正統化的說法當然有其歷史語境的設定,但反過來說,其實孔子承天命的形象,卻早已在《論語》中有所展現,亦隱隱的說明孔子面對天的特殊情感。

> 子曰:「莫我知也夫!」子貢曰:「何為其莫知子也?」子曰:「不怨天,不尤人。下學而上達。知我者其天乎!」〈憲問〉

「知我者其天乎!」一句似乎將天親近化、人格化,孔子將天隱喻映射為「知己者」,持續下學的每一步,孔子廣博的學問、深刻的思索、知其不可為而為之的行動,都上達於天。唐君毅對「知我者其天乎!」說明「亦可涵

視天為一有知之人格神之意。即孔子之天非一人格神，亦仍可為人所敬畏之一真實之精神的生命的無限的存在。」〔註90〕即是指孔子之天並非特指某一人格神，是泛指一種有知的無限存在，但在孔子的語調中對天「知己」的自信，彷若天常於孔子之左右，人格的傾向更偏於「同道者」的框架。〔註91〕人需與天同道的思維，《易傳》或春秋早期已經出現，甚至殷人、周人亦是如此，但主要都集中在帝王的行為舉止身上，孔子此言已經讓天成為成德君子的知己，「德不孤，必有鄰」的信心，其根源的保證或許更來自與存有之天相合的堅定信念。

　　天為知己者、同道者，若就傳統思維來說，因天命的承繼或是對德行的應允，可分為兩種型態，一是有類血緣特性的（如殷人），二是無血緣特性的（如周人），前者有如君王為「天子」，以天為父，以己為子；後者「皇天無親，唯德是輔」，有如另有一「天君」於其上。底下將以這兩種路向來思考《論語》中相關的文獻。

　　孔子約五十五歲開始周遊列國，期間遇到不少惡意圍剿或斷炊無糧的窘境，就《史記》與前輩學人的考證，底下兩則當於孔子過匡、過宋受難而發之言：

　　　　子畏於匡。曰：「文王既沒，文不在茲乎？天之將喪斯文也，後死者不得與於斯文也；天之未喪斯文也，匡人其如予何？」〈子罕〉

　　　　子曰：「天生德於予，桓魋其如予何？」〈述而〉

　　第一則引文，錢穆認為《史記》言孔子畏於匡、又止於蒲，實為同一事，又「畏」為私鬥之意，孔子當是遇到當時公叔戌以蒲叛亂之事，〔註92〕因弟子與蒲人「鬥之甚疾」，才得以脫困。在一團混戰之中，孔子發出「繼文王、續斯文」的傲氣之語，跳過武王的原因，在其對韶、武樂舞的評斷中或可知一二。天降斯文於我，等於是將創造、復興天下文化的責任放在孔子身上，而天具斯文，亦說明天具有人文性的特徵，這點從顧立雅探討天字由人、大字而來時，

〔註90〕唐君毅，《中國哲學原論·原道篇卷一》（臺北：臺灣學生書局，1992），頁133。
〔註91〕牟宗三言：「『知我其天』表示如果人能由踐仁而喻解天道的時候，天反過來亦喻解人，此時天人的生命互相感通，而致產生相當程度的互相了解。……人間數十年，常苦未得一知己。人與人都如此，人兩天的感通更難。孔子的下學上達，便是希冀與天成為知己。」《中國哲學的特質》（臺北：臺灣學生書局有限公司，2009），頁47。
〔註92〕《孔子傳》，頁51～52。

或早見其端倪，〔註93〕但孔子此言，已有王者自居的意味在其中。如果禮是對天的積極回應，又是文化閃耀之所在，那麼孔子復禮之根本又承天之斯文，當為「天子」無誤。

第二則引文，是孔子過宋被司馬桓魋為難，《史記》言其欲殺孔子，孔子筆畏於匡時，更清晰地說了天「生」德於予，「生德於我」的論調被後來的《中庸》、孟子甚至是出土簡帛中的戰國早期儒者發揚光大，但孔子此言在當時，無非加強了己身於世的特殊性。畢竟在學人眼中一向謙遜的孔子，除了對人僭禮無法忍受之外，不輕易許人以聖、仁，能到善就可稱許，也說己亦不可，但在此兩次危難之時，卻說出這天傳於我的「秘密」，應特別注意。

兩則引文道出了天與孔子之間似乎有特殊的關係性，若從「生」的框架來說，天這一知己者，對孔子來說當有類血緣的情感在其中，所以後來才用儒家具有宗教性來說明，牟宗三亦曾言：「在孔子的踐仁過程中，其所遙契的天實可有兩重意義。從理上說，它是形上的實體；從情上說，它是人格神。而孔子的超越遙契，則似乎偏重後者。」〔註94〕在危急之秋，孔子面對天的信任如此強烈，這一人格神之傾向綜合前面《周禮》、《周易》建置陽為上的以天為父之隱喻，加以孔子原生家庭框架中失父的狀況，可說此處的天，在孔子身上映射出父者一般具有親切性與實感。周朝之建構主要來自禮樂制度，禮樂的規則依於宗法，而宗法最核心的建構骨幹即為父子關係，且此父子之間所相承之「天性」亦有強烈的「天德」意味，有如林安悟探討宗法制度時所言：

> 「父子」這個血緣性的縱貫軸是中國人所謂「家」的核心，是宗法的原型與起點。「父」不只作為「子」的自然生命的來源而已，而且它亦是文化生命乃至價值生命的來源。在宗法社會裡，「父」對「子」而言，絕不只是「養育」與「依賴」這樣的關係，更進一步說，它可以說是「根源」與「生長」這樣的關係。〔註95〕

> 相對於「母子連心」而說的「父子天性」，這「天性」二字最好不要簡單的理解成血緣性的自然連結就了事，因為這「天」不只是「自然之

〔註93〕顧立雅，〈釋天〉，《燕京學報》18（1935.12）：59～71。
〔註94〕《中國哲學的特質》，頁49。
〔註95〕林安悟，《儒學與中國傳統社會之哲學省察》（臺北：幼獅文化事業股份有限公司），頁29。

天」，是「義理之天」，是「道德之天」，而這「性」不只「自然之生」，
而且也是「宗法之生」，是「義理之生」，是「道德創生」。〔註96〕

　　就根源與生長意義來說，只要見到上述孔子自承於天的字句即可明瞭，而
孔子所繼的「天之斯文」借林安悟此處的說明，便是將自然、義理與道德的天
之德性都承繼在內，自言喜愛周禮的孔子，必然對於宗法制度有相當的理解，
宗法最終上至於天，也在孔子對天的感情與遙契中不停發酵。雖說天在孔子的
主體性建構中，始終扮演著一個隱者的角色，孔子出魯遊世，象徵著母土的失
去，真正的走向追求能發揮天德（父德）的地方，有如神話英雄離母尋父的結
構一般。〔註97〕在此，孔子的天就如父一樣，在不斷的考驗中觀看著孔子的茁
壯。「天何言哉」，因為天以身教不以言教，或許早已取代了孔子那缺席的父
親，繼續教導著孔子「父之道」。

　　　王孫賈問曰：「與其媚於奧，寧媚於竈，何謂也？」子曰：「不然，
　　　獲罪於天，無所禱也。」〈八佾〉

　　　子曰：「大哉，堯之為君也！巍巍乎！唯天為大，唯堯則之。蕩蕩乎！
　　　民無能名焉。巍巍乎！其有成功也；煥乎，其有文章！」〈泰伯〉

　　第一則引文說明了是孔子在衛國見南子一事的後續，大臣王孫賈或來試
探的對話，孔子對王孫賈的說法不以為意，並以天為裁判的基準，應天需德，
而「獲罪於天」，或可解讀為「背德之行」。子路得知孔子見南子後不悅，孔子
發誓言：「予所否者，天厭之！天厭之！」〈雍也〉，「否者」就朱熹的說法是「不
合與禮」，厭是「棄絕」之意，〔註98〕其實更重要的是禮背後「德行」的堅持，
不論對面對王孫賈的試探或子路的責難，孔子皆認為人直接面對的是天監在
上的道德命題，因為若失德，無論是誰天都將棄絕而去。此說明偏於周人面對
天命的態度，亦即是天有轉換、與捨的主體性動能，類於君王轉換下臣治世的
概念。

　　第二則是孔子以天隱喻堯，視堯為善治天下之君主，反過來亦是將天賦與
了天君的概念。四時行、百物生都在無為之天的規律中運行，民無所稱亦無能

〔註96〕《儒學與中國傳統社會之哲學省察》，頁46。
〔註97〕神話中英雄離母尋父的結構，可參（美）坎伯（Joseph Campbell）著，朱侃
　　　如譯，《千面英雄》（臺北：立緒文化事業有限公司，2008），頁134～160。
　　　又可參氏著，朱侃如譯，《神話》（臺北：立緒文化事業有限公司，2005），頁
　　　232。
〔註98〕《四書章句集注》，頁122。

名之,將「大人」納入天的隱喻群中,亦是以人喻天的手法,使天可在人的行為舉止中被察知,可說是一種天人相合的隱喻模式。這種天與聖王的隱喻建構,《論語》中還有舜和禹:「子曰:『巍巍乎!舜禹之有天下也,而不與焉。』」〈泰伯〉、「子曰:『無為而治者,其舜也與?夫何為哉,恭己正南面而已矣。』」〈衛靈公〉,舜和禹都如堯有「巍巍乎」的形容,而舜更加上了「無為而治」的政治行為,有如「天何言哉」的聖王版本。蔣年豐研究「聖賢史觀」由孟子開始刻意製造,是為了強化儒者對於聖王的興悟之感,其實孔子已見端倪,孔子亦以天喻人,讓聖王有了與天君相似的治道方式。黃俊傑更提及儒者以「聖王」、「三代」、「人文化成」、「道」等當作儒家重要的歷史思維依托,若連結上儒家的比興式思維,可說上述幾個詞形成了一種「隱喻系統」,可說是儒家承繼並創造出了「新隱喻」的知識與概念,產生出對人文意義、起源之承繼與發展的強烈情感,且由此化生出「理想世界」的「隱喻群」。〔註99〕以此看來,孔子的君子三畏:「畏天命,畏大人,畏聖人之言」其實是天在其規律、人、言中不同形式的多重隱喻映射,其中所謂的天命、大人與聖人之言的來源域都映射到孔子天的目標域中,融合並豐富了孔子天的意義與情感,君子所畏之根源皆來自天對德的要求與裁判。對孔子而言,在己天如父、在外天如君,所謂的天德來自我源於天所生的性之中,不可不持而守之,行事舉止皆有天監在上,於內有道德自律的存有基礎,於外亦有他律性的道德律令,兩者合而為一,端看使用的語境為何。此處就可看出前兩節中身分、原生家庭與挫折的事件框架中,父親(早死)、政治傾向、巫特質、知天與通天等要素對此多重映射結果的影響,但若就孔子此一存有者最核心的生命特徵來說,「以天為父」的隱喻映射無疑是其核心。

　　總言之,上述藉由論語引文以及孔子生命史中的命題,帶出了孔子之天實有自然規律、父子關係、君臣關係三者的框架要素融合於其中,並形成了三個來源域對天目標域的映射。

　　由「天何言哉」的那則引文來看,此等自然規律中會有兩個主要的要素為參與者「天」與「人事物(百物)」,對應著孔子的天與孔子本身;接著藉由事物屬性結構的提醒,從百物「生焉」的動作來說,天具有某種「運作規律」讓百物得以自行生長,此規律對應著孔子行住坐臥都堅持的「道德行為」,由林

〔註99〕 詳可參楊儒賓、黃俊傑編,《中國古代的思維方式》(臺北:正中書局,1996),頁23～30。

安悟的說法就可知這種道德行為亦是一種天性所驅動的；而藉此運行規律雖天不言，從上述可知天在其背後仍有個易道的創生與剛健不息之「天理」所在，而百物或孔子之所以可欣欣向榮、孜孜不倦，便是因百物與孔子皆能以此易道之自強不息之天理而行動，可說是種「遙契天理的行為」，對孔子而言這個天理的對應極可能為其發創與領悟的「仁」道，畢竟牟宗三曾言孔子即是以仁來遙契天道，天道與仁若無相似相通又何來相契，可說孔子一生遵循此仁道而動猶如遙契天理而行。

　　而由孔子與天相關的「下學上達」、「文在茲」、「天生德於予」等文獻，以及孔子對於《周禮》、《周易》中宗法與乾坤家庭宇宙觀的喜愛與理解，加上孔子原生家庭中出現的父者缺席情況，可推出其對天的映射有著另一個來源域為「父子關係」，其中主要參與者從「天」生德於「予」可看出是「父親」（天）與「兒子」（孔子）；而此天德來源之「天理」，可說是父與子之間最重要的關係，若以父子的框架來看，即有如「血緣」關係一般；父子關係中的互動，就父對子來說主要為「父親的教誨」，而此項考慮到孔子原生家庭的框架要素，以及曾說自己無言卻行身教的角度，此處的教誨主要是無言的身教，就理想性的狀況下，此身教對應的當是正當的「道德行為」；而若父之教誨為具有經驗性、道德性與合理性的話，就子對父的互動則是需要「遵照父親身教的行為」，此點與理想性的宗法場景「父慈子孝」相關，於孔子對於周禮的想望，可說是個理想性的父子關係，此遵照之行為就有如孔子遙契天理之道德而行。

　　藉由獲罪於天以及以堯、舜、禹聖王喻天的引文來論，即會出現另一來源域為「君臣關係」，就框架的思維來說其中兩個主要的參與者為「君王」（天）與「臣子」（孔子），以及君王本身的動作「威儀」，威儀是藉由君王意志所展現出的身行狀態，唯有德充於內、儀具於外方能展現，〔註100〕臣子必須以此為基準去理解君王行為背後的意義，並遵照此意義作出相應的行為，另外還有君臣關係之所以可成立的內在「忠誠」關係，特別須注意的是，考慮到孔子生平的官宦之途，可知這樣的君臣關係要成立，必定來自於君王為賢為聖方可。三者的核心要素皆對應到「孔子與天」的關係中參與者「天」和「孔子」，以及天所表現出的「道德行為」，還有孔子得以通天、知天的其核心內在思想的「仁」和「遵照天之道行動」（如下圖3.3）。

〔註100〕關於先秦君子身體的威儀觀論述，詳可參楊儒賓，《儒家身體觀》，中國文哲所出版，1996，頁 28～30。

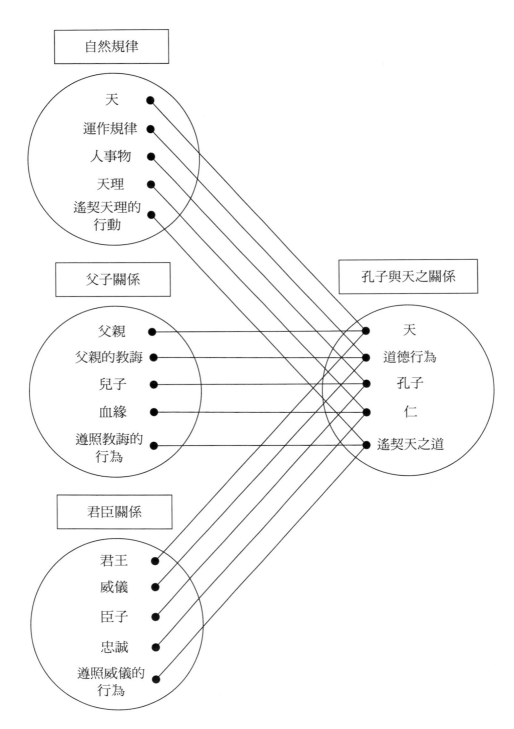

圖 3.3 孔子之天的多重映射狀況

　　三個來源域融合之後豐富了孔子與天內在的隱喻意義，將對天的自然規律之運行與覺察，還有父子相契的深刻情感，以及須遵循天君之令的規定灌入孔子與天的交流中，蘊含天道覺察的觀測特性，與對情之傳承的性之自律性，還有對於道德君王的遵循之他律性，在在充實了孔子與天之關係的複雜性。且由此可看出三個來源域中的項目，都具備著上位者無言的規律與行為，以及下位者理解上位者行為後遵照其意義所發展出的行為，而無論上位者或下位者都具有著堅定的內在關係，並說明著孔子是如何藉由自身經驗去圓滿自己與天關係的存在互動關係。

　　由父、君合一的天之隱喻，也說明天為尊尊親親的終極對象，此論並非排除了義理天的道德性根源之解釋，而是其抽象的道德形上之意義，應附於這些具體的形象之中，並藉由人與天的關係性，才得以呈現出在不同哲人身上的獨特之「性」。而就以天為父的核心隱喻來說，在孔子以教團為核心建構新家庭之時，這個父者的形象似乎亦隱隱地落到了自己的身上。

四、超血緣的教團之家

　　儒家對於由人、家、國到天下的關係，是以倫理性來進行建構，〔註101〕周代的宗法制度可說是先驅，倫理表現的方式，來自於人面對他者時，如何對彼此之間關係性的態度還有其行為來呈現。如果人必然要對他者有所回應，中國人設定的「禮」，就是一種嘗試在每個不同時機，做出適切行為與情感的一種方式。「必然回應」的禮，究竟是為何「必然」？換句話說，驅動禮的道德力量，源於何處？可化作道德有沒有自律可能性的哲學討論，即是天道與性之間的根源連結命題。牟宗三言中國哲學主要特色來自於「實踐理性的優先性」，〔註102〕並連繫到中國人對於德性自我實行「我欲仁，斯仁至矣」的主動特質，強調中國有別於西方道德交由無限的上帝規範，相對有限的人只能在這種外部他律的限制下，去遵守所謂的道德，儒家藉由天人合一的傳統思維，打造出天道性命相連不離的方式，不切割存有與存有者的臍帶，將自律的可能放回人的無限心中。但若無關係性的對象或社會，實踐理性或是無限心的發用，其實無從談起，對於特重人與人之間關係的儒家，更是如此。

〔註101〕猶如梁漱溟曾提及和西方社會設定不同，中國是以倫理本位為基礎，因此重視家庭與家族的生活文化，詳可參氏著，《中國文化要義》（臺北：五南圖書出版有限公司，1991），頁79。
〔註102〕《中國哲學十九講》，頁15。

中國的倫理建構在所謂的「人倫」的設定：「父子有親，君臣有義，夫婦有別，長幼有序，朋友有信」（《孟子・滕文公上》），〔註103〕就孟子的排序來說，父子關係為第一，但《禮記》：「君子之道，造端乎夫婦」〔註104〕似乎以夫婦關係為先，前者以橫面來說，後者以縱面來言，不論先後，倫理就建構在具體的關係性中，就在主體與其他主體相互交流、碰撞之時，因為調整、衝突與配合所產生的互為主體中顯現。

孟子設定的五倫中，就有三項必須在家庭中產生，儒家更加強了這一基本單位的效能，使「家」中人物之間互相的態度與行為，成為觀察一個人德性根源是否穩固的基準，更以此推家至國，終於天下。道德的養成，和「家」脫不了干係，特別在中國家天下的政治體制中，王者之家的樣態，說明了天下道德興盛或腐壞的程度。以此，回頭來思索孔子面對宗法制度與其相應的禮樂出現問題時，是如何重建一種新類型的「家庭關係」，必須考量孔子家庭的特殊性，以及孔子可能面對的態度。

孔子生來即面對著許多質疑與悲傷，有如父母的身分、地位的低下、家族曾有的榮光等等，諸多課題都集中在孔子「家庭」中「關係性」的失去。原生家庭父母的早亡，以及士族地位的失去，孔子從幼年到青年時期已孤身一人面對生存的挑戰。面對母親葬禮之謹慎，以及父母合葬儀式的背後，亦是孔子再一次重新拼湊自我家庭與認同的呈現。唯有在祭禮之中，孔子方得連結上已逝的父母，特別是在記憶中幾乎不在的父親，是故其天有父親意象隱喻其中，或許父者的缺席，亦造成孔子存在身分的破損，需用最根源性的存有才能療癒其心。

原生家庭無法改變，只能接受拋擲的命運，那麼後來建構的家庭又如何呢？相傳孔子約 19 歲娶了宋國亓官氏（上官氏），一年後生了孔鯉，在《論語》中留下了孔子告誡孔鯉需學詩、禮；〔註105〕顏淵死時其父希望孔子賣車資助時，提及孔鯉死時的棺木狀況〔註106〕之外，似乎無有其他。在《禮記》

〔註103〕 《四書章句集注》，頁361，之後《孟子》引文不再出注，唯於其後標上篇名。
〔註104〕 （清）阮元校刻，《十三經注疏三・禮記》（北京：中華書局，2009），頁3530。
〔註105〕 陳亢問於伯魚曰：「子亦有異聞乎？」對曰：「未也。嘗獨立，鯉趨而過庭。曰：『學詩乎？』對曰：『未也。』『不學詩，無以言。』鯉退而學詩。他日又獨立，鯉趨而過庭。曰：『學禮乎？』對曰：『未也。』『不學禮，無以立。』鯉退而學禮。聞斯二者。」陳亢退而喜曰：「問一得三，聞詩，聞禮，又聞君子之遠其子也。」《論語・季氏》
〔註106〕 顏淵死，顏路請子之車以為之椁。子曰：「才不才，亦各言其子也。鯉也死，有棺而無椁。吾不徒行以為之椁。以吾從大夫之後，不可徒行也。」《論語・先進》

曾有一段描述孔鯉母喪的片段：「伯魚之母死，期而猶哭。夫子聞之曰：『誰與哭者？』門人曰：『鯉也。』夫子曰：『嘻！其甚也。』伯魚聞之，遂除之。」〔註107〕聽起來孔子似乎認為禮比情更重要，孔穎達解釋此處之時，為使得孔子的說法合於情理，說明伯魚之母為「出母」是故「期」滿後，就不應哭，此說法可能來自《禮記》另一則敘述：「子上之母死而不喪。門人問諸子思曰：『昔者子之先君子喪出母乎？』曰：『然』。『子之不使白也喪之。何也？』子思曰：『昔者吾先君子無所失道；道隆則從而隆，道污則從而污。汲則安能？為汲也妻者，是為白也母；不為汲也妻者，是不為白也母。』故孔氏之不喪出母，自子思始也。」〔註108〕牽扯出孔子是否曾「出妻」的千古疑案，若在連結上《論語》中最為現代人詬病的「唯女子與小人為難養也」，實不得不引人遐想。

　　孔子建構的家庭描述甚少，其妻更是徒有生卒，孔鯉五十死，歷史也未記載孔子對此事件的態度與行為，相比顏淵與子路之死，孔子甚至悲慟哭至旁人訝異，實有蹊蹺。對孔子來說，其心目中真正的家之樣貌，究竟為何？

　　周代宗法制度就是以家為中心，去建構出一個封建禮樂的天下，但時空推進不僅改換了人心，更沖淡了血緣，春秋末期周天子地位一落千丈，血緣的家族似乎頂不住歷史的洪流與慾望的膨脹。面對此時代問題以及原生家庭的破裂，孔子在思索的是否是另一種家的型態，並創造一種新的關係性來將此家推及天下。孔子真實建構的家庭中，似乎沒有很清晰的方向，在許多紀載與傳說的繪聲繪影下甚至有些爭議，但對於其所開創的教團，有若一點光明，照亮「家」可能的新型態。

　　若要明確將上述整理出的孔子師徒關係與家庭中某種關係進行映射，尚需直接就事件與對話來看待。孔門弟子眾多，可選取兩位最具代表性的人物：顏淵與子路，來思考這一儒者之家的隱喻性內涵。

　　在此特別先挑選顏淵與子路死時，歷史文獻紀載下孔子的言論與行為：

　　顏淵死。子曰：「噫！天喪予！天喪予！」〈先進〉

　　顏淵死，子哭之慟。從者曰：「子慟矣。」曰：「有慟乎？非夫人之為慟而誰為！」〈先進〉

　　顏淵死，門人欲厚葬之，子曰：「不可。」門人厚葬之。子曰：「回也

〔註107〕《十三經注疏三・禮記》，頁2774。
〔註108〕《十三經注疏三・禮記》，頁2759～2760。

視予猶父也，予不得視猶子也。非我也，夫二三子也。」〈先進〉

顏淵死，子曰：「噫！天喪予。」子路死，子曰：「噫！天祝予。」
《春秋公羊傳》

孔子哭子路於中庭。有人弔者，而夫子拜之。既哭，進使者而問故。
使者曰：「醢之矣。」遂命覆醢。《禮記・檀弓上》

子路與子羔仕於衛，衛有蒯聵之難。孔子在魯，聞之，曰：「柴也其
來，由也死矣。」既而衛使至，曰：「子路死焉。」夫子哭之於中庭。
有人弔者，而夫子拜之。已哭，進使者而問故。使者曰：「醢之矣。」
遂令左右皆覆醢，曰：「吾何忍食此！」〔註109〕《孔子家語・子貢問》

顏回，字子淵，著名的孔子繼承者，相差孔子 30 幾歲，將而立之年去世。在《論語》中可說是孔子最愛的弟子，宋明理學家更紛紛要人去尋孔顏樂處，顏回在孔子所立的儒家教團中當為首出。顏回死時，孔子痛心疾首，甚至呼天欲喪己，顏子死若己死，前節已言天與孔子重要的關係，無論在何種困厄中，孔子都以天為信、為證，此時言「天喪予」，實可說悲痛萬分。此「慟」更驚動了門人，以至有了是否太過的評論，若回頭看《禮記》伯魚哭其母時孔子的反應「其甚也」，或許此時的孔子在旁人眼中亦若是，畢竟就如孔子自身所言：「回也視予猶父也，予不得視猶子也。」在禮法中怎可比其父更悲傷呢？

子路，字仲由，《論語》中著名的冒犯者，相差孔子不過 4 歲左右，死於衛亂，太史公言其死時猶正衣冠，說明其奉孔子所教君子之道，至死亦然。《論語》中多頂撞、質疑孔子，卻又是捍衛其名聲最主要之人物，《孔子家語》曾言孔子在子路死時：「痛之曰：『自吾有由，而惡言不入於耳。』」可見一斑。孔子亦哭子路之死，而有覆醢之舉，亦言「天祝予」，傷痛之感可說不下顏回喪時，〈孔子世家〉甚至言孔子在子路死後不久亦辭世而去，相對於「君子遠其子」的孔鯉，顏回與子路二人對於孔子來說或不只師徒。

孔子卒時，孔門師徒之間的關係更加明顯，《禮記》中子貢的一番話，說得很清晰：「孔子之喪，門人疑所服。子貢曰：『昔者夫子之喪顏淵，若喪子而無服；喪子路亦然。請喪夫子，若喪父而無服。』」(《禮記・檀弓上》)〔註110〕因春秋無師喪之禮，門人不知當如何，子貢憶起顏淵、子路喪時，孔子

〔註109〕陳士珂輯，《孔子家語疏證》，頁 284。
〔註110〕《十三經注疏三・禮記》，頁 2780。

若喪子之情、行，只是無有喪服，故請如喪父無服以喪夫子。子貢道出同門之間以師為父，孔子以顏淵、子路為子的情實，但孔子曾在顏淵喪時，門人厚葬之後所言的：「回也視予猶父也，予不得視猶子也。非我也，夫二三子也。」又是何意？錢穆曰：「孔子之歎，故是責其門人多此一舉，然亦非為諸門人必不該有此舉。孔子固視顏淵猶子，諸門人平日於顏淵亦群致尊親，豈不亦視之如兄弟，則焉能熟視其貧無以葬？」〔註111〕孔子在禮上的堅持，非能掩蓋其用情之深，顏回一生奉禮行仁，孔子之所以不願違禮厚葬，實是替顏回守住其一生所願，有如顏父望孔子賣車以建顏回棺槨，孔子之不願，〔註112〕亦是如此。

　　《史記》亦說了孔子喪後，弟子群聚守喪的狀況：

> 孔子葬魯城北泗上，弟子皆服三年。三年心喪畢，相訣而去，則哭，各復盡哀；或復留。唯子貢廬於冢上，凡六年，然後去。弟子及魯人往從冢而家者百有餘室，因命曰孔里。〔註113〕

　　弟子皆以孔子認為喪親需要的三年為期，居於墓旁，子貢更加守三年，弟子與傾慕之魯人，竟聚此而成里。孔門教團呈現出的是一種新型態「家」之樣貌，以父子關係為師徒的雛型，加以詩興、禮教、樂和的教育，創造出非血緣性的家庭、家族樣貌。孔門師徒復禮行仁的堅持與渴望，在孔子的風範中，以對道的嚮往，與天下大同的夢替代了血脈的聯繫，形成以情禮為核心的道統家庭。在先秦各「家」之中，唯有儒家最似「家」，於孔子在時形成另一類父慈子孝，兄友弟恭的非血緣的教團之家。猶記得司馬牛之憂與子貢之慰，同道即兄弟，在孔子建構的儒者之家中表露無遺，而後的儒裂為八，實不是孔子可想見的了。

　　綜上所述，孔子的教團呈現出新家庭的建構，主要集中在「父子關係」此項，可說是用外在看得見的動作「適切的禮」與內在組成的「深刻的情」、「仁禮信念」復興並重建了當時家庭中破裂的關係性，建構出非血緣性的道統家庭。「適切的禮」來自「深刻的情」，反之，情若沒有適當的交流方式，災難必來，猶記得《左傳》中鄭伯與其弟段，從其母之偏情到弟之僭禮，而導致的殺

〔註111〕　《孔子傳》，頁98。
〔註112〕　「顏淵死，顏路請子之車以為之槨。子曰：『才不才，亦各言其子也。鯉也死，有棺而無槨。吾不徒行以為之槨。以吾從大夫之後，不可徒行也。』」《論語‧先進》
〔註113〕　《史記》，頁1945。

弟權謀大戲，起因都在情與禮的不當引起，最終鄭伯還是回到情初之衷，掘至黃泉以見其母，一切皆起於情失之困。郭店楚簡中〈性自命出〉言：「道始於情，情生於性。始者近情，終者近義。知情者能出之，知義者能內之。」〔註114〕義者，合宜也，合宜即禮，真實的大道始於情動那刻，實情可出，真義可內，取捨之中，人與人的關係性才能得到平衡與和諧。孔門之情，起始於對道之追求、禮精神的探究，堅固在困厄中的陪伴。

　　以此可建構出孔子家庭隱喻的內容，主要偏重在「父子關係」並以為來源域，此父子關係來源域因孔子思想有其核心與一致性，故可借用天之隱喻中父子關係的要素來進行，其中有著父親、父親的教誨、兒子、血緣、兒子遵循教誨的行為要素；目標域則是孔子與弟子的關係，就上述的各式文獻中，可看得出對應父與子的映射是「孔子」與「弟子」，互動方面有孔子對弟子的「教誨」（情與禮）對應到父子關係中的父親的教誨，而弟子對孔子的互動方式則是「弟子遵循教導的行為」（禮），對映著父子關係中，子對父遵循教誨的行為，最後是兩者得以聯繫傳承的內在關聯「仁禮的信念」對映著父子關係中的相互傳承的血緣關係，以此可做出下圖：

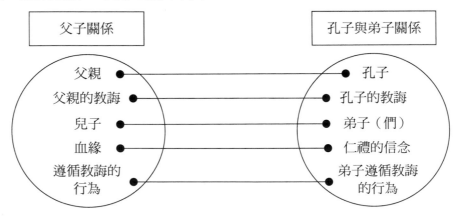

圖 3.4　孔子與弟子關係映射圖

　　在仁禮的信念中，也包含著弟子對於孔子之情，要維持某一信念無足夠的情感厚度去支撐幾乎是不可能的，而對弟子們來說又因孔子是個如父的存在，更加深了有如家人一般的情意於其中。

　　此新型態的教團家庭之所以偏重在父子關係的隱喻呈現上，除了孔子自

〔註114〕〈性自命出〉，收錄於劉祖信、龍永芳編著，《郭店楚簡綜覽》（臺北：萬卷樓圖書股份有限公司），頁 57。

身原生家庭父親缺乏的要素外，加上當時社會文化即以陽為上、父為家的建構方式，故孔子的教團家庭才會如此建構。若單純以此責備孔子父權似不太公允，加上孔子以復興周禮為己任，而周禮的核心亦是以父為中心的家族建構模式，在其師徒關係中創造回復這層面貌，甚為合理。所以這一新家庭的隱喻建構，並非為取代傳統家庭，而是「由新提舊」，正因政治檯面上的「家庭」殘破不堪，才需要恢復禮內部之意義與情感，重新注入其中，孔子就以其「儒家」做了最好的「家庭範式」，況《論語》多有弟子向孔子請教如何對待父母、兄弟之文獻，多強調關係性如何因人因事適切的建構，當然，必本於情。

那麼若此為孔子重建家隱喻的重要進程，向外推擴時，另一種有別於傳統家天下的血緣統治方式，就隱隱地出現了。

雖然春秋末各國之實權還是在陪臣之手，但對於才能者的需求卻是日益增加，孔門弟子學通六藝，又各專其項，當為拉攏或聘僱的對象，其中冉求為季氏宰，更是在《論語》中時常出現，孔子得以回歸故里，其功甚多。冉求為季氏家臣時，上朝完畢多半都要到孔子處「報備」：

> 冉子退朝。子曰：「何晏也？」對曰：「有政。」子曰：「其事也。如有政，雖不吾以，吾其與聞之。」〈顏淵〉

> 季氏將伐顓臾。冉有、季路見於孔子曰：「季氏將有事於顓臾。」孔子曰：「求！無乃爾是過與？……何以伐為？」冉有曰：「夫子欲之，吾二臣者皆不欲也。」孔子曰：「求！周任有言曰：『陳力就列，不能者止。』……虎兕出於柙，龜玉毀於櫝中，是誰之過與？」冉有曰：「今夫顓臾，固而近於費。今不取，後世必為子孫憂。」孔子曰：「求！君子疾夫舍曰欲之，而必為之辭。……吾恐季孫之憂，不在顓臾，而在蕭牆之內也。」〈季氏〉

第一則不知何時，但第二則多半是在孔子出魯之前，因子路尚在季氏處與冉求一起做家臣，兩則都有責備之意味。孔子家猶如一個小型議政處，魯國政事猶如家事，弟子皆需來稟報，孔子亦點評之，其責若君若父。其餘弟子皆於各處為官，較有記載的除了上述的冉求與子路外，子貢、公西赤都常為使者；子游、子賤都為一城之宰；宰我仕齊；子夏於孔子沒後，居西河為魏文侯師等等，〔註115〕桃李天下。這還是當時第一代弟子的狀況，若論及再傳、再再傳

〔註115〕關於孔子弟子的仕宦情況，可參《史記‧仲尼弟子列傳》。

或不可計數，孔子所建構的儒者家庭，藉由實力以及禮樂知識與精神的能耐，以家推「國」，繼續以孔子所言所行的某一面向，傳遞聖人的文化血脈。可說周文以天為尊尊、親親之頂，家族制度作為天下的範式，而此家又以父為核心建構，孔子所宗者亦周文，他亦以天為父，己身亦以父子關係為核心成立教團，卻打造出了另一種無血緣式的家天下概念，雖然強度不及具體國家建制的實質性，不過孔子與弟子確實出現了某種影響社會與政治的可能性。

由此又可建構出孔子與弟子關係映射的第二個來源域君臣關係，一樣可參考前面已經提過的君臣關係一項，其中有參與者君王與臣子，君王的威儀以及君王與臣子的內在關聯忠誠，還有臣子遵照威儀的行為，對應到孔子與弟子關係的部分，就會形成下圖：

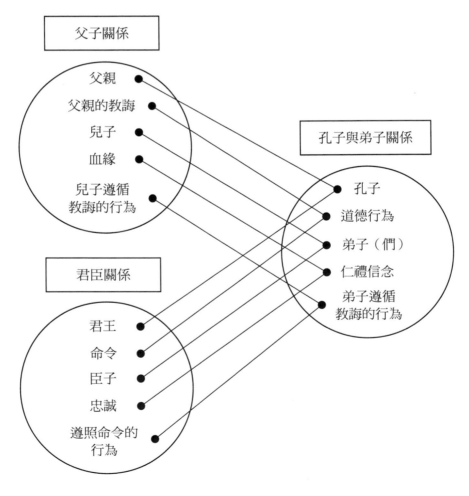

圖 3.5　孔子之家的多重映射狀況

　　兩個來源域融合入目標域孔子與弟子之關係，使得孔子與弟子之間除了教學的關係之外，更多了父子之情的聯繫，堅實了孔子教團的連結，而君臣的設定，使得孔子與弟子之間，保存了類似古聖王與臣子的政治形態，使得孔子有機會隱性的推動其政治理念。弟子對孔子的忠誠來自於兩者對於仁禮信念的認同，孔子與弟子在討論事物時多以合不合乎禮的規定為參酌，但其核心仍不離其仁的信念，此也是孔子得以在弟子都離外當官後，仍可與弟子持續相連的內在因素，當然包含著某種甚深的情意（下節會說明此情意為何）於其中。另外對於臣子遵照命令的行為與弟子遵循教誨的行為映射一項，之所以連線用虛線表示，是因孔子的弟子們實際上是他人的臣下，所以多半無法完全執行孔子的教導方向去進行。

　　雖然亂世終焉於秦國法家富強之術，但短短的兩代即亡，反成了禮不可廢的強烈對照，而在漢獨尊儒術政策下，儒「家」在形式上擴及到了「天下」。

　　其後弟子們不斷的聖化孔子，有使其配享於天的意圖，子貢言仲尼如日月即是如此，以天為父，以道為師的孔子，在弟子眼中，終於回到聖列，剩下的「家人們」要做的，就是將此家延續在歷史之中，綿綿不絕。

　　儒「家」，以孔子生命為基底，周文為依靠，或許還有五十學《易》後，對《易》中乾坤「陰陽家庭」的思索，打通了天與人之間關係性的連結，建構出了一套或隱或顯的「家庭論述」。主以父子關係為主軸，孔子上對天父，下亦以父者形象對弟子，弟子們以道為家、以師為父，其中建構新型態家庭之隱喻最重要的「關係性」基礎，就來自於「孝」的思維，也可說其為孔子談天、家、人中最重要的相似性項目，甚可說以此輻射出了「仁」的基礎。

五、孔子天家人隱喻之核心：孝（之人）

　　孔子在面對天與家的隱喻重建時，其生命課題的缺憾與需求，發揮了決定性的影響，在其生命史中，原生父母的早亡使孔子對於「關係性」的重要體會，深刻而細膩。加以父親在階層社會中是代表家族血緣的標記、地位的象徵，父親的缺席使孔子的身分不明，藉由好古敏求的堅持、周文禮樂的追求，除「正名」自己外，更聚集一門子弟，重新建立有別於血緣性家庭的仁道之家，再一路向上聯繫己身與天父之間的道德譜系。由孔子的生命史或是最終目標來看，其成立或追尋的是一種關係性的築構，學禮事親，背後根源的隱喻意識，亦是

「人」最初得以「成人」的基源：「孝」。

> 有子曰：「其為人也孝弟，而好犯上者，鮮矣；不好犯上，而好作亂
> 者，未之有也。君子務本，本立而道生。孝弟也者，其為仁之本與！」
> 〈學而〉

有子為孔子晚期學生，其言論及「仁之本」，亦即仁的「發生之源」或說是「觸動之機」，「本」又牽涉到哲學中存有根源的問題，但因未到孟子論「性」的程度，可將此「仁之本」的思考放置在觸動並發展仁的「起始動能」，即是將性擴張化、規律化的推動之情。不過，孝能不能擔起「本性」的大樑嗎？本要「立」，就需要運作的方向與前進的動力，若在儒家中性與天道相繫，那麼自強不息就是彼此的原則。天道之所以能動，源於存有本身不斷生生化育萬物，可說具有自發性的動能基礎，意味著「至誠必然不息」，源於至誠的「性」也必須有不息運作的契機。前輩學者多以孔子之仁作為關鍵打通人、物與天之間的聯繫基礎，但，更根源處觸動初始動能的因素，應該來自於家庭生活中初始的身心環境，還有以此引動的孝之情，所以人之初性，亦會伴隨著運作的動力，可說孝是性某一方面的具現化。若將《中庸》「仁者，人也」一句與有子的「孝弟也者，其為仁之本與」相互參看，可知儒家將仁最終視為人之根本，而人要成人，最初必須先體會孝弟。

孝、弟包含在廣泛的孝感意識之中，前者涉及父母與子女之間的縱向關係；後者是兄弟姊妹之間的橫向關係，而在孔子身上對天／父的隱喻探求，首重在垂直的「縱向」關係，此關係又可分為上對下「慈」；與下對上「孝」。兩者並不等量，亦無可比較的標準，特別是「孝」難以用標準去定義與衡量，只能以情來做考量。那麼孝又是怎麼產生的？人自然就會有孝的意識嗎？

> 宰我問：「三年之喪，期已久矣。君子三年不為禮，禮必壞；三年不
> 為樂，樂必崩。舊穀既沒，新穀既升，鑽燧改火，期可已矣。」子
> 曰：「食夫稻，衣夫錦，於女安乎？」曰：「安。」「女安則為之！夫
> 君子之居喪，食旨不甘，聞樂不樂，居處不安，故不為也。今女安，
> 則為之！」宰我出。子曰：「予之不仁也！子生三年，然後免於父母
> 之懷。夫三年之喪，天下之通喪也。予也，有三年之愛於其父母乎？」
> 〈陽貨〉

宰我以禮樂不可廢為由，與孔子爭論三年之喪會產生的弊病，孔子認為癥結點在於「安」乎？宰我退後孔子言及人子三年才可免於懷，慈愛三年故守喪

三年是為報親之愛，認為宰我此言見其不仁。人類之幼子需要長時間的餵養、教育才能具備基本的生存條件與技能，與其他動物生下不久即能自立不同，故父母的養護是基於傳續生命須有的本能，而慈愛之情更是在此本能上加諸更多時間性的堅持。

　　三年之懷即是表現人之初始關係性建構的階段，人降於世，首先面對的並非天地，而是父母，無論在後來的人際、社會、政治、世界觀將於此初始之關係性牽扯甚深。「三年」所表達的時間向度，並非物理時間，而是慈愛「場」中生命互滲的原初時間，其延展性將橫貫「子」的現在與未來。孔子所言的「安不安」，牽涉的是子女的孝是否能乘載回應父母之慈的存有時間課題。

　　這種孝感時間，張祥龍言：

> 孝不是一個抽象的美德概念，它裡邊蘊含著原本的時間狀態。孝意味著子女與雙親之間的一種關係，……這種孝感時間不只是單向排序的；它裡邊有由過去、現在與將來相互交織而形成的世代旋渦。在一個純良孝心的發動狀態中父母不只屬於那褪了色的、蒙塵的過去，而是同樣地屬於現在，甚至屬於未來。……它由最親近的體驗構成，處於一切主客、彼此的分離之前，含激著人生最切身的生老病死、悲歡離合，通過世代的交替與延續而回蕩盤旋，是緣在（Dasein）在世（being-in-the-world）的或顯或隱的意義發生與維持的境域，所以這樣的時間流就是人生的意義流。〔註116〕

　　張氏在此特別使用海德格討論存有者的時間意識來詮解孝的時間性。此在的時間，在其存有的處境中並非只看重「現在」此一時間維度，因為此在「朝向死亡」的特性，使得此在的生存時間永遠朝向「將來」，並非隸屬任何先驗主體性的統轄，時間發生於人在當下與各種過、現、未的關係性之中，是一種多重關係鏈結的「在世」狀態，孝感時間亦復如是。故所謂的三年之懷與三年之喪，「三年」只是父母與子女「原初關係性」的時間隱喻，「安」意味著子女可以承受這種關係性的斷裂、重建與懷想，並找到與逝者保持關係性的新方式。

　　孝感時間就源於存有者一出現於世時，由「最親近的體驗構成，處於一切主客、彼此的分離之前，含激著人生最切身的生老病死、悲歡離合，通過世代

〔註116〕張祥龍著，《思想避難：全球化中的中國古代哲理》（北京：北京大學出版社，2007），頁253。

的交替與延續而迴蕩盤旋，是緣在（Dasein）在世的或顯或隱的意義發生與維持的境域，所以這樣的時間流就是人生的意義流。」這樣的存有體驗確實先於所有的本質論述，幾乎是一種真誠無欺「我與你」的感情流動方式，更甚至是「我與我」的特殊主體體驗，而這些影響將會一路跟隨子女各個階段的身心行為，故稱之為「迴蕩盤旋」，孝就是為了回應那原初存有的無私之愛所做出的主動性行為。在儒家中，明顯可觀察到孝的程度，即是面對家人死亡，關係性斷裂那刻的身心狀態之呈現，〔註117〕故宰我「期可已矣」，聽在孔子耳中才會如此難以認可。

下行的「慈」與上行的「孝」就發生的順序來說，必然是前者先發生，後者再因應慈的程度作出難以量化的回應，故父慈為子孝的充分條件，但子孝在儒家的建構中卻成為了對待父母的必要條件。且不論如此設定的好壞，孝在其根本上是一種朝向「過去」的時間性行為，此過去卻因為「死亡」而蘊含著「未來」。「過去」是一種歷史的存有情境，此情境源發於家庭關係，特別是父母與子女的原初時間，此原初以及連綿不絕的慈愛之情，朝向子女的未來；在子女方面，亦擔憂著父母必先行至死的未來，一切都綜合在現在的身心狀態之中，故稱孝亦具有過現未的存有時間特質。

當現在之我又孕育了下一代之時，這種親愛的時間意識，亦在具體的現象中有了對應過現未的「三輩時態」，張祥龍稱就在這種生命回還的狀態中，才真正出現了所謂「誠」的源頭：「三時態或三輩『同存在』（Mitsein）著，但又不止於是『共同混世』意義上的同存在。它們的相互依存與相互成就所構造出的不僅是一個『統一的〔世代時間〕現象』，而且是原本的意義生成結構。因其終極地相互需要、相互成就，無私可言，因而是誠的源頭，也是還不分『我與你』、『我與他』的純愛源頭。」〔註118〕將「誠」溯至了家庭的「愛」中，故孝悌也者，其為仁之本，亦為誠之本。〔註119〕

由此可見，孝感的時間意識具備過去、現在與未來的交錯感受，並特別強調初衷之情、內心之誠，而在孟懿子、孟武伯、子游、子夏的問孝對答中，孔

〔註117〕 猶如曾子所言：「吾聞諸夫子：人未有自致者也，必也親喪乎！」（子張）
〔註118〕 《思想避難：全球化中的中國古代哲理》，頁260。
〔註119〕 甚至更可說孝亦是禮之本：「儒家用來確保禮儀完整性的基本價值之一就是孝。……『孝』所要求的並不是對父母權威的無條件服從，而是承認和尊重我們的生命之源。」杜維明著，陳靜譯，《儒教Confucianism》（臺北：麥田出版，2002），頁114。

子個別的回答中也可發現孝的困難度以及多面性：

> 孟懿子問孝。子曰：「無違。」樊遲御，子告之曰：「孟孫問孝於我，我對曰『無違』。」樊遲曰：「何謂也？」子曰：「生事之以禮；死葬之以禮，祭之以禮。」〈為政〉

> 孟武伯問孝。子曰：「父母唯其疾之憂。」〈為政〉

> 子游問孝。子曰：「今之孝者，是謂能養。至於犬馬，皆能有養；不敬，何以別乎？」〈為政〉

> 子夏問孝。子曰：「色難。有事弟子服其勞，有酒食先生饌，曾是以為孝乎？」〈為政〉

孝感呈現出禮、憂、敬、容的表現型態，無論內在情感到外在行為，都呈現出孝需要深度的同理心與觀察力才得以適切的表達，每個家庭與個人之間的獨特性更加重了其選擇的難度，而能鞭辟入裡為人建議的孔子，對孝的體會與關係性的細微思索，更難能可貴。因此孝的實踐包含了許多關係性的衝突，如何在適切的時機與方式回應父母，孝行的實踐實考驗著人對於自身存在與他人關係性之間的深刻感受，必須具備有換位思考的主體移動性，加以想像的同理心，甚至必須超越「食夫稻，衣夫錦」等等的動物本能，才能完成此身心全體發動的至誠之孝。孝具備了同理、想像、適切、本能等特性，並非只注重在後世所設定的規範，形成民國學人們痛斥的阻礙現代化、個人性的中國孝行之原罪，特別觀看《論語》中孔子對不同人問孝所做出的差異性回答，就可見孝在其普遍性之外，更有著差異性的獨特之處，並未抹殺各人各種的生存歷史與處境。

　　「孝弟也者，其為仁之本與？」「仁者，人也」，意味著「孝」即是人最根本的隱喻，奠基在無私、至誠、超越主體的原初關係性之中，可說是人最初面對無法割捨、必須回應的他者時，那無可逃開的全身心之交流。孝可說是人之所以為人、人之所以成仁的核心要素，孝是一將時間、空間、情感與行為動作都含括在念的框架，在孔子心中應該為人框架的必備要素。

　　此處或說要探討孔子人的隱喻似乎並不恰當，而是孔子將人的內容框架擴張，將本有的要素與行為增加，並立下其核心「孝感意識」的內在組成，重新定義與補充了「人」的樣貌，但若思考其原本對於在天與家中都為來源域的父子關係，似乎可做出些連結。重新來看孔子此處以孝為核心的「人」，要有

孝的行為，必然會出現孝的對象與孝的人，孝感意識的出現與孝之行為才可成立，而這個孝的行為就上文來說是種無時間性的持續性行為，不會因為孝的對象消失而使得孝感意識與行為消失，而孔子父親缺席的生命經驗，使孝的需求與體驗更加深層，以此將孔子的孝之人回扣到與前述父子關係的聯繫，可將孝的對象與父親、孝的人與兒子、孝意識與血緣、孝的對象之慈愛行為與父親的教誨，無時間性的持續行動與兒子遵循教誨的行為諸多項目嘗試進行映射，可得出下圖：

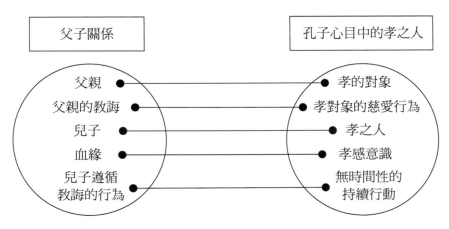

圖 3.6 孝之人與父子關係的映射圖

在映射的項目中，需要說明的主要是血緣與孝感意識，以及兒子遵循教誨行為與無時間性的持續行動兩個。前者主要是孝感意識的作用，主要發生之處在於原生家庭中的存在場域，若無意外是奠基於血緣關係的羈絆所出現，兩者有相關性；後者兒子遵循教誨的行為，在儒家討論中較為曲折，並非單純以父之道為遵循目標，仍有善與情的考量於其中，主要是持續遵循父親善的信念與行為，這與孝之人持續在過、現、未中，對孝之對象進行的無時間性的行動雷同，故將之映射。

孝之人的意義被孔子將之擴展到了其教團之中，自身對於弟子的關愛與教誨，有如原初的孝親意識中延續（文化）生命的本能之慈愛，弟子也以行為產生回饋之孝，除此之外，更加入了天下於仁終為一家理念，種下無時間性的仁之追求與無限朝向大同的禮之想望，使得孝的血緣羈絆，形成了道之羈絆。

孔子的教團之家，將孝的限制性概念推擴到了非血緣性的主體之間，而孝的對象由孔子為目標，替代血緣的是道德上的尊敬與追求，以及孔子特殊的人

格魅力。如果前文曾說孔子具有聖巫的特性，那麼此巫開啟的是一種「家庭儀式」，將志同之士納入其中，重新召喚孝的真實內涵，以轉換成跨主體性的仁之通感，若蔓延至一國，便以家為國，故為孝便是為政，〔註120〕並藉由《周易》中宇宙一家的卦象隱喻，以孝為基展開與天父之間的至誠交流。

　　人倫結構式的「宇宙家庭」以孝感經驗的方式出現，是孝出發的家庭隱喻之最大推擴，不只是國家天下，還包含到宇宙，這樣的說法保證了連續性的存在，因為人與宇宙以「家庭式」的隱喻出現，形成彷彿「血親關係」的共同體。但仍必須注意的是，其中「家庭倫理」的權分秩序規則，也展示在這一儒者的想像共同體之中。「孝」可分出兩種主要的特徵，即是「從心而發」與「人倫權分」，「從心而發」是因為子女生於父母，自然需要依靠父母，並且「自發」的「愛」父母，反之亦然；「人倫權分」則是因子女與父母之關係，有天生的身分的區別，故有不同的角色意義。這兩個中心結構性在「宇宙家庭」中展露無疑，借這兩種特質，儒家將人際關係（甚至是人天關係）中自發情感與權分理則加以類比詮釋，以宇宙家庭的隱喻，重新為社會間的秩序找到「必然如此」的「民胞物與」和「親疏規則」，成為「合同別異」的大同世界。

　　但孝的實踐，在孔子的家庭中是缺乏的，幼年喪父、青年失母，使得孔子的「孝行」永無具體的可能性，特別是父親幾乎無從記起。在文獻的記載中，孔子所建構的家庭亦無有太多訊息，於是，此一上行之孝，便由天成為可能的替代性對象，就如論天父一節所述，「禹致孝於鬼神」，孔子則是一輩子下學就為上達於天，亦可說是「致孝於天」了。藉由外在之禮與內在之孝，以及蛻變後的仁，孔子建構出了一套知天、孝天的模式，重新以自身存在之行為去聯繫無可言說的天之道，形成了不同於政治天子的道德天子，或說，天之孝子。敬天、建家、成人最根源的隱喻，對孔子來說都來自於孝這一核心意識。

　　最後，可做一圖將孔子天家人隱喻的映射關係統整，見其細密且環環相扣的內容：

〔註120〕〈為政〉：「或謂孔子曰：『子奚不為政？』子曰：『《書》云：「孝乎惟孝、友于兄弟，施於有政。」是亦為政，奚其為為政？』」杜維明更將此種家庭倫理與正名之「正」，做出了相關性的思考：「孔子認為家庭倫理具有政治效益，此一斷言必須放在孔子把政治理解為『正』的脈絡來思考。在『正』的觀念下，統治者被假定是倫理的榜樣，他們靠的不是武力而是以道德指導和言傳身教進行統治。」《儒教 Confucianism》，頁 113。

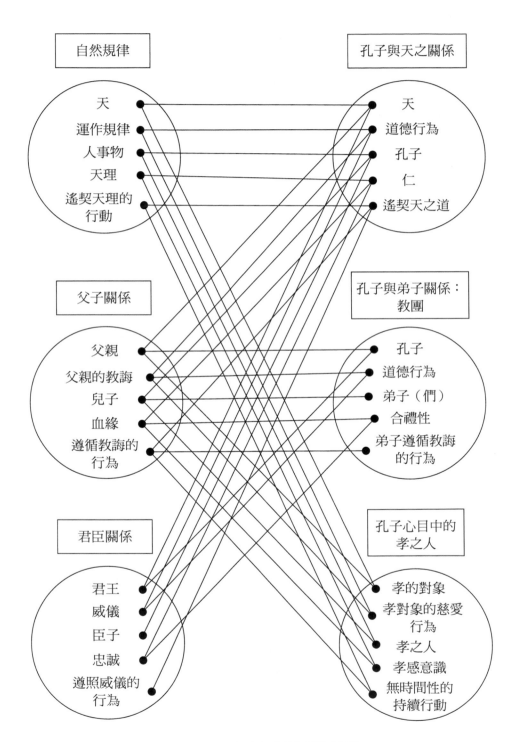

圖 3.7 孔子天家人隱喻映射圖

在此統整圖中，可看見孝之人藉由兩個來源域自然規律與父子的融合之後，將天也納入到孝的最終目標，強化了孝之人由天所生的特性，孝之人終要面對的是天與對天的情感，以及要對此付出的行為，以此輻射到所有應孝的對象，使得孝成為了一種孝感的天人相合型態，上至天、下至人皆是如此，而父子關係更是堅實了易中乾道的父之思維，創造出整個孝感宇宙的家庭型態。

六、小結

本章在詮釋分析之時，隱性的運用步驟是先找尋孔子本身生命史重要的事件框架，以及當時天、家、人的框架要素，配以事物屬性結構的方式，先系統性的思考走向，再判定何種要素與角度在歷史與可信文獻的支持下，可作為映射的項目，最終再思考其隱喻映射後融合出的新意義。

其中事物屬性結構一項，看似可以省略，但卻是研究之初對於全面性思考重要的分類模式，只有將整體裂為部分，方能看清其中互動的方式，不至於混淆，且最後亦可回頭觀看最終結果是否有所牴觸。就孔子的部分看來，其天、家、人的隱喻無不與其生命組成中最核心的身分與家之要素相關，而對於天、弟子、人的互動也都與其對宗法還有仁禮的信念相通，情感的精要之處還是與其對家的生命經驗相關，可說研究的開頭分類與結果，有著互相驗證的關係性。

孔子的天家人隱喻，建構在其生命史甚深的創傷之中，映射出儒家的形式與本質，使得儒者的意義由孝而仁（人）、由家而國，最後甚擴及宇宙萬物。孔子對於自身身分的疑問、原生家庭關係性的破碎以及生命中的挫折，導致其對天的內在需求，且在與弟子的教團建構中開啟了新型家庭的可能性，將血緣轉成與天的內在聯繫與仁的信念傳承，使得本被限制在政治、神意核心的權利得以因為道德而被下放到每個人身上。而孔子自認由知天而取得了這層隱喻意義，方圓滿了自己渴望的家，也建起了一般人都可參與的家，重新開展通向世界大同一家的路途。

最後，一則《論語》具有爭議的父子關係文獻，或可在孔子對孝的渴望、體會與重建中，找出真實的原因：

> 葉公語孔子曰：「吾黨有直躬者，其父攘羊，而子證之。」孔子曰：
> 「吾黨之直者異於是。父為子隱，子為父隱，直在其中矣。」〈子路〉

　　質疑來自若父行不義，子當如何？所謂的「直」在葉公之處為「正直之義」，但孔子之「直」卻是「孝愛之誠」，「隱」便是「情之誠」的表現，若再放入孔子對父親的想望，那孔子此回答就真不亦宜乎了。

　　孝之人、儒之家、父之天三個面向在孔子的生命中，猶如三腳頂起其波盪卻奮力的一生。

第四章 莊子天、家、人隱喻的映射與意義探討

一、前言

　　和生平異常詳備的孔子相比，莊子的資料就少得多，但其與後學的著作《莊子》在先秦卻可說是一本與眾不同的書籍，在當時有志者皆汲汲營營、滿是道理的學說獲取王公諸侯的青睞之時，於《莊子》中只見飄渺的無何有之鄉，以及滿是尋找自我與求道的寓言故事。在探索其天、家、人隱喻時，雖然難以用其生命史的資料來比擬思考，但仍須考慮到當時社會文化的狀態，隱喻奠基於身體經驗，身體經驗則來自對世界或隱或顯的認知而成形，且隱喻內部所具有的情感亦將奠基於時代與個人互動時給予的深刻啟示。被後代稱為逍遙宗師、南華真人的莊子，處於戰國中期這戰亂不斷、殺人盈野的動盪之秋，其於《莊子》是如何思考，並如何創造隱喻的強度與深度，來對抗時代的侵襲，以重建心目中的天、家、人之內容，是本章思考的核心所在。

　　詮釋必然是後設，但能否盡量回歸文本又能有所新意，是研究者須面對的課題，近來莊子學興盛，特別運用各式西方理論切入更是蔚為大宗，無論是倫理學、神話學、現象學、存有論、語言哲學、身體論述、辯證哲學與隱喻理論等，皆可與《莊子》內的文句往來有無，關鍵源於《莊子》的詞語具有相當強的融攝性與模糊性。這並非說其書的思想曖昧不明、模稜兩可，而是其語意有相當強的跨時代成分，不需拘泥於單一時代的社會狀態解讀，對比當時針對時事提出政策與說法的思想家，《莊子》更重於使用隱喻的角度來換位思考與挑戰固定的思維框架，並以此探入人心與世界的內核。因此造就了他與近代許多

學說的緣分，這亦是筆者為何想以隱喻理論探究《莊子》的原因所在。

　　《莊子》內部的隱喻繁多，且目標域多不顯露，優點在於可以多方發展。而其難處就在於需要更多的背景知識，方能找到真正的核心，抑或說是以一個可聯繫的系統統貫其說，本章即嘗試運用認知隱喻的方式，為莊子中天、家、人背後複雜的思維做出整合，並以此整合找出與各方研究連結的方向。而莊子一書，據眾多前輩學人考證內篇為莊子本人所著，而外雜泰半莊子後學續寫，故內容思想精粗不一，在選取需要解析的隱喻前，需說明研究的範圍。本章將採楊儒賓的說法，認為《莊子》一書，雖為多人著作，但辨別其中真偽相當不易，具體來說其中思想大致上不會相互矛盾，仍可將《莊子》視為莊子學派的產物，〔註1〕故選取與莊子天、家、人隱喻相關的隱喻群時，會以內篇為主、外雜兼之的方式進行。

　　隱喻源於創作者與世界互動後的新體驗，且就算為莊子學派的產物《莊子》一書，思想核心仍是起自於莊子之手，故即便莊子生平資料鮮少，仍須思考當時圍繞在莊子身邊重大事件的框架，以作為解析隱喻前的準備。本章主要會使用框架理論先行對莊子生平主要的事件進行要素的收集，將之備用於後文中意義與隱喻的詮釋基底，接著依照事物屬性結構圖的系統，來分析莊子此人的生命結構，以及所用隱喻需要延伸思考的方向。接續再用心理空間理論將各個隱喻之間的映射之複雜關係進行連結與呈現，後再思考這些映射背後莊子可能的用意。運用認知隱喻的方式探索，將有助於使多個看似不同來源域的系統與研究方向，產生互動與聯繫，使許多看似不同角度的思維，轉換成不同面向的連結。在討論《莊子》隱喻的化育之天、大化之家的建構以及通天之人核心的價值時，將能更全面地思考其來源域對天、家、人背後思維的整體，並探討不同來源域對其目標域藉由融合兩者後，所發揮出的思想厚度與考量之深度，究竟解消了甚麼抑或放大了甚麼，以此了解莊子重建天、家、人隱喻之意義。

二、多重文化身分與時代困局組成的莊子生命框架

　　《莊子》中的〈天下篇〉，歷來被學者稱為是第一篇評點先秦各家思想源頭與特色的文章，先對天下道術原本整全無礙的樣態做出了說明，並將莊子心目中的各樣天人、神人、真人等典範特質進行解析，並惋惜先前各家只得了整全道術其中一隅不得復道之全貌。接著點評對各大思想派別及其代表人物之

〔註1〕詳可參楊儒賓，《莊周風貌》，（臺北：黎明文化事業出版，1991），頁23。

學說所承與意義內涵，唯獨說到莊子本身思想時與他人不同，說的是莊子的語言風格，而非直指莊子的思想內容，如此的差異時是莊子對於自身學說的重要線索，為何以語言風格當作對於自身思想的表述呢？

> 芴漠無形，變化無常，死與生與！天地並與！神明往與！芒乎何之？忽乎何適？萬物畢羅，莫足以歸，古之道術有在於是者。莊周聞其風而悅之。以謬悠之說，荒唐之言，無端崖之辭，時恣縱而不儻，不以觭見之也。以天下為沈濁，不可與莊語；以卮言為曼衍，以重言為真，以寓言為廣。獨與天地精神往來，而不敖倪於萬物，不譴是非，以與世俗處。〈天下篇〉〔註2〕

引文中說明了，莊子之所以運用隱喻語言的原因，一則是天地變化不停，萬物生死相續，在氣化宇宙中不知何來、不知何去，一切皆為一，一皆為萬物，猶如隱喻語言一般，目標域為一，來源域卻可有許多，不只豐盈了世界的呈現，在深層追探後，能發現目標域（大化之天道）的更多內容；另一方面當時天下之人已不願或不可用任何嚴肅莊重的言語與之對談，故採以隱諱故事的模式進行說道的可能性，而此語言的形式包括卮言、重言以及寓言〔註3〕的方式呈現，其中的內容多以「謬悠之說，荒唐之言，無端崖之辭」為特色。這種看似虛構飄渺、難以捕捉卻又蘊藉深刻意涵的方式，究竟出於哪種考量？這對於莊子天、家、人的隱喻內容是否又會有甚麼影響？

語言是人面對世界、萬物與人的溝通管道，形式有許多樣態，皆是為了表達人自身對於世界的認知，以及試圖讓其他人事物理解己身所言的橋樑。莊子將自己的思想回歸到語言的本質與特性，並運用一套時人沒用過或沒想到的方式去鋪寫、隱藏其思想，實與莊子對當時歷史局勢與自然文化的理解有關。唯有找到一個眾人都能摒棄成見的溝通視角，方能傳遞真實的感受與道理，此亦與他對天這一道術、自然與意義的總集合體之理解相關。雖然莊子生平資料不多，但我們仍可從其所在的歷史環境得出些個人資訊，以及可能影響其思想與隱喻的生命要素。

〔註2〕清·郭慶藩輯，《莊子集釋》（臺北：頂淵文化事業，2001），頁1098～1099。本章因取用本書文獻多次，故再次出現原文，出處皆以此書為準，唯標篇名不再出註。

〔註3〕此三種語言模式，歷來皆有前輩學人說明，除卻重言是以假擬歷史中人為主角所言，以及寄寓意於言外之故事，卮言的研究向來為論述莊子語言思維的核心，對於卮言的說法、隱喻相關之範圍與其深刻意義，詳可參賴錫三，《道家型知識分子論》（臺北：國立臺灣大學出版，2013）中第5章、第8章，楊儒賓，《儒門內的莊子》中第4章。

　　若以莊子屬性概念的方式來思考，並對莊子做出生命框架要素的思考方向，即先以其衣著外觀（外在形式）起頭。在《史記》以及《莊子》本身來看，莊子家貧的狀況應是確定的，雖無特別說明莊子的外觀，但《莊子》中有篇莊子與魏侯的對話，[註4]道出莊子衣敝履穿的樣態，不過從其他文獻資料中看來，亦可知這是莊子自身所選擇的貧困，而非被迫。另莊子所處的宋國在社會歷史方面是商文化、楚文化與周文化的融合與衝突之地，其地理位置方面則為環繞強國的四戰之所。多重文化的背景可說是莊子思想的內在組成核心，地理的險要則是形成與各國衝突合作（動作）相關，當時動盪的局勢造成策士奔走、學說爆發亦是一種人與人、人與國的互動形式（動作），莊子自身則以無所為的方式去面對這一局面。所謂的無所為來自於對官職的不積極，以及對於有用無用的思考等，並以「三言」的方式與他人互動，對其他事物以無成心包容的方式相處。這些方面可歸結中影響莊子思想的兩個面向：一是多重文化身分、二是時代困局的思考，故可簡要地做出下圖（連線線段為影響之意）：

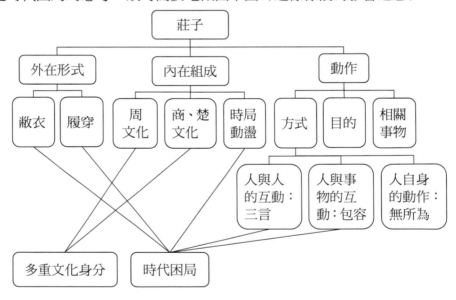

圖 4.1 莊子屬性概念圖

〔註 4〕《莊子・山木》：「莊子衣大布而補之，正廙係履而過魏王。魏王曰：『何先生之憊邪？』莊子曰：『貧也，非憊也。士有道德不能行，憊也。衣弊履穿，貧也，非憊也，此所謂非遭時也。王獨不見夫騰猿乎？其得柟、梓、豫、章也，攬蔓其枝，而王長其間，雖羿、蓬蒙不能眄睨也。及其得柘、棘、枳、枸之閒也，危行側視，振動悼慄，此筋骨非有加急而不柔也，處勢不便，未足以逞其能也。今處昏上亂相之間，而欲無憊，奚可得邪？此比干之見剖心，徵也夫！』」

以下將針對多重文化身分及時代困境的思考加以說明。

（一）多重文化身分

在《史記》提到莊周中有兩處文獻，第一處為荀子提及莊子的思想：

> 荀卿嫉濁世之政，亡國亂君相屬，不遂大道而營於巫祝，信機祥，
> 鄙儒小拘，如莊周等又猾稽亂俗，於是推儒、墨、道德之行事興壞，
> 序列著數萬言而卒。因葬蘭陵。〔註5〕

荀子心目中認為莊子之說擾亂世俗價值，詞語荒謬可笑，但可被荀子銘記在心，可見莊子思想在當時已有名氣，以致先秦儒者最後一位大師皆將其視為學說的威脅。另外在荀子所著的《荀子》中亦曾言：「莊子蔽於天而不知人」，〔註6〕說明其對莊子學說的理解，即以天的價值與視角為核心，去除人的個別特色與文化意義，不去思考人文這一文明發展的結果，只追尋天的自然發生的原初與規律。姑且不論荀子的見解有否道理，從其批評中亦看得出莊子對天的青睞，甚至近乎其學說的全部核心。

以下資料則是最詳盡記載莊子生平的文獻：

> 莊子者，蒙人也，名周。周嘗為蒙漆園吏，與梁惠王、齊宣王同時。
> 其學無所不闚，然其要本歸於老子之言。故其著書十餘萬言，大抵
> 率寓言也。作漁父、盜跖、胠篋，以詆訿孔子之徒，以明老子之術。
> 畏累虛、亢桑子之屬，皆空語無事實。然善屬書離辭，指事類情，
> 用剽剝儒、墨，雖當世宿學不能自解免也。其言洸洋自恣以適己，
> 故自王公大人不能器之。楚威王聞莊周賢，使使厚幣迎之，許以為
> 相。莊周笑謂楚使者曰：「千金，重利；卿相，尊位也。子獨不見郊
> 祭之犧牛乎？養食之數歲，衣以文繡，以入大廟。當是之時，雖欲
> 為孤豚，豈可得乎？子亟去，無污我。我寧游戲污瀆之中自快，無
> 為有國者所羈，終身不仕，以快吾志焉。」〔註7〕

據太史公之言，莊子名周，是蒙縣人，當過漆園吏（小官職），其學問深廣，根本之處與老子之說相同，並以此攻訐批評孔子、儒者、墨者等，從所著的《莊子》來看，其言荒謬深遠、寓意眾多，以致當時諸侯無法理解，亦難讓他為己所用。著名的例子就是楚威王欲請莊子為官，莊子只與使者說自己不願

〔註5〕《史記》，頁2348。
〔註6〕《荀子集解》，頁380。
〔註7〕《史記》，頁2143～2145。

當官家飼養的祭品，寧可當個打滾於髒泥自適的牲畜存活於世，便打發使者離開，彰顯其王公貴族不能器的樣貌。太史公的說法點出了莊子的籍貫、年代、思想、文章風格與其家貧的情況，而其認為莊子思想歸本於老子，特愛詆毀孔子之徒的說法，在前文中已有討論故不多言。

蒙縣據班固《漢書藝文志》的補充，是位於戰國時期的宋國之內，宋為戰國七雄中勢力較小的國家，其周圍強國林立，歷來飽受戰亂。開國之君為殷商末代帝王的兄長微子啟，當初殷商敗於周，周將降周的商人貴族遺民封於宋地，四周以親信封之，藉以監視這些前朝勢力。故莊子若是世代居宋，前人為商遺民的可能性極高，即便並非如此，宋國中仍遺留著許多商人之風俗文化，莊子必受其影響，尤其商人尚鬼，對巫術或鬼神之說，莊子應不陌生。加以宋國為楚國之鄰，相對於中原各國，楚中巫祝之風亦盛，端看屈原所著的《離騷》、《九歌》、《天問》便可見一斑。

在殷商文化與楚文化的雙重影響下，再端看《莊子》一書中瑰麗奇詭的寓言故事，其中交雜著神話、巫士與歷史。近人楊儒賓與賴錫三亦特別論及《莊子》中此等神話或巫祝材料在其書中所代表的意義，[註8] 皆說明莊子思想中巫文化、神話思維對其學說核心的重要性不只在於隱喻故事的運用，更是將其中「通天」、「混沌」與「變化」的想法做了改造與演進，化作個人性的自我整全之旅以及描述期大化之道與工夫論的基底。再者楊儒賓更以《莊子》中宇宙山、四方風以及一些神話人物的追索，加以莊子對於天文與海洋知識的理解，分析出莊子與東方海濱巫文化，意即與「殷商文化」的發源地相關，以此探索莊子中巫文化實來自薩滿教的傳統。楊儒賓藉由耶律亞德（Mircea Eliade）的說法列出下列四個特點：一是薩滿的宇宙分三層地上、宇宙山（宇宙軸）與天界，上下可由宇宙軸交流互通；二是薩滿認為人與動物的地位與性質均等，並可相互溝通，亦可互相轉形，所以薩滿巫者多有動物助手；三為靈魂與身體可分，類似出竅的狀態，魂可上天下的無所不遊；四為有某種生命力或原初靈魂

〔註8〕詳可參楊儒賓，《道家與古之道術》（新竹：清華大學出版，2019）中第1、2、3、7、8章。賴錫三，《莊子靈光的當代詮釋》（新竹：清華大學出版，2008）中第6、7章。楊儒賓探討了莊子中對薩滿教信仰的繼承與轉化，並思考莊子對其吸收的意義以及藉此運用的主題，呈現出莊子以神話思維為基底，而在先秦中獨樹一格的思想樣態。賴錫三與楊儒賓的說法有所不同，認為莊子雖以神話思維為基，但其實經過巨大轉化，並非照單全收，將神話與其思想做了一個既連續又斷裂的創造轉化，其中又以渾沌、樂園、鯤鵬等神話主題為突出。

形塑、賦予萬物生命，故薩滿教無所謂的無生命體。〔註9〕上述的二、三、四點會與莊子對天的隱喻映射有關，故將之列出，做為其殷商巫文化的重點所在，之後分析會與之相關。

另宋雖為殷商遺民所居，但仍受周朝統治者的文化洗禮，周文化有極強的禮樂意識，對天的戒慎感與商民族的事事占天不同，畢竟其政治文化的起始就來自於對商文化的檢討，故宋實為一文化交流與衝突強烈之處所。

（二）時代困局

依錢穆的考證，莊子生卒時代約莫位於西元前四世紀中至三世紀初，約與孟子同期，此時正值戰國中末期，戰亂頻仍，諸侯皆以併吞為志、殺伐為業，垂涎天下一統，各國多以農戰策略為主，策士奔走八方，相較春秋，戰國的戰爭死亡人數驚人，端看秦國白起長平等戰便可明白。大國相互較勁，小國只得選擇勢力依靠作為附庸，身處四戰之地的宋國，在如此環境中將為眾國軍隊必經之險地，齊、魏、楚大國環繞虎視。此時宋國卻出現了一位評價甚為怪異的君王，之所以稱怪是《史記》中記載此時的宋王是位暴君，對內不僅濫殺臣子，更不屑天意，對外一反小國附庸策略發動戰爭，剛愎之用與對外交惡的下場，致使宋國滅於其手：

> 君偃十一年，自立為王。東敗齊，取五城；南敗楚，取地三百里；西敗魏軍，乃與齊、魏為敵國。盛血以韋囊，縣而射之，命曰「射天」。淫於酒婦人。群臣諫者輒射之。於是諸侯皆曰「桀宋」。「宋其復為紂所為，不可不誅」。告齊伐宋。王偃立四十七年，齊湣王與魏、楚伐宋，殺王偃，遂滅宋而三分其地。〔註10〕

太史公稱當時人稱此宋王為「商紂王」再世，可看出對於宋國本身殷商遺民背景的標籤與諷刺，但在《孟子》書中孟子弟子卻曾稱宋國之王行「王政」，〔註11〕且當時齊、楚皆因此顧忌而要去討伐宋國。王政是以道德行為為基礎去進行的政令改革與推展，如此的宋王形象即與《史記》所載不同，其中或許有勝利者書寫的意味在，不過無論宋王為暴還是為仁，最終都滅於齊、魏、楚三

〔註 9〕詳參《儒門內的莊子》，頁 67～68。
〔註 10〕《史記》，頁 1632。
〔註 11〕《孟子・滕文公下》：「萬章問曰：『宋，小國也。今將行王政，齊楚惡而伐之，則如之何？』」詳參楊伯峻撰，《孟子譯注》（臺北：漢京文化事業，1987），頁 147。

國聯盟的兵馬之手。

莊子身處戰爭風暴中心，眼見人民無辜暴死，諸侯無道，世間無論暴政抑或王政，下場皆須走向末路，強終侵弱，庶人在世間飄渺無依，聖王再世遙遙無期，儒者所言之天理似乎難以昭彰，富國強兵的思想無論怎麼包裝皆為霸道所用。在諸子學說爆炸成長的戰國中末，無盡的論述與辯論，於莊子眼中或許都將成為暴行者的禁臠，這時代的困局與知識分子的處境，使得莊子在其著作中產生了許多質疑與思考。推敲莊子運用各式隱喻與寓言的方式的考量可能有三個方面，一者不願自己學說為人所執用，二者為自身避免麻煩，三者則是他或許覺察了隱喻寓言將比辯說更能跨越時空、國籍隔閡。

在多重文化的身分底下，加上對於戰國時局的理解，莊子相對於孔子之時更為複雜，考慮之處亦倍增，在莊子思考如何重建天、家、人隱喻時，將是重要的基準之處。

三、與天為徒——莊子之天的多重隱喻映射

《莊子》中提及的天以及與其連用的詞語，次數多達六百多次，而與天相關的隱喻詞彙更是多不勝數。在莊子天的用法中，以馮友蘭五種天之意義的說法來看皆有之，本節主要挑選對其天較為重要的隱喻之要素與範疇來思考，意味著物質性的天地之天與宿命性的運命之天此等通常用法，不在討論範圍之中。莊子之天幾與道相等，〔註12〕此點與老子相當不同，〔註13〕故其天背後之隱喻意義也相當多廣，與道相比附意味著天具有著創生存有的意義，不僅如此藉由天的規律性，亦讓道的運行法則有了實際呈現的舞台，相較於老子玄之又玄的無名之道，莊子的天多了一分可親性。在某種意義上，莊子的天更落實在人此一存有的開顯身上，並在各個領域中展示其「天」的價值，而能讓莊子之天有此等意蘊深厚的多重隱喻要素為何，是此節的關心之處。

當然要論莊子之天，前輩學人早有許多說法，要說莊子思考天的參考起

〔註12〕如徐復觀曾言莊子運用天字代替道，是因天可表自然運行之概念，比道更具體可掌握，且將萬物內化的道（德），用來豐富天的生化與境界意義，詳可參氏著，《中國人性論史，先秦篇》，頁366～370。

〔註13〕猶如劉笑敢所言：「在老子哲學中，天只是天地之天，還不是一個重要的哲學概念。真正把天作為重要的哲學概念來使用的是莊子。如果說老子把道提到了至高無上的地位，那麼莊子則使天獲得了全新的意義。」詳參氏著，《莊子哲學及其演變》，頁123。

始，筆者較同意楊儒賓所言的「渾天說」。﹝註14﹞相比於戰國時期其他兩個蓋天說與宣夜說，渾天說將天地比做雞子，天如圓殼，地如雞黃，地被天圓整地包覆著，天亦以一中點進行著旋轉流動的動作，楊儒賓之所以選取這個說法，是因他發現了莊子中許多重要的隱喻意象，包括與天相關的都有著「圓」的外在形式，以及「圓轉」的動作在其中，有如搖光、天均、天倪、道樞、環中、天府、天門等意象都可與渾天說中圓整渾轉的意義相連，甚至莊子中許多對於超然觀點的說法，以及神話名詞與思維的使用，都與此脫不了干係：

> 從渾天的隱喻著眼，則凡《莊子》書中從超脫的觀點觀看物物相對
> 而起、相化而生；或看到無窮的時空之流轉；或看到獨守一不變之
> 點（中、宗、樞等等）以引發氣化流行者，這些文字都有可能運用
> 了渾天說的隱喻。﹝註15﹞

若以環中圓整，流轉不息的角度來說，亦符合莊子死生相環，氣化聚散不止的思考。楊儒賓後更特別挑出天均與天倪，與莊子書中另一主要的神話意象「渾沌」相攝，根據其考證與思考，傳統注家將天均之均視為陶均，即製陶器時底下圓盤，其有一中心點以此不斷旋轉，在其上製陶土，以手拉坯塑形；而倪為石臼，亦有圓轉不息，並研磨製造某物的意義，配上環中與道樞的中心點說法，兩者可說是相當得宜，亦可觀察出其與渾天說的相關性。另一方面，楊儒賓探索了莊子神話主題中「渾沌」的兩個源頭，並將圓轉意象加入了返歸圓樸與創生轉化的意義於其中，前者是依於《莊子》書中自己提及的渾沌氏之術，在其寓言中亦是一位抱陶甕澆灌的老人說出此古道術，相對人與世間不斷學習與進步的機心，為一種回歸本初、逆反素樸的修練法門，類於冥契一類的進路，主要來自於《莊子》書中提及亦是神話中重要的意象「渾沌」之寓言。此處的渾沌不是一種狀態，而是一種神話裡的生物，在《山海經》中已有記載，依照其描述的型態：「其狀如黃囊，赤如丹火，六足四翼，渾敦無面目，是識歌舞」，﹝註16﹞楊儒賓判斷其為創生世界的宇宙卵神話之中國版本，在《莊子》中則為位居中央的帝王，一樣無面目但待人為善，最終在南北帝的

﹝註14﹞《儒門內的莊子》，頁277，其中渾天說的簡要說法為：「天地如雞子，天大地小，表裡有水。地各承氣而立，載水以浮。天如車轂之過。」
﹝註15﹞《儒門內的莊子》，頁285。
﹝註16﹞《山海經・西山經》中記載為此生物為「帝江」，後代學者藉由聲韻與考證的方式將其與渾沌相連，而對於《莊子》中渾沌神話與哲學意義之討論，亦可參考賴錫三，《莊子靈光的當代詮釋》〈第六章 道家的神話哲學之系統詮釋〉。

「回報」之下而死亡：

> 南海之帝為儵，北海之帝為忽，中央之帝為渾沌。儵與忽時相與遇
> 於渾沌之地，渾沌待之甚善。儵與忽謀報渾沌之德，曰：「人皆有七
> 竅，以視聽食息，此獨無有，嘗試鑿之。」日鑿一竅，七日而渾沌
> 死。〈應帝王〉

此渾沌一樣有中央之義，以人格化的待之甚善，將渾天說中天包覆地的容
器象徵，轉為一種包容的抽象德性，而渾沌的死亡之意象，是來自於自然圓整
被時空意識介入後的秩序化破壞。〔註17〕而關於創生化育的方面，根據陶均此
一隱喻，楊儒賓追索到了神話思維中「大母神」的傳統：

> 初民社會，製陶是女人壟斷的知識，男人不得參與。因為陶器中空，
> 就像女性的腹部；陶器由土所致，就像女性是大地的化身；陶器可
> 容納象徵生命的水，女性的腹部也具備了類似的功能。依據神話的
> 邏輯，女人＝容器＝身體＝世界的創造。陶器用以象徵原始的母體，
> 亦即渾沌，而渾沌則為創造之源……。〔註18〕

大母神的神話意蘊，即包含創生、含納與包容的意象，與陶器製作的意象
相合，楊儒賓在別篇文章亦將莊子中與圓整旋轉意象相關的 13 個隱喻舉出，
並特別與莊子獨特的語言模式卮言做出連結，追根究柢即是這種大母神的樣
態，成為了《莊子》語言、隱喻與寓意的根源，〔註19〕當然也與其天的隱喻相
關。以天「均」、天「倪」、天「府」、為喻，與其相關的道樞、環中、壺瓢等
隱喻，都具備大母神創造、容納的意義在，搭配渾天說，可說大母神實為莊子
天隱喻意義的重要來源域。不過，大母神亦有著另一面向，即為吞噬與死亡，
〔註20〕若將其神話的暴力與負面思維移除並昇華，即會得出大母神兼具創生
與死亡、吐出與吞入的意象。依照認知理論中意象基模（image schemas）的說
法，大母神即具有「容器」與「循環」兩種基模，這點與陶均以及圓整旋轉無
起點、無終點的象徵相符。

〔註17〕詳可參《莊子靈光的當代詮釋》第六章中的第二節部分。

〔註18〕《儒門內的莊子》，頁 289。

〔註19〕此點學界亦有比較莊子中渾沌神話是否為其喻根的說法，其中也與老子學說
思想的區別有關，整合討論與分析詳可參《莊子靈光的當代詮釋》，〈第七章
神話、《老子》、《莊子》之「同」「異」研究〉。

〔註20〕詳可參（德）諾伊曼著，《大母神》（北京：東方出版社，1998）中〈第 11 章
負面基本特徵〉即有提及地母神恐怖的吞噬與死亡之面向。

　　所謂的意象基模是指日常人們以自身的生活經驗作為基礎，經過不斷與外在世界的互動，並在此互動的基礎上所產生的認知結構。〔註21〕另外意象基模並非靜態的呈現，而是一動態連續的過程，主要體現在兩個方面，一是意象基模為不間斷的動態結構，人們常以此結構來思考、內化、組構各樣的經驗訊息；二是意象基模具有極強的適應性與連結性，只要具有相似結構的經驗訊息即可運作。〔註22〕

　　容器基模的組構有兩種，一為依照自身身體經驗，將自身當作容器，另一為將自己當作內容物，進出某個空間，主要有三個成分要素，分別是「內部」（interior）、「界線」（boundary）、「外部」（exterior）。〔註23〕舉例而言「某人走進／走出了某人的視線」，抑或「他被痛苦充滿」等說法，都運用了容器基模的認知建構，走進、走出猶如物體流進或流出容器，被某種思緒或情緒充滿，猶如容器被某物裝滿。從大母神的角度來說，因其原型為大地，內部即為地內，外部為地上，界線為地面，但若思考到莊子運用大母神映射到天的完全包覆性，那麼就無所謂界線與外部的問題，內部的容納特質被無限放大，因為一切萬物皆在大母神（天）的腹中。

　　循環基模內包括了一個整個事件的「起點」（source）、一段「路徑」（path），以及最後的終點即為原本的起點，〔註24〕舉例來說「母親日復一日的守護著孩子」、「他最終還是回到了人生的起點」，都是以循環基模為說明的認知基礎。從大母神的角度來說萬物都在其手中創生（起點）、轉化（路徑）與死亡（終點），若在還原為更原始的瑪納（Mana）說法，事物都在能量的轉換之中變換型態（終點即起點），以此來看生死並非二分，只是一種變化的過程，放在莊子的思維中即為氣化的散聚現象。天地可為一、萬物可為一、死生可為一都是如此，猶如四季循環生死不息，此點亦與前述薩滿巫文化中，生命可相互轉換意相近，將之意義拉得更遠，幾所有物質、生命基本皆是同一相轉換的變化過程，物我、他人亦是同一的不同型態，這可回應到當時人與人不停相互掠奪的

〔註21〕詳參 Lakoff, George and Mark Johnson. *Philosophy in the Flesh: The Embodied Mind and Its Challenge to Western Philosophy*. New York: Basic Books, 1999.

〔註22〕詳參 Johnson, Mark. *The Body in the Mind: The Bodily Basis of Meaning, Imagination, and Reason.* Chicago: University of Chicago Press, 1987: 29~30.

〔註23〕詳參 Lakoff, George. *Women, Fire, and Dangerous Things: What Categories Reveal about the Mind.* Chicago: University of Chicago Press, 1987: 272.

〔註24〕Johnson, Mark. The Body in the Mind: The Bodily Basis of Meaning, Imagination, and Reason. Chicago: University of Chicago Press, 1987: 119~121.

戰國困局,如若將他者視為己的某種真實樣態,與之同宗,也許即有可能停止
這種相互爭戰的局面。

另大母神神話原本起自對土地的信仰,莊子這番將地天翻轉,將某種以
天為父、以父為天傳統做了個抽換與挑戰。取用的並非父神型態的強調階級
與行為上的服膺,取代以母神的包容與循環特性,或許對其時代的觀察有著甚
深的考量,如何解消某種強弱上下的暴力性,在其母神映射的天,似乎就是在
改革與挑戰此種父權文化。

楊儒賓在討論《莊子》中風隱喻的使用來源與分析時,證明了莊子思維中
所謂的循環思想,不只呈現在其對天的描述與映射,更在《莊子》起頭〈逍遙
遊〉所論的鯤化鵬徙之寓言中呈現出這種時空、生死的循環意味,並點出這種
生死循環更蘊含著人更新昇華的可能性。〔註25〕所以就莊子所使用的循環,其
實隱藏著向上提升的螺旋向上之意,符合鵬摶扶搖向上〔註26〕的螺旋意象,而
此循環螺旋又可回扣到渾圓轉動的母神之原初意涵。

賴錫三針對老子與莊子相關的文獻中,探索其背後可能具有的神話主題
時,亦看見老子對於道體的描述還有莊子對於渾沌的運用,皆有古代渾沌大母
神的意象在其中,從老子、莊子文獻中明顯運用的渾沌之水,以及前述各種圓
形循環的詞彙,還有老子貴「食母」以及莊子「歸其根」等等的核心思考,顯
示出了諾伊曼提及的母神意象群:圓型、母腹、陶甕、海洋、深水等等意象之
影響,具有神話環尾蛇生死相環的象徵。〔註27〕可說老莊思想雖各有發展,但
就楊儒賓與賴錫三的看法來論,其內容皆由大母神的神話象徵作為核心的論
述之一。

在大母神的思維中,萬物皆為母神所創,搭配上中國神話的女媧摶土造
人,就可看出母神信仰在東方亦相當重要,在神話以及巫術思維濃厚的商、楚
薰陶之下,莊子選取了這個母神神話作為天隱喻的其中一個來源域。整合天
均、天倪、天府、環中等天的隱喻群後,抽象化其意義,以大母神含納之,將
可做出第一個莊子與天關係的隱喻映射關係:來源域為大母神之象徵,但經過
莊子的提取與加工後,〔註28〕可找出其要素為母性的「生育包容者」(母神),

〔註25〕 詳參《儒門內的莊子》,頁293~301。
〔註26〕 《莊子・逍遙遊》:「鵬之徙於南冥也,水擊三千里,摶扶搖而上者九萬里……。」
〔註27〕 《莊子靈光的當代詮釋》,頁172。
〔註28〕 神話思維與莊子運用過後的神話意蘊有所不同,原初神話中的暴力特質與負
　　　　面象徵,在莊子處有所轉化,將許多具體的形象做了抽象化的概念提取,再

「創生、包容」萬物，並並依照著著「死生循環」的變化之道與萬物相分相融，創生包容者與萬物間有著特殊的神話「血緣」關係，而被創化的萬物應要依循包容者的創化、包容與接受死生「循環之行為」的「母性關係」。之所以稱之為母性關係，則是來自於天與萬物實有著創生之關係性，就莊子的描述亦有著母者包容慈愛的特質，但觀看《莊子》文獻中對神話思維皆呈現著去魅、去暴力性的表述，故母神具有的毀滅與吞噬等人格負面特性，將會被捨去，還原為死生相環的生命本來現象，去除天具有人之愛憎的性格，故筆者將之來源域稱之為母性關係，而非母子關係。

　　因莊子將天幾與道等同，在其文中更藉由顏淵之口說出：「與天為徒者，知天子之與己皆天之所子」〈人間世〉，天道創化萬物，將只能神權賦予帝王的禁忌，被解除成萬物皆天子的概念，所以在提取映射的要素時，實可將天與萬物（包括莊子）的關係，視為創生的親子關係。在〈大宗師〉中多個片段接提及天如父母，以及大塊創吾形、育吾生、待吾死的文句，可見在莊子心中人人皆為天子，〔註29〕故以其天具有創生包容者的映射並無不妥。

　　大母神的思維帶出了一體包容，物物各成的現象，在莊子抽取其要素與自身的氣化宇宙思維結合後，將此巫文化的現象與真實，以氣化的方式去魅，並將他者與自身的差異與同一做出了存有連續性的連結，當生死相環、你我皆化之時，他者很可能即是我的某種變現狀態。他我之間畢竟有別，但此別是在同一母性之氣化中所呈現，此點不僅解構了成心的自我限制觀點，還批判了各式試圖標籤化他者的意圖，而在我之外的無限他者，皆映射著我不知的我之樣

以創以新的隱喻來解放此一概念蘊含的動能與意義，相關討論可參《莊子靈光的當代詮釋》中的 6、7 章，其中對於原始神話與莊子神話意義的差異討論甚深。

〔註29〕　〈大宗師〉多處皆提及此概念，底下茲舉兩例為查：「子來曰：『父母於子，東西南北，唯命之從。陰陽於人，不翅於父母，彼近吾死而我不聽，我則悍矣，彼何罪焉！夫大塊載我以形，勞我以生，佚我以老，息我以死。故善吾生者，乃所以善吾死也。今之大冶鑄金，金踊躍曰我且必為鏌鋣，大冶必以為不祥之金。今一犯人之形，而曰人耳人耳，夫造化者必以為不祥之人。今一以天地為大鑪，以造化為大冶，惡乎往而不可哉！成然寐，蘧然覺。』」「子輿與子桑友，而霖雨十日。子輿曰：『子桑殆病矣！』裹飯而往食之。至子桑之門，則若歌若哭，鼓琴曰：『父邪母邪！天乎人乎！』有不任其聲，而趨舉其詩焉。子輿入，曰：『子之歌詩，何故若是？』曰：『吾思乎使我至此極者而弗得也。父母豈欲吾貧哉？天無私覆，地無私載，天地豈私貧我哉？求其為之者而不得也。然而至此極者，命也夫！』」

貌，實可說唯有無限理解他者方能接近真正的大我，這點在現今的他者倫理學中已成為探索的核心。〔註30〕

　　莊子之道就其思維來論，加上其用許多圓整包容的隱喻意象來比喻其天，說明了其天之道的運行，與氣化的思維一致，時序、型態、死生、精神都是循環相續，如同氣化聚散不斷、無有止盡。從天之道的視角望之，一切自然所設無好無壞，都是流轉之常態，物物各自依天之道（氣），展示出獨特的自己，最終再回歸大化之中。天與萬物之關係就在於其道的根源性，若論深處就是氣的相連性，如若人能依循環之道包容地看待一切，便是遵循著天之道，以此抽取與來源域相對應的目標域「莊子與天的關係要素」，母性的創生包容者有如天，而其創生包容與循環的行動猶如天本身的道之運作，被創生與包容者即為萬物（當然亦包括莊子），創生者與被創生者間最緊密的血緣關係即為萬物內在皆有之道（氣），而被創生包容者遵照其創生者的循環之行為，就如萬物遵循天之道那般，此母性關係與莊子與天的關係可做出以下的隱喻映射圖：

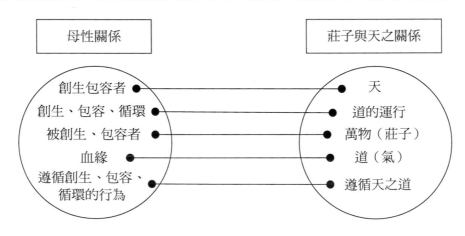

圖 4.2 莊子與天的母性關係映射圖

　　在理解渾天說、大母神與莊子之天的關係後，仍需找尋其他可能的隱喻映射來源，底下將以著名的天籟之說來思考另一層隱喻映射之關係。

〔註30〕 詳可參宋灝（Mathias Obert），〈由列維納斯的回應思維與日本石庭來談論《莊子》「與物化」〉，《臺大文史哲學報》87（2017.8）：P151～178。賴錫三，〈列維納斯與《莊子》能否在倫理中相遇：遊乎於域外、遭逢在他方〉，「同一與差異——莊子與萊維納斯相遇於倫理之地」，中山哲學所主辦，2016年5月。陳康寧，〈《莊子》的解構哲學與他者倫理〉，《思與言：人文與社會科學期刊》59：1（2021.3）：1～55。

南郭子綦隱几而坐，仰天而噓，嗒焉似喪其耦。顏成子游立侍乎前，
曰：「何居乎？形固可使如槁木，而心固可使如死灰乎？今之隱几者，
非昔之隱几者也。」子綦曰：「偃，不亦善乎而問之也！今者吾喪我，
汝知之乎？女聞人籟而未聞地籟，女聞地籟而未聞天籟夫！」子游曰：
「敢問其方。」子綦曰：「夫大塊噫氣，其名為風。是唯無作，作則萬
竅怒呺。而獨不聞之翏翏乎？山林之畏佳，大木百圍之竅穴，似鼻，
似口，似耳，似枅，似圈，似臼，似洼者，似污者；激者，謞者，叱
者，吸者，叫者，譹者，宎者，咬者，前者唱于而隨者唱喁。泠風則小
和，飄風則大和，厲風濟則眾竅為虛。而獨不見之調調、之刁刁乎？」
子游曰：「地籟則眾竅是已，人籟則比竹是已。敢問天籟。」子綦曰：
「夫吹萬不同，而使其自己也，咸其自取，怒者其誰邪！」〈齊物論〉

　　此段引文歷來為論莊子者幾乎必解之處，天籟的說法運用音樂的方式來
比擬天與萬物之間的若有似無的關係，並將三層人籟、地籟、天籟的視角以人
之成心、自然現象與氣化流通觀之，從物我區分的觀看角度漸次到物物自身交
流變化的一多相即，透析到對語言現象的反思，以及對於形上存有與形下物質
相關性的探問，〔註31〕此天籟寓言放於《齊物論》之首，確實有其殊勝之意。
人籟是指人類操作樂器之動作所產生的音樂；地籟則是大塊之風吹動萬物之
動作所產生的自然之樂；天籟則是認為一切音樂的發生，都來自於物自身特性
的呈現，據賴錫三之研究，此等說法有可能隱喻著氣與氣化的「物化」關係，
即是一與多之間的既差異又同一的動態內涵。而若接以前文莊子將天視為道，
而莊子之道又是大化（氣化流變）之道，那麼此處引文藉由觀察音樂之發生，
實可說比擬著另一種天與萬物的關係，與前文的創生有所差異。

　　音樂的產生，來自於幾個要素，一是操作者，二是被操作者，三是此操作
出現的聲音韻律。如藉由容器的視角來看，操作者是灌入某種要素（氣），被
操作者只是某種容器，但此容器之外型或內部結構差異，會使得灌入的要素在
流出時有所不同，所以容器所產生的音律不同，某個角度來說是來容器自身的
構造為主因，因為操作者灌入的要素皆是相同的。這亦可解釋為何文末子子綦
為何說：「夫吹萬不同，而使其自己也，咸其自取，怒者其誰邪！」將操作者
的要素減到最低，而提升了萬物自身的特色，如此論之那麼所謂的人籟、地籟

〔註31〕歷來對天籟的討論頗多，整理討論與開展詳細可參《莊子靈光的當代詮釋》第
　　　　2、3章，與《《莊子》的跨文化編織：自然・氣化・身體》第2章第3節部分。

如果是以此立場觀看，其實都將為天籟的不同顯現方式而已。此處運用操作者與被操作者的說法來論天與萬物之關係，並非強調天的對萬物的宰控性，而是說明天將己身的資糧給與萬物，萬物以此得以活出自我的樣貌，猶如大自然運行四季，是為天理，萬物只能依循這樣的時空變化，去找出各種自身的獨特性與可能。回頭看音樂的隱喻，天映射為吹奏者，萬物自然成為不同的樂器，雖說萬物需要天的氣方能運作，但天亦必須依照不同樂器的組構方能奏出音律，除了普遍性的給予外還需獨特性的照護，關鍵在於操作者不以主觀的方式干預，方能讓萬物自繁自榮，唱出自身的旋律。

　　之所以用音樂的方式而非聲音，是因在莊子的思維中，道（氣）與物若能產生無你無我的共振，是一平衡協調的理想狀態，可看出道（氣）的創生力量普遍性，亦可讓物得到展示自己價值的獨特性，確實是一與多相互呈現的交響盛宴。

　　此觀點說明了存有與存有物之間的特殊關係，亦與大母神的無私育養之包容特質相似，並提出萬物如何以此為基發揮自身的爭氣樣態，這點很好地說明了莊子「齊物」的思維，並非抹消差異，而是給予所有的差異不偏的滋養，使其走向開花結果。但若萬物受限於自身觀點、立場或意識形態的控制，而想做出某些偏頗具有成心、機心的方式去操作其他人事物，便會使此存有（天）之一多韻律崩潰。此處發揮了前述薩滿巫文化中萬物因為分享生命力，所以地位均等的思維，巫文化中音樂亦是一是降神、祭神的重要項目，甚可感應萬物使得百獸率舞、鳳凰來儀，故莊子使用此一音樂隱喻天與萬物之關係，亦說明萬物與天皆有感應相通的可能。

　　在天籟的說法中，可看見兩種對於莊子之天的思考，雖有順序但皆為莊子天隱喻的來源，一為莊子在寓言中藉由對自然現象與規律的觀察，思考出了自己與天的關係性，二是莊子在寓言中藉由音樂的隱喻創造出了一種天籟的天與物之平衡關係。其實在《莊子》中可發現許多對自然事物觀察後得出的寓意與說法，猶如河伯與北海若、支離叔與滑介叔與《大宗師》中朋友們之間的對話等再再都呈現出此點，甚至《天運》一篇將許多自然運作之裡與人之政治作為、文化現象與工夫做出連結，可得出天的自然規律必然是莊子與天關係探索的基準點。〔註32〕就自然規律來說，可借用上一章討論孔子之

〔註32〕如楊儒賓所言：「莊子的理想人格帶有濃厚的『自然人』意味……是指人與自然的韻律共應共鳴。更落實地說，在語言與反思的意識興起前，主體的模態與四時氣候即有種共構呼應的關係。」《儒門內的莊子》，頁190。

天所設定的自然規律來源域之要素來處理。另在天籟關係的分析中，可得出
幾點要素來與莊子與天的關係做對應，是「吹奏者」天，藉由某種「吹奏」
的方式，將氣灌入到「萬物」這些各各「不同的樂器」中，而在萬物的自覺
下藉由此氣發生特殊的「音律」，此音律不只是聲音亦是動作等各種協調平衡
著展示，亦是天道（氣）與物之間相關的證明，如若萬物可「遵照」此自然
協調的「樂理」，便能將其獨特性發揮到最高效能（無我），將之與莊子與天
的關係做出映射後，即如下圖：

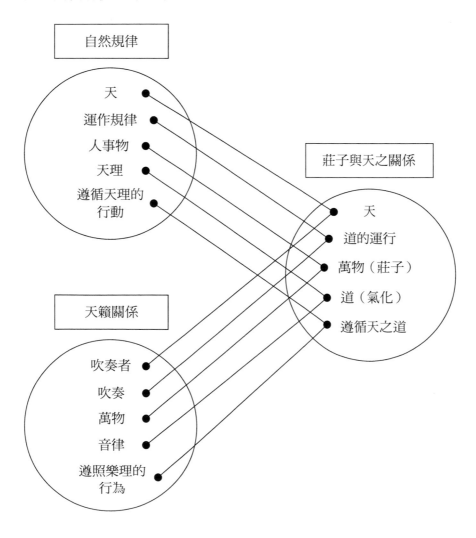

圖 4.3　莊子與天之關係雙重映射圖

　　莊子對於天的關係，仍有一處值得探索，即是出現於《莊子》書中提及的「與天為徒」、以「天地為友」還有與「造物者遊」的說法。以此看待莊子之天，可得出另一個面貌，亦是莊子之天最可親的樣態，「與天為徒」在莊子書中出於兩處，一處為顏淵與孔子討論如何前往暴君主政的衛國，施行自己心中的政治大道時提及自己內在將「與天為徒」，外顯行為則「與人為徒」等，而在與天為徒處其所言為：「內直者，與天為徒。與天為徒者，知天子之與己皆天之所子，而獨以己言蘄乎而人善之，蘄乎而人不善之邪？若然者，人謂之童子。是之謂與天為徒。」〈人間世〉所謂的「徒」可解做同種類、同派、同樣思想的人，那麼與天為徒就是和天為同類之人，此天人不以好壞善惡之言左右，視物物皆為天之所生無有高下，如童子原初之心那般看待萬物。文中說明了與天為徒的特質以及外人看起來的樣態，其中所謂之「同類的人（與天為徒）」亦將天做出了一個人格化的比擬。另一處為〈大宗師〉中提及真人的樣態，最後言其與天為徒並與人為徒，所以天與人都不會厭棄他：

> 故其好之也一，其弗好之也一。其一也一，其不一也一。其一與天
> 為徒，其不一與人為徒，天與人不相勝也，是之謂真人。〈大宗師〉

　　在莊子中有許多關於真人、至人、神人的描述，這點討論留待對於人之隱喻建構時再述，此關心的是與天為徒以及與人為徒的說法。此處點出真人好天，並與之為徒，是因明瞭存有物皆在天道中不斷地變化流動，一切皆為一的氣之基底所成；亦可與人為徒是知以人的視角來說，物物各有不同，非可一概而論，真人不會強求人能明瞭多之為一，而是順勢而為，止乎天道之行。此處點出與天為徒的內在特性，即是明瞭大化與萬物之間相連又相分的「一多相即」之天理。

　　而這種一多相即的現象，不止於大化之道（氣化）與萬物之間，還在時序與狀態的改變上相關，猶如死與生、始與終等在人類視角中極端對反的概念，從循環的角度來說皆是相連前進不止息的過程，所謂的一多相即也正因這種循環而得到具體的呈現，相即可說是等於亦可說是相續變化而行。

　　而在〈在宥〉篇中更直接將天地人格化直接視為朋友的說法：

> 大人之教，若形之於影，聲之於響。有問而應之，盡其所懷，為天
> 下配。處乎無響，行乎無方。挈汝適復之撓撓，以遊無端，出入無
> 旁，與日無始，頌論形軀，合乎大同，大同而無己。無己，惡乎得
> 有有！睹有者，昔之君子；睹無者，天地之友。〈在宥〉

　　其中的大人為聖人之意，文中說明古之聖人無為而治，而天下得治，並能往復遊於無極太初之境，無形無跡卻可與日俱新，其身形容貌可同與大化，且具有忘己無我的工夫境界，其眼中所見皆是無，文末特別提及特別關注有為的作法與事物之人，是古代的君子，而能觀察到一切皆無的人，才為天地之友。此處的無並非一切皆無的無，而是任萬物自生自長，己身不加干涉，不以意識上的有為去加諸在事物身上，故萬事萬物皆無被標籤化，在聖人眼中都是同於大化的變動過程，皆可為一。天地一詞可將之視為天的下位詞，在莊子中仍可歸屬於天，此處進階說明了與天為友的特徵，是可以「賭無」，但先決條件是「無己」，相當於〈齊物論〉中「喪我」的工夫論述，意味著是褪去自身意識與形體的限制，以天的角度去看萬物，方可見到「無」的所創生出的豐富與協和。

　　由此可得到幾個訊息，莊子之天猶如朋友，只要解除自我意識的限縮，達到無己的喪我之工夫，並遵照天對萬物無私的均等循環之道理，便能與天交遊往來。看見萬物皆為天之所化，亦即萬物皆有天的一面，相當於萬物都是吾友，並得以在生死相環、始終相續的世界中相互嬉戲遊玩。莊子在其〈天下篇〉中更點出了自己就是以此：「上與造物者遊，而下與外死生、無終始者為友。」其中的外死生、無終始即是明瞭生命循環、氣化流變的另一種說法，而在世間若有人能與莊子相同，便能與天為徒、與之為友，在〈大宗師〉篇章中許多友人相交的條件與後續的對話，即是奠基在此。

　　以此可找到另一莊子與天關係的來源域：與天的「朋友關係」，其中的要素據上文討論，可得出有交往的朋友——「天」與明白循環之「理念相同」的「萬物」，有如天與知道氣化大道的莊子，兩者能無上無下的「平等交遊」，即是因「道的運行」本就保障了這樣的可能。如能一直「遵照平等交遊的行為」，便能與天與萬物一直為友，猶如莊子只要不斷遵循天之道，便能繼續與天相契。根據以上討論與分析，莊子與天的關係，共有四個來源域：自然規律、母性關係、天籟關係以及此處的朋友關係，四者皆有著不同的要素，不過皆可與莊子與天之關係做出映射，而心理空間理論將可使這四個來源域成為四個面向，將複雜的映射關係展視為較為清晰的圖表，在此連結之中亦可看出莊子隱喻的厚度與強度，如下圖 4.4：

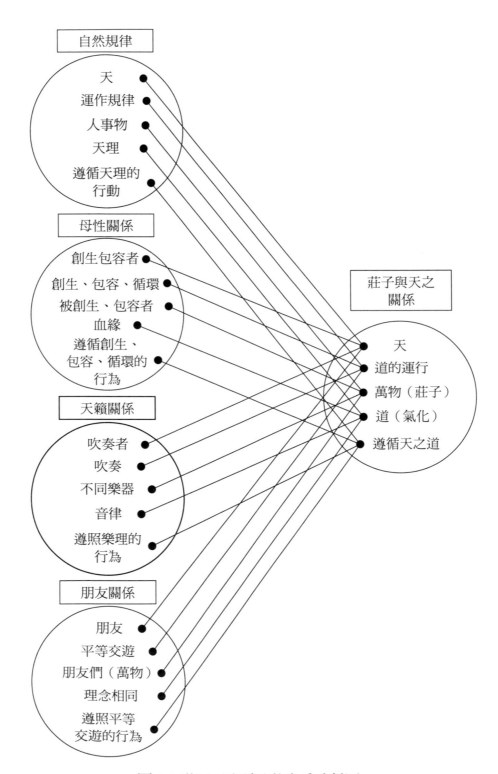

圖 4.4 莊子天之隱喻的多重映射圖

　　加入此平等關係的論述，將可解消天對人的宰制力，所謂的遵循天理，亦不過是以無成心、不過度干預的狀態與萬物互動，既可解放自己因成毀帶來的利益計算，更可放他者自由，甚至連最高、廣的天都能與之交遊無礙，此點可說進階的將神話威權帶來的暴力性與無知之可能，降到最低。因莊子要求的是無論身心都須達到理解與體會此一循環的道理，並非全然無知的投入，有如朋友之交必當莫逆於心，志向相合方能長久協調，片段的理解極有可能造成意識形態的產生，出現不必要的投射或偏好。猶如當時道術為天下裂，人人都執自己所好之一隅奉為圭臬，並以此詆毀他人、他說，這在莊子看來都不究竟，亦不能望見天道之全貌。聖人之所以可「天人不相勝」，就來自於他對天與人具有全面性的了解，能力行不殆，故天與人皆可為友，對其來說就是生命不同風貌因氣化吹響的瞬間債綻放而已。

　　以此朋友關係的來源映射來看，亦可呈現出另一議題，即是在戰國這種強者絕對性宰制弱者的時代現場，弱者的期望變得與強者相同，成為強者後又侵吞弱者，如此惡性循環，天下必不得安寧，人將被拋擲在慾望的洪流中不可自拔，原因在於不平等的外在現象與內在成心。在莊子的朋友隱喻中，意味著當人能將視野提至天的高度，一切差異將不再具有是非價值的絕對性，應運用更具協調與平等的包容之情與萬物交遊，將壁壘分明的意識形態、文化差異等風貌，皆視為自我視角的侷限，以此為基的認同只會導致無盡的爭端。不如以天為目標，將所有的文化做為人獨特呈現的方式，只要不以自我中心的本位主義去宰制他人，皆是吹萬的風采，而我們都可平等地與之為友，打造出一種以天的包容性為核心的新形態認同機制。此與莊子對於巫文化中萬物相續均等的想法有所關連，生命皆以某種力量混成，力量本身並無價值立場問題，一切生命皆由此創造的混沌之力來，故各各生命分享了力量的豐盈，亦當無所高下，此處將與莊子的家之隱喻重建有關，下節將會說明。

　　四個來源域融合進入到莊子與天的關係之中，使得莊子之天具備了自然天道的理解可能、母性包容思維的天人關係、天人協作互不吞噬的合諧樣態、天人平等的意義，加諸到莊子之天的隱喻意義，大大的擴充了天的框架內涵，就上述各個來源域映射後可呈現出的議題與可能性，即可見此莊子之天的特殊性。

　　莊子中對天運用隱喻尚有許多，比如天池、天樂、天刑等，天池可說是點名場所的殊勝性，並非直接是天的來源域，而天樂則可被融攝進天籟關係之中，而最後一個天刑因與孔子有關，將於結論處說明。

四、大化的平等之家

在莊子文獻中，甚少看見有關家的論述，也不像孔子有原生家庭的研究資料可查找，但這並不意味著《莊子》中就沒有「家」的思維，在第一章處已藉由家框架中的家、父、母、父母四個詞彙進行搜尋，發現幾個處所都與其思想核心的天之概念相關，可說家此一概念的思考，可能混雜在其思想之中。

所以若要探索莊子思想中家的隱喻，就必須取「家之框架」中可能的要素來推敲，就一般認知來說家此一框架包含著：「家人之間的關係（家人的情感或家人同遵守的價值）、家人相處的場所（家宅）、家人（祖父母、父母、子女……）」，底下筆者將先思考家人之間的價值與關係。

莊子所在的宋國蒙縣，是殷商遺民之所，強敵環繞之處，而莊子若依錢穆考證，亦位於宋國將滅之時。就莊子文本中所提及有關於宋人的描述，大部分皆為短視近利的驕傲之輩，[註33]並言宋王性格猛過驪龍，國家猶如位於九淵之深險惡重重，此等險境，莊子為何不離去？

〈齊物論〉是《莊子》針對語言與意識之相互宰控的論述之處，語言或顯或隱地呈現著自我，語言是知識與經驗傳遞的媒介，亦為歧視與偏見的散布者，語言深層連結著存有的靈魂，是非、成毀、善惡的二元語言形塑出成心計算的人們，機巧詭怪之心亦隨之出現，人將與萬事萬物競相爭奪，只望己之說、之身、之慾可為上等與中心，莊子對此覺察精確且深入，並言明長此以往，人將：

> 一受其成形，不亡以待盡。與物相刃相靡，其行盡如馳，而莫之能止，不亦悲乎！終身役役而不見其成功，苶然疲役而不知其所歸，可不哀邪！人謂之不死，奚益？其形化，其心與之然，可不謂大哀乎？人之生也，固若是芒乎！其我獨芒，而人亦有不芒者乎！〈齊物論〉

〔註33〕底下資舉三例，〈逍遙遊〉：「宋人資章甫而適諸越，越人斷髮文身，無所用之。」此點說明宋人的愚昧；〈逍遙遊〉「宋人有善為不龜手之藥者，世世以洴澼絖為事。客聞之，請買其方百金。聚族而謀曰：『我世世為洴澼絖，不過數金；今一朝而鬻技百金，請與之。』客得之，以說吳王。越有難，吳王使之將。冬，與越人水戰，大敗越人，裂地而封之。」此處說明宋人眼界短小，不知改換思維；〈列御寇〉：「人有見宋王者，錫車十乘，以其十乘驕稚莊子。莊子曰：「河上有家貧恃緯蕭而食者，其子沒於淵，得千金之珠。其父謂其子曰『取石來鍛之！夫千金之珠，必在九重之淵而驪龍頷下，子能得珠者，必遭其睡也。使驪龍而寤，子尚奚微之有哉！』今宋國之深，非直九重之淵也；宋王之猛，非直驪龍也。子能得車者，必遭其睡也。使宋王而寤，子為齏粉夫！」此處說明宋人之驕，與宋國當時的處境、宋王的性格。

　　引文中陳述了人誕生在世間，與其他人事物不斷的計較競爭，窮其一生追求各種目標無法停止，而大部分人還是難以成功的狀況下，等到一切塵埃落定之時，猛然回首才發現無處可歸。人就在這樣惶惶不可終日的情況下，無盡迴圈在茫茫世界中，直至心死後等待消亡，對莊子來說，這即為人最大的悲哀，最後痛苦道出「其我獨芒，而人亦有不芒者乎！」將自我與天下人都含納進了這終身役役的消逝旅程。哀莫大於心死，人死次之，若人無法逃脫這樣的成心計算之牢籠，無論其成或毀，必然走向芒芒不知所歸的狀態。此引文主要是因人類語言模式中出現的特性所產生的感嘆，本用來描述與說明的字句，被加上了是非、對錯、美醜、親疏等價值區分，語言必然成為一種具有各樣意識形態的判斷，無論或隱或顯，皆讓人落入無底比較的深淵。德哲海德格曾論「語言為存有的家園」，卡西勒亦言語言符號為人文化之本源，語言背後的認知思維模式及其價值判斷，皆呈現了此心之家園的本源模樣。人之所以無所歸，是因非好即壞的語言模式，走向的是割裂整體的結果，回到上述說過的渾沌鑿竅寓言，一南一北的對反方向，以及儵忽所代表的速度與有無，鑿開了自然整全的渾沌，導致其死亡相似，都是被對反價值的意識所害。

　　放於思想百家爭鳴、諸侯互啟戰端的當時，普天之下皆為你是我非之言，人人爭當上位，無用之說即被廢棄，有用之策奉為上賓，大言小言充斥天下，對莊子來說居於何處又有何差異，無論居大邦小國只要有言，就會落入被人檢視有用無用之可能。順之則終身役役，逆之則有殺身之患，且當局勢匹變，是非亦會逆反，是為非、黑為白，順之逆之皆將無可自拔、引火上身，以此觀之，何處可歸？莊子在語言的二元現象中得出了此一結論，並將之視為人類的「原罪」，因他不避諱地將自我也列於天下芒昧人之中，因只要使用語言本就不可避免使用二元的結構，有好即有壞、有成即有敗、有中央即有邊緣等等，這些語言並非單純的「描述」，而都帶有著價值判斷在其中，從意象基模中的上下基模以上為好、以下為不好的認知模式，亦是如此。是非論述不斷延伸，選擇立場就成為必然，二元意識將產出本位主義，強化區分我與他者的差異，為我與我之黨羽為上，他者為下，爭端迫害即不可止息，而此時的本位亦會因時空局勢的變化，不知何時會成為邊緣，確實點出了人惶惶無所歸的景象。以此來論，在價值判斷被這種意識宰制的人們，本就難以找到安居之所，語言若要真成為存有可安居的家園，勢必要找出另一種語言的模式，能夠含藏包容眾人的價值，莊子如是說：

> 物無非彼，物無非是。自彼則不見，自知則知之。故曰：彼出於是，

是亦因彼。彼是，方生之說也。雖然，方生方死，方死方生；方可
方不可，方不可方可；因是因非，因非因是。是以聖人不由，而照
之于天，亦因是也。是亦彼也，彼亦是也。彼亦一是非，此亦一是
非。果且有彼是乎哉？果且無彼是乎哉？彼是莫得其偶，謂之道樞。
樞始得其環中，以應無窮。是亦一無窮，非亦一無窮也。故曰「莫
若以明」。〈齊物論〉

語言所建構的彼我、是非、生死，皆是一種讓意識產生出某種價值立場的
錯覺，且語言本就發自於人對世界的認知，在整理之後所存留下的符號訊息，
當訊息被加上情緒與利益的計算後，語言即由原本的工具成為了宰制人的成
心。人終將被符號所控，故聖人並不由此來理解語言，而是提出了兩點來幫助
人們解開語言的束縛：一是「照之于天」，二是「莫若以明」，第一點應是第二
點的先決條件，如果以天的高度與廣度為基準點，時空的長度就會被縮減，相
對而言所謂的是非彼我之說，從長時間的觀看下，必然是浮動不已（照之以
天），故天猶如一個不動的基點，運行的規律，如若能守住此中心（環中），就
不會因人之言而被牽動，反而能由各種角度與立場來判斷語境，並使用相對合
宜的方式應對，方能在是非不止息的話語爭奪中，透徹明瞭不同話語背後的思
維與價值意義（莫若以明），而不偏頗任何一方。這可說是一種以天視角方能
產生的時空相對論之思維，而此說並非言若以天之視角，則底下一切皆無是非
對錯，而是知道是非對錯皆有其背後因由，且依循天理運行的循環規律，去解
消語言的二元建構，將能避免許多衝突發生。照之以天帶來的是對語言使用者
人類的某種寬慰與理解，亦是解開人不知所歸的關鍵所在，這意味著在天之下
去除各種標籤限制，以平等且諒解的方式回復人與自我、人與人之間的原初關
係，可說是在天之下人與人最重要的關係與價值，若以天為創生者生天下萬物
來說，那麼就是在這天之家中「家人應該有的價值與關係」。

語言本於經驗，經驗來自社會、環境與文化，這三點最初的建構與設定，
依照雷可夫與詹森的說法皆來自於身體的原初經驗，此更原于人所誕生處「原
生家庭」，若原生家庭所產生的語言思維，會塑造身體與價值經驗的形狀，呈
現出這種二元意識的結構，要怎麼解除？照之以天，其實說明了莊子尋找到了
更「原生」的家，方能啟動以新語言成為新家園的運動，他找到的最根源之家
即是天。

人對於家的想像不同，就其屬性概念來說，外在形式中的樣態與環境當然

為第一考量，然就莊子所處的外在時空來說，已被剔除，因無論在何處只要有本位主義之人，皆不能擺脫二元意識之控制；而就家的內在組成中，家人以及其關係是為主要核心，若還是以一種階級上下之建構，當然不符合莊子條件，如何產生一種平等並包容彼此的關係性，是其所想；而在家人與家人間的互動，又要以何種方式來進行，才不會讓行為沾染上意識形態，亦是莊子所挑戰的項目，對天的觀察，帶給了他革命性的可能。

　　從前小節可見天在莊子主要的來源域為母神，具有著創化孕育的要素，這點亦符合天道大化的運作，萬事萬物皆源於大化之氣，人人皆為天子，意味著人生天地之間，天即為創生化育之家長，默默給予人之所以可成人的生命。人如能依其運行準則去體悟世界為一循環不息，流動變化不斷的過程，將能解除人自我用語言設下的意識限制，有機會回歸天地之間，返於天之家園，且此家園中萬物均等，無高無下，物物相續窮盡天年。這意味著天與萬物是「家人」，且兩者所居的處所就是天，這裡的天是一種觀念轉化後無處不在的概念性「場所」，而非一種有具體性限制的物理性所在。

　　語言會產生知識，知識會產生價值，價值會產生法則，法則會創造秩序，但這一切若僵化不變後，只要有心之人便可將語言化為某種傷人利器，莊子並無怪罪於人，而是語言的二元本質即會走向於此，是故「天的視角」才是解開束縛的關鍵。〔註34〕是非建構的語言模式並非人此一存有者的可安居的家園，以天為核心的「語言」才是，此一語言即是莊子所說的「巵言」：「巵言日出，和以天倪，因以曼衍，所以窮年。……萬物皆種也，以不同形相禪，始卒若環，莫得其倫，是謂天均。天均者，天倪也。」〈寓言〉日出即為日新之意，此種語言曼衍無窮，因應而變，猶如世間萬物相續，變化不息，又如天之陶均、天之石臼圓轉運行，此語言為以天的大化運行為參照點的隱喻語言。〔註35〕唯有

〔註34〕猶如〈天道篇〉所言：「是故古之明大道者，先明天而道德次之，道德已明而仁義次之，仁義已明而分守次之，分守已明而形名次之，形名已明而因任次之，因任已明而原省次之，原省已明而是非次之，是非已明而賞罰次之。賞罰已明而愚知處宜，貴賤履位，仁賢不肖襲情，必分其能，必由其名。以此事上，以此畜下，以此治物，以此修身，知謀不用，必歸其天，此之謂太平，治之至也。」莊子反對的不是秩序，而是不知要歸於天的秩序，僵化不動的秩序，不明緣由的秩序。

〔註35〕關於巵言的討論歷來多有，相關可參刁生虎，〈莊子的語言哲學及表意方式〉，《東吳哲學學報》第 12 期，2005 年。楊儒賓，〈巵言論：莊子論如何使用語言表達思想〉，《漢學研究》第 10 卷第 2 期，1992 年 12 月。《儒門內的莊子》第四、五章。《莊子靈光的當代詮釋》第三章等。

隱喻語言可以不斷增加或減少來源域，而在融合之後又能無止境開創出新意，但這一切皆須對應於目標域「天」方能產生，並非無條件的相對主義型態，就如大化不斷創造生命，但萬物都必將進入循環那般。

在莊子的思維中，人之所以無所歸，便是限於自身語言及其背後的意識形態所圈，而「歸」到何處，莊子給出了天的答案。在此天之處不需語言，或說依天之運行的無言之言即能與萬物交遊，若要有言，必為隱喻卮言，這種看似不落入是非的流動語言，反而使人可安住在自我不被是非牽動。只要破除二元，天地即是家園，無處不是家，但若依了是非智慧之果，必當離家不得歸。

就家的內在組成而言，家之所以成家，來自於信念相似，方能強化家人間的關係性，但若有所區分立場，即易流於衝突，故在莊子的「家」中，先設定好了大家長「天」，並確認其行為是具有極強的包容性，且具有著規律可循。雖然此大家長看似不言，但卻用著身行來言說，需要家人解讀後方能體會其用心之深，莊子就是此解讀者，不過其亦為家中一員而已。強化關係的關節處就來自於莊子所言的天之語言、天之運行即其呈現與意義，將此列為信念與目標，使四散於自身語言牢籠的家人都能得歸。

之所以莊子甚少在其文中提及家的概念，筆者認為多半是莊子認為自己本就在家（天地間）中，猶如莊子將死之時與弟子的對話：

> 莊子將死，弟子欲厚葬之。莊子曰：「吾以天地為棺槨，以日月為連璧，星辰為珠璣，萬物為齎送。吾葬具豈不備邪？何以加此！」弟子曰：「吾恐烏鳶之食夫子也。」莊子曰：「在上為烏鳶食，在下為螻蟻食，奪彼與此，何其偏也！」〈列御寇〉

以天地為棺，意味著我早以天地為家，其弟子仍囿於物我之分、私我之情的二元建構去「重視」莊子的死亡，在此家中生死相續，對莊子來說死亡不過化為天地間手足的資糧，或就是化為萬物之手足而已。端看〈大宗師〉子祀問子輿對於天給與自身病痛是否厭惡，子輿回答：「亡，予何惡！浸假而化予之左臂以為雞，予因以求時夜；浸假而化予之右臂以為彈，予因以求鴞炙；浸假而化予之尻以為輪，以神為馬，予因以乘之，豈更駕哉！」〈大宗師〉此之為物化的隱喻說法，物化基於大化，變化基於天道，吾是大化之家的一員，只是暫時呈現，轉瞬間就會化為他物，與莊子的隱喻語言觀一致，沒有固定的語言只有變化的卮言。

　　此天地之家，究其外在形式來說是無窮盡的，只要能奉行其內在信念，便無處不家，在此家中人與萬物的關係如手足，甚可說終有一日將回歸一體，「天地與我並生、萬物與我為一」的說法，把這個家關係的緊密性說得相當具有詩意，天地與我並生，非言我與天地同時誕生，而是將時空的向度拉長到宇宙之一瞬，那麼天地與我誕生之刻並無太多差異。莊子善於將時間、空間的觀念進行放大縮小，並由此看出人知識的限制性，再用正言若反、多方隱喻的方式點出另一種天的觀看方式。在關係性的建構上，又因此天地之家具有母神的包容特色，以及薩滿萬物均等的巫文化影響，與重階級性父權結構不同，除天為家長外，萬物皆平起平坐，而當萬物可用天的思維與視角看待事物時，即可與天相遊，無有罣礙，天此時亦成了友。如此自由的家庭關係，無怪乎人稱莊子的思想為讓人逍遙的哲學，逍遙並非無家之遊，而是所見無處不家，此家之廣闊與驚奇，值得人於其中漫遊，萬物皆手足，散布世界見之則樂，不見亦可相忘於江湖，人人皆有家可歸，不再惶惶而泣。〔註36〕

　　在此莊子的天地之家可迎來第一個來源域，即是以天為家長，若以之前的母神來源觀之，此家長應以母性型態，而非傳統父性結構，萬物與莊子皆為天子，其家中的關係因包容與理解的特質而相當緊密。此家家人間的根源相連性來至於天道氣化的根基，而家人之所以能相忘於江湖，相樂於偶遇，皆是因為他們能遵循天所啟示的氣化包容循環之理而做出相應的行為。而這一來源域可分化成兩個，因這樣的看法源於對天自然規律的觀察所得出，所以實可說此處有兩個來源，一為自然規律（延續前一小節使用的要素），二為母性關係，其要素為母性的「生育包容者」（母神），「創生、包容」萬物，並依照著「死生循環」的變化之道與萬物相分相融，創生包容者與萬物間有著特殊的神話「血緣」關係，而被創化的萬物應要依循包容者的創化、包容與接受死生「循環之行為」：

〔註36〕那麼關係較為親近的真實家人呢？莊子一樣用相同看待萬物的方式去面對嗎？試看莊子鼓盆而歌一段：「莊子妻死，惠子弔之，莊子則方箕踞鼓盆而歌。惠子曰：『與人居長子，老身死，不哭亦足矣，又鼓盆而歌，不亦甚乎！』莊子曰：『不然。是其始死也，我獨何能無概然！察其始而本無生，非徒無生也，而本無形，非徒無形也，而本無氣。雜乎芒芴之間，變而有氣，氣變而有形，形變而有生，今又變而之死，是相與為春秋冬夏四時行也。人且偃然寢於巨室，而我噭噭然隨而哭之，自以為不通乎命，故止也。』」〈至樂〉此意味著莊子並非無人之情，而只是更能以天地循環的視角去看待一切，且以歌送別，亦有祝福其妻進入新變化之意，不可謂之無情。

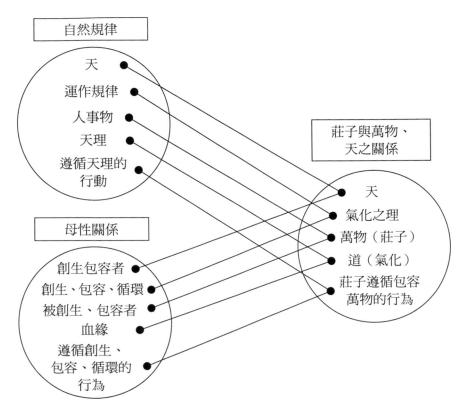

圖 4.5 莊子與萬物、天之關係的多重映射圖

　　莊子之家相當廣闊，故在其書中家這可能被窄化的用詞較為少見，反而是另一家的上位詞「鄉」較常出現。多家聚而為鄉，鄉可說是家框架概念的擴大化，而戰國時期的「鄉」是以地緣為核心所建構起的關係，與周朝制度所建立的血緣封國之鄉有所差異，這點如前述是因政治與經濟變化所致，以往限於宗族主而不能移動地域的下層同姓者，在階級崩潰、布衣卿相的戰國局勢，這些下層的士農工商得以依照自身的意願與能力，移動到適合之處成家立業，鄉可說是多家因為考量各種內外因素所聚集而產生，因此在相似的考量之下，一鄉之人也多有相同的習慣與價值觀。此種鄉之概念的出現，被莊子所取用，在其文脈中特以「無何有之鄉」來命名。第一次出現時為與好友惠子在討論一顆不被人所伐、所用的樹，有沒有價值，而惠子亦以此樹暗喻莊子思想為當世無所用，最後莊子回答：

> 今子有大樹，患其無用，何不樹之於無何有之鄉，廣莫之野，彷徨乎無為其側，逍遙乎寢臥其下？不夭斤斧，物無害者，無所可用，安所困苦哉！〈逍遙遊〉

　　在一個不被用與無用干擾之處，不被人類語言知識所限制之所，這顆無用

的大樹將與不被價值綑綁的人一同逍遙安眠。「患」字很精準地點出三個面向，一是判斷的人、二是因此判斷被困擾的人、三是被此判斷所評價的事物，有判斷就有好壞，有有用就有無用，一與二在此都指惠子，亦指被社會價值困擾不得逍遙的社會人，三則是被此社會價值宰制的人事物，即被標籤化的他者。在莊子的無何有之鄉中，一切語言帶來的評判都失去了其意義，在此無用亦用，有用亦用，只要無成心、機心的轉動，物物無相害，在此鄉中人事物皆親，互相都可成全彼此，無所困苦。

　　以無何有命名之，即是說明此處在人所建築的語言社會中是不可能有的，莊子這話是對名家巨擘惠子所言，而名家特別喜愛玩弄語言中的邏輯遊戲，而這正是莊子對語言之所以戒慎之處，故以無何有三字說其認為物物無礙的家鄉，相當適切。無何有轉個角度來論，亦是到處皆有，只要無與有、是與非、成與毀的建構消失了，那麼到處皆可安居，不必掛心有天會被標籤化後被迫受到傷害。無何有之鄉說的是意識形態的消亡，廣莫之野說的則是空間的浩瀚感，因意識解放，所以本被插滿價值與相對意義旗幟的空間，被去掉其人為的枷鎖，故無處不逍遙，空間成為了自然豐盈、氣化流變的樂園，更是人人嚮往的家鄉。

　　莊子以鄉代家，和以天照之的思維有些類似，若能以較上位的視角去看下位以及其中框架與思維組構，便可知其不全、不周、不究竟之處何在，而這些下位要素如若產生各式比較，從歸於一處的上位來說，不吝於一場笑話，故米蘭昆德拉才言人類一思考，上帝就發笑。鄉將家的框架擴大，淡化了家中階級的限制，將人事物之間的距離拉開，但又歸於一處，給予了相對的自由卻又能彼此無礙的住在鄰里。中國古代的鄉，基本上皆為同姓或同源的人所建構而成，這點亦說明了，莊子認為人皆歸於一處——大化天地之家的潛在思維，所謂的歸於一處，並非完全止息，而是持續流動變化，今日我將成明日他，人人亦因氣化相續而互動著，是以《莊子》書中常出現的遊之情境，其實就具體了此氣化互動的樣態。這與老子歸於寂靜所言的小國寡民、老死不相往來的景象相比，莊子所建構的家鄉更加熱鬧與親切。

　　無何有一詞解消的不只是有用、無用的迫害，更是點出無有相生、生死相環的意義內涵，因唯有理解此點，方能真正達到無所困苦，不為他困亦不為己困。因死亡就是存有者最大的恐懼，亦是苦苦追求己身留名的關隘。認為死亡即是消失的狹隘視角，即為追尋有用、無用的根本所在，而能貫生死、無始終方能望見此鄉，入於天道之家。以此觀之，在《莊子》中許多朋友相交的條件，

皆為能明白外生死、無始終的循環之理，故可推測無何有之鄉中的物物，亦有著如朋友的平等地位，以友論之更加強了自由性與相互交遊的特質，因此莊子的天地之家亦有另一來源域為朋友關係。家人如朋友，這在當代才較為盛行的觀念，在古莊子處早已有跡可循，據上節中朋友關係的要素，對應到莊子此處家的映射，再把前兩個來源域與之聯繫整合後，即可看出莊子的天地之家隱喻意義的不同面向之考量：

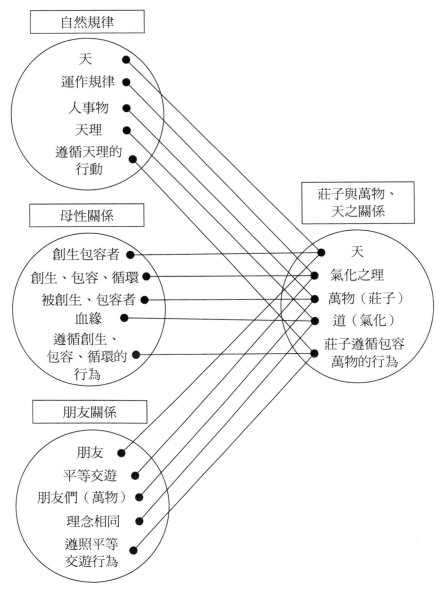

圖 4.6　莊子大化之家隱喻的多重映射圖

　　將三個來源域的要素與概念融合之後，可看出莊子無何有之鄉的建構，其特點基本比照於莊子對於天之道解消二元的思維而去設計。莊子與萬物的天地之家，對比於當時戰國局勢中人人相互攻訐、國國相互侵略的景象，點出了以人之用的利益觀點，將帶來極大的破壞，物物皆傷、人人流連失所，而在其當時要說服王公貴族平息戰亂之不可能，莊子方才在其書中建構此家此鄉，抑或說揭開人真實當歸的大化自然，望後世之人能解其意識型態之禁錮，重新回歸此一變化的逍遙之遊。此處可說得托於巫文化中的宗教人渴望與神聖之真實相融，與神意同在的想望，在伊利雅德的說法中，無論人如何去除自身的宗教性，及如何徹底的去魅化，他內在始終有個需求想脫離世俗二元繁雜的衝動，想轉入到真實神聖的特殊時空，感受自身存在與形上超越之聯繫，被其稱之為「宗教人的鄉愁」。〔註37〕於莊子處則是將此以帶有神話與巫文化的說法，還原到氣化真相的揭露，人之所以斷絕於大化之外，是其意識形態無法超越之問題，而非大化將之屏除在外，且無論人願意與否，變化終將化及自身，最明顯的就是死亡，但若解其禁錮，便有機會回歸與體驗自然無礙的大化之流，無家可歸的空虛，將可一掃而空。因我們永遠都在家中，只是忘了開燈，猶如神之力量永遠在人身旁，只是人視而不見。

　　大化之家使得人處於天地之家不再孤單，天為最大的家長，其包容並覆蓋著萬物，人人不再無家可歸，只要破除自身限制之框架，即可馬上回家。而將家人之間關係距離拉開到朋友那般，將有助於解消傳統家庭中的階級意識，降低上下權力不對等的準壓迫狀態，使大化之信念與理解包容之行為成為核心，在沒有權力迫害的情況下，物物平等、物物無所害方能居於天地而自在，以此去思考莊子所謂道在屎尿，便可知其對於去除階級意識並還物物自然的用心之深。

　　有關於其文本中還有兩處提及此無何有之鄉，〔註38〕皆為莊子心目中之至人、神人、真人所遊之處所，當可得出另一線索，要進入此鄉，並非毫不費力，不然莊子就不會用其心目中人的最高標準：聖人、神人、真人、至人作為標準，而在莊子心目中的人之樣貌，又用了甚麼隱喻的思維來建構呢？

〔註37〕（羅馬尼亞）伊利亞德著，楊素娥譯，《聖與俗──宗教的本質》（臺北：桂冠，2000），頁114。

〔註38〕有如〈應帝王〉中無名人所言：「……予方將與造物者為人，厭則又乘夫莽眇之鳥，以出六極之外，而遊無何有之鄉，以處壙埌之野。」又如〈列御寇〉中所說：「彼至人者，歸精神乎無始，而甘冥乎無何有之鄉。」

五、莊子的遊化養生之人

在《莊子》書中有關於人的樣態至少可區分為幾種：一是成心之人，即一般汲汲營營、庸庸碌碌的社會人，以計算利益與主客二元的邏輯為核心，易於區分出他者並設上標籤，其書中頂尖的代表人物即為莊子的名家好友惠子；二是無處不在的技藝者，這些技藝者擁有著各式技能，並將此技能推至極致，甚至達到與自然同步的境界，並在這些境界中理解或是體會天道；三為外觀看得出受了刑罰，或是天生相當怪異，甚至在正常觀點下被視為醜陋之人，這些人意味著某些社會標籤化為邊緣的人物，但在《莊子》書中卻將其塑造為有德者或是能盡天年之人；四為孔門之人，又以孔子與其主要弟子顏回、子路、子貢為核心，相互或與他人進行各種行動與對話；五是神話人物、虛擬人物與古代聖王，多半皆被莊子拿來演示某種求道者與得道者的對話；六是莊子最推崇的真人、至人、神人、聖人，他們皆能通於大化，遊於天地，死生不驚，應物無窮，為人應達到的最終樣貌。

要探討《莊子》中人的隱喻意涵，首先第一種成心之人並非討論的範圍，主要是莊子指出在二元語言所成就的意識形態，社會文化中人的基本樣貌及其痛苦何在，後面的二、三、四、五、六都是為了解決這種痛苦所呈現的次第性過程，此類人將成為莊子心目中人樣態的對照組。第四、五類的孔門之人、神話人物、虛擬人物與古代聖王，是莊子重言（借他人之言、借重要者之口）的擬仿效果，這些人的主要活動可稱之為求道者與得道者的互動與對話，基本都直指某種天道的契近方式，當然文句中仍有不少隱喻的使用，但多為擬說道的暫時敘述，故暫且放下。在有條件地剔除後，只剩下第二技藝者、三外型非常者、六真人／神人／至人／聖人三類人為本節討論莊子人隱喻的資料，底下分述時會說明選取之原因及其背後的隱喻意涵。

（一）技藝者

在談莊子的人之隱喻時，技藝者幾為必須討論之處，因《莊子》中的技藝者多半或隱或顯皆通／合於天道，且通天之時，亦為其技藝進行之刻，動作與目的相合，而歐洲漢學家畢來德在研究莊子之「天」時亦言：

> 莊子使用「天」的頻率遠遠超過「道」，而「天」對他來說有一種更核心的意義，可以說「天」乃是他思想核心上的一個概念。在我看來，他是從他自己思想深處萃取出這一概念的，而這一概念指的是

活動的一種機制。在「天」這一機制當中，活動自然是高效的。按
照游水男子教過我們的說法，它是合乎「性」與「命」的，即是「自
然」且「必然」的；而且是「完全」或「完整」的，因為這種活動是
在我們所有官能與潛力共同整合之下產生的；這些官能與潛力包括
了我們自己意識到和沒有意識到的所有一切。〔註39〕

天是否為莊子自身匠心獨造，由前文看來並非如此，是依其對於巫文化的
理解與影響所產生，但畢來德所言莊子的天為一種「活動機制」，是包含意識
與沒有意識的一切官能與潛力，此句卻說得透徹。而所謂符合性命以及自然的
整全機制，是說明在此活動的當下，並非挑戰人的極限而是依於每個人的獨特
性加上天道普遍性力量的協作方能產生，從屬性概念來說，此處是人與天道的
互動所產生的特殊狀態，也因此協作的互動狀態，人可以發揮天的創造力與適
應性，讓各種技藝的產物更加具有特殊的「效益」。

端看「莊子」中最著名的技藝者庖丁，便可理解此種效益為何：

> 庖丁為文惠君解牛，手之所觸，肩之所倚，足之所履，膝之所踦，
> 砉然嚮然，奏刀騞然，莫不中音。合於《桑林》之舞，乃中《經首》
> 之會。文惠君曰：「譆！善哉！技蓋至此乎？」庖丁釋刀對曰：「臣
> 之所好者道也，進乎技矣。始臣之解牛之時，所見無非牛者。三年
> 之後，未嘗見全牛也。方今之時，臣以神遇，而不以目視，官知止
> 而神欲行。依乎天理，批大郤，導大窾，因其固然。技經肯綮之未
> 嘗，而況大軱乎！良庖歲更刀，割也；族庖月更刀，折也。今臣之
> 刀十九年矣，所解數千牛矣，而刀刃若新發於硎。彼節者有間，而
> 刀刃者無厚，以無厚入有間，恢恢乎其於遊刃必有餘地矣，是以十
> 九年而刀刃若新發於硎。雖然，每至於族，吾見其難為，怵然為戒，
> 視為止，行為遲。動刀甚微，謋然已解，如土委地。提刀而立，為
> 之四顧，為之躊躇滿志，善刀而藏之。」文惠君曰：「善哉！吾聞庖
> 丁之言，得養生焉。」〈養生主〉

一位廚師在君王面前切割牛體，其姿勢有如舞蹈，聲音有如音樂，完成
後讓君王驚訝不已大聲讚嘆，並詢問何以將技術精進於此？庖丁說明是因他
主要喜愛的是「道」，只是把道融入到技術之中。接續說明如何將自我的感官、

〔註39〕畢來德著，宋剛譯，《莊子四講》（臺北：聯經，2011），頁31。

意識進到「神」的境界，停止外在事物的介入，依照「天理」而行動，固可毫無阻礙猶如藝術地將一隻牛解體，而自己的刀依此法門使用了 19 年無任何損傷，就算在過程中遇到了難以劃開之處，仍能因精湛的技術與天理的引導，得到解決。君王聽完之後不是讚其技術之神，而是回答聽了這番言論得以養生，這是為何？首先先依照此故事來設定出一個技藝者的框架，並思考其要素一為操作者，二是操作者使用的工具，三是操作者創作的載體，四是操作者的技藝過程，五是操作者最終的作品，六是持續依此操作即可繼續產出，而在此場域中，還有著對此技藝的觀看者。如此可依序匡列出庖丁、刀、牛、解牛過程、解牛的成果、依照天理的方式持續解牛以及解牛的觀看者，但其中解牛的成果看似為解體之牛，但就庖丁自己的說法「所好者道也」，所以其成果應為「技近於道」，意味著解牛是為了呈現「天道之理」，而解牛的過程主要是依照天理，意味著庖丁解牛時其動作基本以天理為準則，操刀的行為與「天理運作」的模式相同。

與「天理運作」的模式相同，意味著庖丁解牛是對映著天道運行的方式，且庖丁自己就言明他所好的是天道，技藝只是他展現與連接天道的方式，故可知此操作是為了映射到天道，即是大化自然規律的目標域。以自然規律來說就會有可見的自然之「天」，及其四時等自然現象的「運作規律」，還有在此規律下活動的「人事物」，其中可分為已知天理的人事物 I、未知天理的人事物 II，以及運作背後的大化之「天理」，最後是遵循天理運作的「方法」與依循天理而做出的「行為」。解牛空間中的要依照經絡、天道運作的規律方能解開的牛，有如可見的自然天，而執行此操作的人即是庖丁，以及一旁觀看的文惠君即是在此天理運作中的人事物 1 與 2，而庖丁用的刀，即為解開天理的方法，其具體操作的過程就是觀察天理運作規律，解牛的成果猶如再次體驗了天理，而持續不斷地解牛即為持續不斷體驗天理的行為，以此可將這兩者對應之深層關係做出下圖：

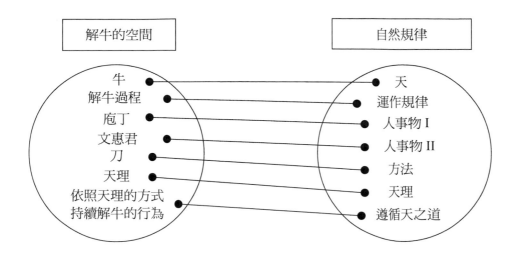

圖 4.7 解牛與自然規律映射圖

庖丁解牛之時，提及是「依乎天理」而操作解牛的過程，是否即是其本就理解天理，這一切只是呈現天理的一場表演？如若其已理解天理，何須持續解牛 19 年？筆者認為有兩個假設可回答，一是天理並非能以一次性的方式來理解其整體，須藉由不斷觀察與體驗，方能勉強達致天理的某部分整全性；二是庖丁不斷解牛來呈現技近於道的展演，是為了讓人能因此技藝之精而有所體會，亦可說等待著向文惠君這樣的人，對庖丁說出這個展演背後所呈現出的意義。前者是工夫論的層次，後者則有倫理學〔註40〕的意味。

由於文惠君，最後發出的讚嘆之詞為「得養生矣」，可知解牛的空間實還有著另一個目標域為養生的空間。「養生」若要配合庖丁的解牛故事，則可視為一種轉化身心的工夫，而非單為維持健康的養生，畢竟若以庖丁「神」行的角度而言，這是種人與天具體協作的過程。以養生的角度而言，可推測出其中的要素，一為養生的教導者（導師），二為需養生者（學生），三是的養生工具，四是養生者養生的載體（身心），五是養生者養生之工夫，六是養生者得到養生的成果，在莊子的思維中，即是可得「天年」，身心都可無所害地活至天年而化，七是依照養生功夫的行為即可繼續養生。照庖丁的解牛空間，不斷需要拆解觀察在其中運行天理的牛，實為人身心的一種化身，當能夠依養生的角度

〔註40〕因庖丁之技藝所要呈現的並非其精妙之表演，而是具有實際運作工夫而近道
　　　　的體驗過程，展示此體驗過程給予其他無體驗的人們，說明其非得道隱士之
　　　　流，而有引導他人入道的可能性，此點後文會詳述。

觀看自我時，許多桎梏都將不復重要，而依照天理的解牛過程，就是養生的工夫，其中道出此運作養生法門的庖丁即為導師，文惠君如同學生，庖丁之刀即為養生之工具，解牛的成果「理解天道之理」便是養生以得「天年」之結果，持續的解牛的行為，有如養生必須不間斷地持續那般。結合上述三個空間的討論後，方可解出庖丁此技藝者解牛的多重映射之樣態，可呈現如下圖：〔註41〕

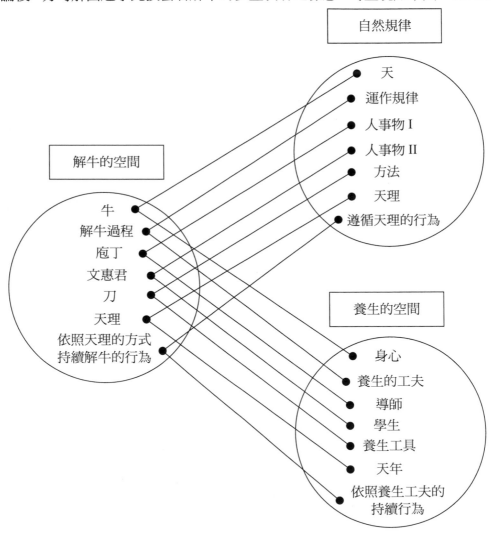

圖 4.8 解牛隱喻的多重映射圖

〔註41〕在張榮興《解開文句方程式》一書中，有對於庖丁解牛的映射關係做出詳細描述，筆者此處是依照文脈與自身之理解做了些許變化以及詮釋上的陳述，詳可參頁 104～119。

　　莊子所言的養生之基礎與方法，皆與天道自然相關，養生的運作方式亦是參考天道規律的模式進行，要養的身心若能得當，將能盡天年，說明此得養的身心狀態亦如天一般自然。運用自然之理、天的大化之道所養，可將此身心統合之狀態與天相配，便可發揮出不可測的能力與效益，在此中運作的身心狀態，被莊子稱之為「神」，就如庖丁所言的「官知止而神欲行」，此神即是身心一體同通天理大化的狀態，神起之時才能依天理而行，養「身心」即為養「神」。此生之所以可養，是依照著天理自然方可產生，故養生的空間與自然規律的空間亦有相互映射的關係在，將之兩個系統進行隱喻連結，可知天人協調的狀態即是身心最終要達到的養生目標「神」。天的自然運作規律即是養生工夫的參考，而無論是導師或是學生，都是自然規律中的人事物，只是導師較早得知天理之運作，觀察自然有需有方法，亦如養生需有工具，能夠得養天年即是理解天理，持續養生之行為就如持續理解天理並依此而行，如此對應之後可做出下圖：

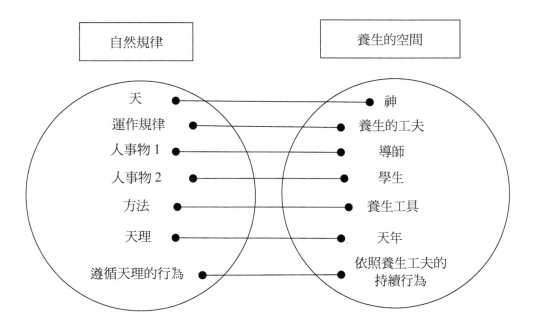

圖 4.9　自然規律與養生的映射圖

　　能否養生盡其天年，是莊子思維中的一個關注點，端看庖丁以神解牛「技經肯綮之未嘗」實是與物「不」相刃相靡的技藝版，能夠在複雜的牛體中以無

厚入有間,彷若無成心之人優游天地之寬。

〈齊物論〉運用正言若反的弔詭方式,破除了人的主客邏輯,並以此解開人心中有用、無用的痛苦比較之心,實為〈養生主〉鋪了前路,無怪乎〈齊物論〉被編排在〈養生主〉之前。養生前須先破除人既有的思維框架,方可看見天的整全,並讓身心有機會依某種工夫與天相通,方能如庖丁一般將技藝昇華至體道的過程。技近於道除了說明技藝達到極致得以呈現道外,更點出工夫的重要性,因如果人心之成毀、語言之二分離天理甚遠,那麼這種身心都需投入,與他物融為一體的技藝體驗,方有機會打破物與物之間的隔閡,使得人與事物得以在「間空間」中相遇,不以官知相見,而以神交之,平等而坐。畢來德談及這種技藝活動時,將屬於人二元意識宰控下的行為視之為「人」之活動,而能進行高效率獲取生命力的整全活動稱之為「天」之活動:

> 「人」是指「故意」的活動方式,而「天」則是指「必然」的活動方式。……「人」是指故意的、有意識的活動,要低一級;而「天」是指必然的、自發的活動,在某種意義上也是非意識的,要高一級。然而,試圖去除我們有意識的意向活動卻是徒勞無益的。要緊的是在意識活動與必然活動之間建立起一種恰當的關係。〔註42〕

> 意向性的、有意識的活動,是為人獨有的,也是錯誤、失敗、疲憊與死亡的根源。而渾全、必然且自發的活動,被稱做「天」的活動,無論它出於一個動物或是一個已經達到高境界的人,卻是效力、生命與更新的源泉。〔註43〕

引文點出唯有天人相互聯繫並建立一種恰當的關係,方才能具有生命更新的力量,若以莊子中的技藝者來說,這所謂恰當的關係可說是技藝工夫進行時的狀態,即為「神」的狀態。在莊子處神並非指神意,而是人與天相合時身心的運作方式,而人天相合說明並非誰吞噬了誰,反過來亦是保障了人事物各個不同的獨特性,關鍵在於如何運用我們的獨特性去體會世界大化同歸的理。此理亦不會阻礙我們發揮自身的獨特創造性,反而會如庖丁一般將我們的創造性推至極致,並獲得高效能與生命更新的回饋效益(養生)。

〔註42〕《莊子四講》,頁33。

〔註43〕《莊子四講》,頁36。畢來德於其後38頁處所言的庖丁未進入天之機制,筆者想法不同,庖丁是將現實的限制性一併考慮在內,應該說是更整全的機制,非人非天,是天人相合後的變化機制。

　　那麼工夫只有庖丁這一種類型嗎？在莊子中仍有許多技藝者，如梓慶、〔註44〕呂梁丈夫〔註45〕等，前者是木匠，後者是泳者，兩者需要的技術不同，工夫內容亦不相似，但脫開人心桎梏以達到與天相合、與自然相合此點，則差異不大。莊子放眾多技藝者在其故事之中，實表達著殊途同歸的現象，殊途來自於不同技藝工夫的呈現，同歸則是皆是通天、合天的展現，且此殊途並非沒有意義，而是強調人人皆可由自行創造或技藝的工夫，只要映射對應的是天之大化運作，都有成為通天之神的可能性。如此暢通了個人體道的不同管道，又以天為最終準則，實保障了自由選擇以及可驗證的雙重性。

　　以此回溯到前文所提及之巫者，如庖丁這類的終極技藝者，所好皆道，所依皆天，在其工夫進行之過程中體現了天理運作之具現化，身心與物一致同體的狀態下，通達天道並得天年。以某種技藝工夫通天，並在工夫實行的過程中呈現天理的樣態，實與古代巫者相似，只是傳統巫者可能有固定的儀式，以及在通天過程中被神靈降徙帶來的無意識與激情狀態，使得傳統巫者可能產生儀式權力的壟斷，以及無法以自己的意識與天溝通之副作用。莊子運用技藝者的角度，將副作用剪除，保留了人可因某種技藝通天之可能，並設下以天的自然規律為基的映射標準，將權力與神意此類可能導入慾望與意識形態的陷阱拆除，還給人一條可自由歸於天地之家的道路。

　　由此可說莊子的第一種人之隱喻型態，即是一種新型態的巫，有著技藝者的外在與動作，內在卻是通於天理的巫師，而這類巫師在此技藝通天的運作中，將能得到養其天年的現實效益，反過來說得養天年方能證實依於天理將能與物無所害，人物皆自由的自然狀態。

〔註44〕《莊子‧達生》：「梓慶削木為鐻，鐻成，見者驚猶鬼神。魯侯見而問焉，曰：『子何術以為焉？』對曰：『臣工人，何術之有！雖然，有一焉。臣將為鐻，未嘗敢以耗氣也，必齊以靜心。齊三日，而不敢懷慶賞爵祿；齊五日，不敢懷非譽巧拙；齊七日，輒然忘吾有四枝形體也。當是時也，無公朝，其巧專而外骨消；然後入山林，觀天性；形軀至矣，然後成見鐻，然後加手焉；不然則已。則以天合天，器之所以疑神者，其是與？』」

〔註45〕《莊子‧達生》：「孔子觀於呂梁，縣水三十仞，流沫四十里，黿鼉魚鱉之所不能游也。見一丈夫游之，以為有苦而欲死也，使弟子並流而拯之。數百步而出，被髮行歌而游於塘下。孔子從而問焉，曰：『吾以子為鬼，察子則人也。請問蹈水有道乎？』曰：『亡，吾無道。吾始乎故，長乎性，成乎命。與齊俱入，與汩偕出，從水之道而不為私焉。此吾所以蹈之也。』孔子曰：『何謂始乎故，長乎性，成乎命？』曰：『吾生於陵而安於陵，故也；長於水而安於水，性也；不知吾所以然而然，命也。』」

（二）支離者與罪者

《莊子》中有許多外型奇特、身體殘缺的人物，以「正常」的角度來說，這些人皆為「非常」，在現今社會雖已有普及許多醫學與道德知識，但普遍來說此類型的人不論古今，皆會被貼上標籤並邊緣化，特別在古代的醫學不明、巫術思想仍勝的社會氛圍中，畸形者或因意外／獲罪而導致殘疾者，更是如此。不過莊子卻一反常態的讓這些人成為了得其天年、以及說出天地之理的得道者，在此設計的背後，隱藏著莊子對於人的哪種隱喻意義，是本節欲探索的內容。

莊子運用外在形式較為非常的人物，是將身體作為一種翻轉立場的載體，讓我們來看一下其中最著名的支離疏：

> 支離疏者，頤隱於臍，肩高於頂，會撮指天，五管在上，兩髀為脅。
> 挫鍼治繲，足以餬口；鼓筴播精，足以食十人。上徵武士，則支離
> 攘臂而遊於其間；上有大役，則支離以有常疾不受功；上與病者粟，
> 則受三鐘與十束薪。夫支離其形者，猶足以養其身，終其天年，又
> 況支離其德者乎！〈人間世〉

支離疏不成人形，上下倒置、內外反轉，臉頭部被下放到身體下部，五臟外顯沖天，腿與身體中段相連，相貌如此驚人，卻可以不須上戰場、領取補助且正常工作，足以讓自己享受社會福利卻又不需面對戰爭，得以安養天年，實在是超乎想像，似乎這種外在不是一種詛咒，而是一種祝福？莊子的故事必然當作故事來看，其描述是為了傳遞某種跳脫框架的思考，所以最後莊子提出結論：「夫支離其形者，猶足以養其身，終其天年，又況支離其德者乎！」其中說明了若能達到「支離德」，就不只可養天年，更可提升到更高的可能性。至於更高的可能性是甚麼？莊子沒有繼續說明，但若就莊子所謂的德來探討即能找出端倪。《莊子》中德的用法主要有兩種，有強調一般社會價值意義下的道德規範，亦有標明人內在德性之作用。前者的道德規範核心來自於二元語言的設定，後者則是人自自然或是自身體會的真實德性，並非受到意識形態宰控之道德規範，兩者皆是指人事物的內在組成，如處事態度的價值層面那般。引文中的支離德之「德」是指社會道德規範的用法，端看〈齊物論〉中的說法：

> 夫道未始有封，言未始有常，為是而有畛也。請言其畛：有左，有
> 右，有倫，有義，有分，有辯，有競，有爭，此之謂八德。〈齊物論〉

是非的概念將大道割裂，建立了你疆我界的二元樣態，本來只是標明分別最後卻走向競爭，這八德很適切地說明了莊子心目中道德意識的來源與走向，

在於區分我與他，此區分將使得爭端無止盡延伸。當這樣的爭端出現之時，莊子的建議就是「照之于天」、「莫若以明」，〔註46〕兩者互文，簡要言之就是以天的整全視角方能全面向的照見所有的可能，昨之非可能為今之是，只有從天的立場將時空進行壓縮，方能理解許多兩造極端的區分，不過都是滄海一粟，猶如生死相續，不只生命變化如此，價值轉變更是如此。故莊子所言支離德者，實是可跳脫此社會二元意識、分解並轉化道德規範之人，運用改變外在形式的身體，莊子內裡要說明的是如若能轉換內在思維（由人轉天），那麼甚麼外在形態、內在意識之限制在自然的視角中，都可解除，並得到包容。

支離疏的出現與安養天年的結果，主要來自莊子對於有用、無用論述的思考，按照人正常的價值觀，成為有用的人是相當重要的人生目標，那麼在另一端被視為無用的人事物，即會受到歧視與傷害，核心仍來自二元意識及其帶來的價值判斷。〔註47〕莊子的寓言則致力翻轉這種二元的狀況，藉由昨是今非的論述，證明二元論述之不可靠，猶如無用的樹木卻可安享天年，甚至被奉為社神；看起來惡駭天下的哀駘它卻可吸引人心生響往，甚至使魯哀公想傳位於他，〔註48〕這些外在形式及其功能都看起來無用的人事物，卻發揮常人難以做到的效益。這種翻轉並非為了造成另一種以醜為美的典範，〔註49〕而是說明「人」

〔註46〕《莊子·齊物論》：「物無非彼，物無非是。自彼則不見，自知則知之。故曰：彼出於是，是亦因彼。彼是，方生之說也。雖然，方生方死，方死方生；方可方不可，方不可方可；因是因非，因非因是。是以聖人不由，而照之于天，亦因是也。是亦彼也，彼亦是也。彼亦一是非，此亦一是非。果且有彼是乎哉？果且無彼是乎哉？彼是莫得其偶，謂之道樞。樞始得其環中，以應無窮。是亦一無窮，非亦一無窮也。故曰『莫若以明』。」
〔註47〕莊子自身的思想亦常受到其名家好友惠施視為無用，甚至將其思想比作無用的樹木，莊子則運用翻轉視角的故事與寓言，讓無用成了大用，關於莊子如何運用隱喻的方式來翻轉立場，詳細可參張榮興，〈心理空間理論與《莊子》「用」的隱喻〉，《語言暨語言學》13.5（2012）：999～1027。
〔註48〕《莊子集釋》〈德充符〉，頁206～216。
〔註49〕但莊子如此的設定，確實對中國思維留下了影響，《莊子》將這些失范的畸者昇華進了藝術之可能，特別與儒者威儀堂堂的身體觀相比，楊儒賓即曾言：「莊子此種以醜為美的手法影響了後世美學的美醜觀甚鉅。……假如我們以儒家的『望之儼然，即之也溫，聽其言也厲』、『君子不重則不威，學則不固』，對照支離疏之『攘臂而遊於其間』（〈人間世〉）或鴻蒙之『拊髀雀躍而遊』（〈在宥〉）即可見出莊子塑造的人格基本上是反感性、反世俗標準、反社會功能的。莊子這種塑造人物的手法，我們可在後來的羅漢圖、鐘馗像及許多人物畫像上看到。這種以醜為美的觀念甚至影響到自然的山山水水、花花草草裡去。」《莊周風貌》，頁139～140。

自以為傲的二元價值在真實的「天」之自然視角下，所產生的謬誤。〔註50〕

　　支離德者，拆解了一般被社會人士視角下的道德價值，是為了回復到天的整全視角，但其大可獨善其身，不須如莊子般用支離疏的方式演練給人看，正是因為此類的支離德者望見人心相刃相靡，不忍於心，方才以喻言之。如能助人解除禁錮，便可化開偏見成心，還人心靈自由，不再以有用、無用標籤自我與他人，還身心自在，猶如支離疏那般攘臂遊於天地，無所害人亦無所人害。支離疏以支離其體養身，那麼支離德者養的必然就是真實的德性，在莊子的思維中，此種德性必然是天之德性。若以養說之，這亦是一種養生之方式，解開心靈的桎梏猶如回歸整全包容的懷抱，讓身心獲得平靜，不隨外物變動。支離其德與不支離其德，其實即是天之德與人之德的一種比較關係，若我們藉由支離疏的故事列出一個「天、人德性關係」之空間，加上前言與「養生」之相關，便可與上一部份中「養生的空間」建構出隱喻映射之可能。支離德所養之德性即是天之德，猶如養生中所養之神，因神也是人與天相和後的狀態；而支離其德的行為，就是養生主要的工夫，唯有轉換框架與視角，方能逃脫社會價值的綁架；而支離德者即是帶領社會人離開這種綁架的前導者，猶如養生之導師與學生之間的關係，執行支離德功夫獲得的成果，即是獲得天之德性與視角，主

〔註50〕廖炳惠在討論儒、道兩種身體體現時，論及《莊子》之畸異身體與儒家威儀身體之不同展現時，連結上了俄國的文學理論家巴赫汀（Mikhail Bakhtin，1895～1975）的醜怪身體（the grotesque body）與正統身體（官方身體）之比較。巴赫汀的醜怪身體（怪誕人體），來自通俗文化與狂歡儀式中生命力無限制的展現，醜怪身體將一切人體應有的樣貌進行脫冕與加冕的顛覆。上下部身體的交換、特殊部位的極為外凸或凹陷，藉由這樣的展演方式，來對所謂的官方意識進行嘲諷，也由於上下部的交換，將邏輯等象徵理性的頭部下放，而把象徵生命力的肚子等下部器官上移，以此來重新肯定生命本有的力量與不受限的歡愉，打造出反制度、混沌的新樣態。身體誇張的特徵也表達了身體不斷渴望連結世界與他人，以及持續變化未完成的身體觀，試圖喚醒世俗狂歡化的身體，推倒官方正統身體的限制與控管，並讚頌生命慾望的自然流露，對巴赫汀來說這才是最貼近世界、最貼近大地的身體。支離疏的形象，恰好也是誇張與顛倒的身體代言人，上部（臉）隱於下部（臍），述說著《莊子》意欲對理性與邏輯進行脫冕，嘲諷社會的身體價值，頭部象徵精神的表率，卻被《莊子》「流放」到身體的下方。對官方認定的身體，支離疏不受其害，反而悠遊人世，對僵化的規範達到顛覆目的，上下部的交換就帶有這樣的隱喻效果，且支離疏在官方徵兵之時，仍可攘臂遊之，彷彿就是以這種顛覆的身體遊戲並嘲笑著正統價值，而《莊子》只是在後續的故事中加強此效應，挑戰視角固化的社會人。詳餐廖炳惠，〈兩種體現〉，收在楊儒賓主編，《中國古代思想中的氣論與身體觀》（臺北：巨流圖書，1993）。

要是一種包容萬物的胸襟，而有了這種胸襟便能與人物無害，將能得其天年；而莊子運用了支離其身（支離疏）的方式來先行引導社會人，猶如養生先需要工具方能進行；不過支離德的工夫必須一直持續，不然就會有落回意識型態的可能性，就如同養神亦須不斷持續養生的工夫那樣，推敲並探索出兩者的關係之後，便可獲得下圖：

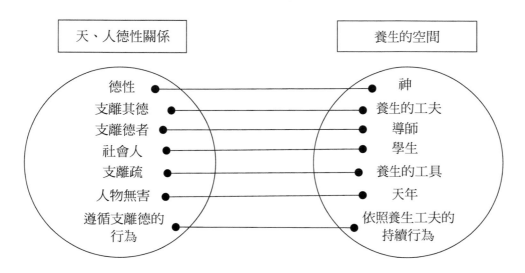

圖 4.10　天人德性與養生映射圖

　　上圖的映射將養其德的核心放回到了養生的系統中，意味著此種養「生」並非一般性的追求身心平靜而已，而是有精進的目標，且此養生之道並非獨善其身，而是藉由此身心所散發出的「氣氛」，去改變環境中的人事物，所以才會出現有導師與學生的現象，此養生並非獨養其身心，而是養眾人之身心。改變的說法，可以前述過的哀駘它做例案，魯哀公問於孔子說衛國有一個醜「惡人」，但是君子都想親近他，女子都想嫁給他，聽說其知識也沒有特別之處，也並非有財，為何可以讓人如此？所以魯哀公決定召見其人，果然醜惡非常，但與他相處不到一個月就覺得這個人有意思；不到一年便得到哀公的信任，最後甚至讓哀公覺得自比不如，想「授之國」，但此念沒過多久，哀駘它便離開了魯國，讓哀公相當茫然若亡，無以為樂，想問孔子此人到底是誰？孔子回答道此人是「才全而德不形」，才全意味著一切人事的死生、成毀變化，外在的狀態與評價都是日常變化而已，不須入於心，待人接物皆和煦如

春。德不形則是其德性如平準之水，內裡盈滿卻不外溢，永遠德能充沛卻不向外張揚，所以與之相處能隱見其德，無有壓迫之感，備感舒適，故無論人物與之相處皆不想離去。哀公聽完後，與閔子對談時感嘆，聽完孔子一番話，以前自以為治理天下的方式原來皆是無用，而道出其感嘆之語：「聞至人之言，恐吾無其實，輕用吾身而亡其國。吾與孔丘，非君臣也，德友而已矣。」〈德充符〉。

　　哀公的結論中可得出兩點，一是他指稱孔子為「至人」，二是孔子與哀公本是君臣的上下權力關係，在經歷哀駘它事件與孔子的解釋後，體會到他與孔子之關係並非君臣而是「德友」。第一點關乎到莊子最終對於人身心形態的目標「至人、真人、神人、聖人」的設定與思考，留待後論。第二點即是上文所言支離德者可改變周遭人事物的具體轉換，因為哀駘它的行為，讓哀公對於外在形式的關注轉換到了才德的呈現，孔子所謂的「才全」是其哀駘它「德不形」所呈現出來的態度與行事風格，即是哀駘它身心整體呈現出的狀態。在此影響下哀公已進行了第一層的轉換，外在形式的破除，解除了造成意識形態判斷最主要的第一印象，而哀公因此產生的身心轉換，藉由孔子的說明，更發揮了第二層知行合一的面向，意即哀駘它真正的影響藉由孔子之言全面化，哀公最終放棄了階級權力的上下設定，轉向了平等交遊的「德友」之道。德友之「德」即是哀駘它展現出的才全德不形，體驗過的哀公與能解說孔子，兩者不過是一起在這條德之道一同前進的朋友。

　　回到哀駘它所展示的德性，看得出亦是破除意識型態限制，並包容性的接納他人，正為支離社會道德，養其整全天之德的樣態。所以德友之說，可映射到養生的系統中，一同見道養德之友，即走在養其全生／眾生的道路上。探討德友關係中最重要的就是信念的相同，對於天之德的追求之理念，猶如要養之神以天為目標，而德友之間最重要的關係便是基於理解天之德並加以實行，讓物我都自在無礙，且無論外在形式如何亦能平等交遊、切磋提醒的狀態，猶如養生者們彼此之間以養其天年為冀望並加以實行，無論是導師還是學生都能進行養生之工夫；德友交遊必須以此身心行動方可，亦如以此身心為養生之工具那般；德友們亦能持續這種信念，並持續平等相處的行為，亦如養生者們持續養生的行為，在討論完兩個空間對應的系統與要素後，可得出這層隱密的映射關係：

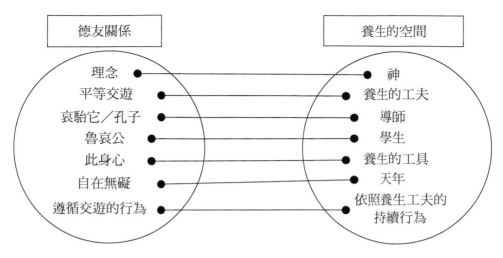

圖 4.11　德友與養生映射圖

　　哀駘它行之、孔子言之、哀公聽之，前兩者猶如《養生主》中實行技藝的庖丁（哀駘它）以及說明的庖丁（孔子），後者亦如文惠君皆是一國之主，莊子此處只是將技藝化作生活日常之身心行為與狀態，技藝的說明變為身心狀態的深刻意涵，亦讓魯哀公得到解除階級禁錮的養心之道了。哀駘它的離去，說明了這等身心狀態若又要以權力（以國授之）的框架來限定，將此形象視為上位典範，又將落入到好壞二元價值的評斷時，便將失去這一自然自在、與物同春不分你我的平等狀態。在《莊子》寓言的視角下，社會人的價值系統是：「喪己於物，失性於俗者，謂之倒置之民。」〈繕性〉而〈人間世〉中「牛之白顙者，與豚之亢鼻者，與人有痔病者」等不祥之人物，就在《莊子》的解放下，逃脫道德秩序分類的暴力，回歸其自身的價值。

　　另外在社會中亦被視為邊緣的還有犯罪者，可說畸形者是天生的印記，而罪者之罪便是後天的印記，面對有罪之人，一般人皆遠之，無論其改過與否，第一反應便是罪者之罪有如疾病，且有不斷復發之可能，故罪者即便自新，仍易被放逐邊緣。在古代許多的罪刑會在臉上或身體直接做下記號，如墨刑或刖刑，即為刺字於臉面或是砍腳，讓人一見便知其所犯之罪行，並以之為戒，成為一種行動的上位者權利展示。猶如傅柯所言：「權力關係總是直接控制它，干預它，給它打上記號，訓練它，折磨它，強迫它完成某些任務、表現某些儀式和發出某些信號。」〔註51〕罪者的記號散發著權力的氣味，以及社會道德分類系統的設定，而此一切亦源於人類意識形態中二元的設定，人總想爬於上位不

〔註51〕（法）傅柯著，劉北成譯，《規訓與懲罰》（臺北：桂冠圖書，1992），頁27。

想落於下位的慾望使然。莊子故事中常提及的罪之印記即為「兀者」，重者被切去一足，輕者被刖去腳趾，底下則用兀者申徒嘉與子產大夫的故事來做為例案：

> 申徒嘉，兀者也，而與鄭子產同師於伯昏無人。子產謂申徒嘉曰：「我先出，則子止；子先出，則我止。」其明日，又與合堂同席而坐。子產謂申徒嘉曰：「我先出，則子止；子先出，則我止。今我將出，子可以止乎，其未邪？且子見執政而不違，子齊執政乎？」申徒嘉曰：「先生之門，固有執政焉如此哉？子而說子之執政而後人者也！聞之曰：『鑑明則塵垢不止，止則不明也。久與賢人處，則無過。』今子之所取大者，先生也，而猶出言若是，不亦過乎！」子產曰：「子既若是矣，猶與堯爭善，計子之德不足以自反邪？」申徒嘉曰：「自狀其過以不當亡者眾，不狀其過以不當存者寡。知不可奈何而安之若命，惟有德者能之。遊於羿之彀中，中央者，中地也，然而不中者，命也。人以其全足笑吾不全足者多矣。我怫然而怒，而適先生之所，則廢然而反。不知先生之洗我以善邪！吾與夫子遊十九年矣，而未嘗知吾兀者也。今子與我遊於形骸之內，而子索我於形骸之外，不亦過乎！」子產蹴然改容更貌曰：「子無乃稱！」〈德充符〉

申徒嘉因其為兀者，被同門之人子產所輕蔑，不許與之同行同席而處，最後勃然大怒，以自身為執政的權力身分作為藉口，說申徒嘉身分低下不應如此，充分展示了階級暴力的思維。申徒嘉則是舉了與其師伯昏無人相處之過程，陳述了自身本亦帶有刖足被恥笑的痛苦，但其師善而待之，竟使其忘了自身為兀者的身分，言明其師教導之道並非加強社會分類的標準，而是解消此限制並回歸自然物我的和諧氛圍，猶如前文待物如春之論，最後一言：「今子與我遊於形骸之內，而子索我於形骸之外，不亦過乎！」將子產中逼得無地自容。

從故事中可見子產對於申徒嘉兀者的身分相當介懷，奠基於一般人將兀視為罪的印記，忽略人本身內在德性方為重要之所，且相對於先天的外在的畸形，後天的罪之標籤更是一種自我不慎的惡果，是自由意識決定後的結局。且不說自由與否，直觀的刻板印象，將忽視許多人的命運的限制與醒悟的能力，或說正因到過二元的另一端，更能體會此架構帶來的弊病。莊子抓準此點，將罪者與畸形者皆拿來挑戰著常人的思維架構，顛覆邊緣與中心的界線，將之混

淆經過體驗與細緻的分析後，得出無論何人，只要其德性能如天般包容，其所在之處便為中心，而其不斷移動便使得無處不中心，而若我們能體之察之亦能成為中央。簡言之，如可體天之德，天地之間、社會遍處皆可去除中心／邊緣的界線，一切皆入天之懷中，無須競分你我。古代中國的思想脈絡中，尤認為君子的外在儀態與身體樣態，是表現其地位與才能的重要之處，在哪個位置就該有怎樣的言行，如君臣、父子、夫妻、朋友之間即須有相對應的界線與道德行為，設立之初或有本質可循，隨時空變換，亦該有所變動。但若僵化規定忘其初衷，即失去其意義，落入階級壓迫之可能。不符社會秩序分類系統中「健全」、「道德」、「正確」之樣態，即被定為對社會有害的「凶」之現象而遭歧視。故罪者集了形體不全、道德有偏、行為不正三者於一身，才成為了莊子最須拿來顛覆分類的重要人物。〔註52〕檢視莊子寓言的內容，申徒嘉所言的「內」即為其師包容無礙的德性，「外」則是指外在身體的缺陷，以及缺陷背後帶來的罪之印記，而其言猶如劃開二元標籤的明燈，化身伯昏無人告誡子產不可遺忘整全的包容之德，反倒回頭去追求階級競爭的限制心態，不只表明了自身的立場，更點醒了子產竟與一般人相同具有成心。

　　罪者和畸形者的寓言皆呈現出一種中心與邊緣的翻轉，故事中的導師型人物都具有驚人的外型與整全之德性，並有破除意識形態的言行，學生型的人物一開始皆是具有一般社會中心、意識形態強之人。在相遇、體會與說明之後，兩者都能持續朝向某一物我相安的諧和目標前進，如此持續性的包容德性之行為則為前進的必然選項，這一切皆是為了讓其身心平靜、止息分別的養生之道。莊子運用的就是將罪者與畸形者身心之狀態作為展示的工具，進而引導出這些內容，猶如養生需要工具那般。細緻的討論與系統的統整之後，可將罪者與畸形者統合後的樣態稱之為中心／邊緣的諧和關係，並與養生的要素做出連結，再將此系統與與德友關係，一並整理如下圖，便可看出莊子多重隱喻的厚度與廣度：

〔註52〕《莊子》書於外雜篇處，另有一篇稱為〈盜跖〉，通篇為當世大盜與孔子的對話，在其中多有嘲諷與批判儒者的對話，歷來被視為《莊子》書中肯定非出於莊子本人之手的糟粕，但鄧育仁卻認為本篇具有著跳脫本位主義，以他者立場觀之的功能：「盜跖的批判，宛如一封邀請書，一場思想實驗，邀請儒門弟子以及所有人，由『叩其兩端』（《論語·子罕·八》）的方式，試著去設想、體會對立的他者觀點。」詳參氏著，〈隱喻與公民論述：從王者之治到立憲民主〉，《清華學報》新 41.3（2011.9）：532。

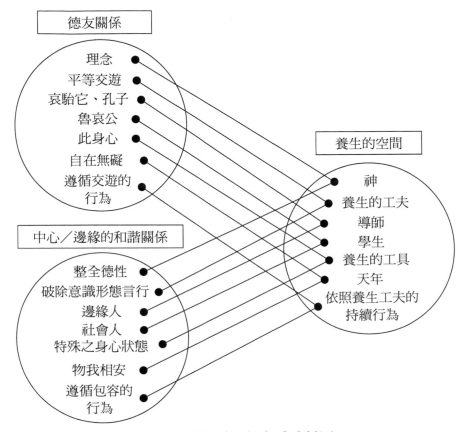

圖 4.12 養生隱喻的多重映射圖

　　兩個來源域中皆有類似導師與學生之角色，不過實際上若學習者理解並願意實行天德相應的行為，便無分上下，只有先後養生與體道之差異。莊子之所以要轉化社會人並與先行者一同前進，即是來自於莊子對眾人得以不再相互爭戰與欺凌的願景，故莊子故事中人物雖驚世駭俗，但總保持著與一般人溝通之可能，因莊子明白獨善其身只能自身逍遙，若能人人皆逍遙，世間的痛苦方能止息，其心目中人的樣態，在調整完自身的狀態後，若有機會仍需與他人相互互動，並引導其走向諧和與德友之路。

　　〈大宗師〉中子貢曾問仲尼不循禮而外放肢體之人，也許亦帶有這樣的隱喻意味：「子貢曰：『敢問畸人。』曰：『畸人者，畸於人而侔於天。故曰：天之小人，人之君子；人之君子，天之小人也。』」〈大宗師〉社會貶斥為邊緣之人，從其角度往回看，反而可能是最可以接近天之大道的契機，並可帶領人之君子回歸諧和之途，亦如回歸自然整全的擺渡者，不再用定義與規範看待與控制事物。無論奇醜美怪，都應依於自然諧和之道，因萬物本源於天的大化之道，

不應以人知識之一隅定之，即是《莊子》在〈齊物論〉中所言：「故為是舉莛與楹，厲與西施，恢恑憰怪，道通為一。其分也，成也；其成也，毀也。凡物無成與毀，復通為一。」

（三）至人、真人、神人及聖人

莊子心目中最重要的人樣態，在其書中有至人、真人、天人、神人與聖人五種主要稱呼，研究者有認為莊子所指皆為同一種人，只是說法不同，另有人認為莊子所言是有階段性差異，〔註53〕在此可參考唐君毅之言：

> 所謂真人、天人、至人、聖人，即皆兼為超世間人倫之人耳。……至人、真人、神人、天人、聖人之義，則似首當知此諸人之名，畢竟指一種人，或有高下之不同種類之人。……吾則以二者皆可說，莊子實兼具二旨。然莊子之必就其理想之人之德，而別出至人神人等名，以名之，則正可見莊子之重人之德，而又不自足於儒墨所言之聖人之德也。〔註54〕

唐君毅認為莊子中出現的各種理想德性之人可為一、亦可為多，主要來自於莊子對於德性呈現之情境所需，而展示出不同的樣態，又或是德性的追求是同一的，但有階段性的差異。另一重點在於莊子不滿於聖人只有一種樣態，有鑑於其他儒者將聖人的樣態固定化，依莊子破除價值不立中心邊緣的思維，知曉固定化會產生許多弊病，過度的典範形象將使人受到許多限制與壓迫，當本質初衷消失之後，剩下的就是對權力追求的空殼設定。故站在人人皆天子，萬物皆具天之德的思考下，德性超越之人本就不只有一種固定之面貌，故唐君毅才言莊子「重人之德」，莊子所重是人之德雖都源於天，但追求的方式與呈現出的樣態各各有異，猶如天籟之說，物物皆可資天之所予，並發出自身獨有的音樂。天與物、天與人即在此狀態下既為一，又不為一，如同一場存有與存有者的交響樂，存有是引發存有者成其自身豐美樣態的導引者，存有者則用各自的方式讚頌存有者的力量，此讚頌亦回響自身，共鳴天地。

在《莊子》一書中，「至人」提及 30 次，內篇 8 次，「真人」提及 19 次，內篇 9 次，「神人」提及 8 次，內篇 4 次，「天人」3 次，內篇 0 次，「聖人」113 次，內篇 28 次。端看其中所提及之特色，除較少提及且描述較簡略的天

〔註53〕前者如沈清松〈莊子的人觀〉，《哲學與文化》14.6：14。後者如陳德和〈論莊子哲學的道心理境〉，《鵝湖學誌》24：53～54。

〔註54〕《中國哲學原論‧原道篇卷一》，頁 348～349。

人之外，其餘四者共同之處有皆能理解自然循環之道，不以死生為念，皆可包容萬物，解開二元價值的框架禁錮，並以「無為」為其核心作為。另除聖人之外其他三者皆有水火不侵、以神遊盡天地的類巫術說法，〔註55〕此點與薩滿教有關，來自莊子思想中巫術文化背景之影響，卻非原始宗教之原意。第一所謂的水火不侵，依照其物理特性，水火為極端相剋之物質，以思維的角度對比，有如是非、成毀二元之結構，在〈齊物論〉中提及此種爭端不斷的思想結構，使人日夜折磨，以致心死，〔註56〕是如水火一般皆可令人苦痛而死，故以水火不侵的具現化意象，表達脫卻此價值框限回歸天的整全之德時，身心便可不隨言／物遷而動。神遊天地、與物相化此點，聖人之說明亦有，此說法明顯得自巫教，但莊子實藉此轉化為工夫修養後，而達致的精神解脫之狀態。在真人與聖人的描述中，可以看見其中具有許多與修養工夫相關的文獻底下先舉兩則：

> 古之真人，其寢不夢，其覺無憂，其食不甘，其息深深。真人之息以踵，眾人之息以喉。〈齊物論〉

> 吾猶守而告之，參日而後能外天下；已外天下矣，吾又守之，七日而後能外物；已外物矣，吾又守之，九日而後能外生；已外生矣，而後能朝徹；朝徹，而後能見獨；見獨，而後能無古今；無古今，而後能入於不死不生。〈大宗師〉

真人與聖人是一連串的工夫後方能達到的樣態，並非只要解除意識中的價值判斷即可，仍有許多實際的工夫需要進行，如息之以踵，食之不甘，又如第二則引文中接續不斷的守真、觀己、無死生與終見天道的過程，皆與古巫術的儀式過程不同，這點說明莊子已將巫士之道轉為養神通天之道。端看這些工夫過程的描述，即可發現皆是養其身心以致神通大化之行，這與前兩節技藝者與邊緣者所映射的「養生之人」相同，另外一直強調此類人可以神遊盡天地，或可問為何需要遊此一不斷移動的過程？不停移動應驗了莊子破除邊緣與中

〔註55〕 楊儒賓曾討論莊子中此類主題與原始宗教之相關性，詳可參《道家與古道術》中第 7 章〈升天、變形與不懼水火：論莊子思想中與原始宗教相關的三個主題〉，以及第 8 章〈莊子「由巫入道」的開展〉。

〔註56〕 「大知閑閑，小知閒閒；大言炎炎，小言詹詹。其寐也魂交，其覺也形開，與接為構，日以心鬥。縵者，窖者，密者。小恐惴惴，大恐縵縵。其發若機栝，其司是非之謂也；其留如詛盟，其守勝之謂也；其殺如秋冬，以言其日消也；其溺之所為之，不可使復之也；其厭也如緘，以言其老洫也；近死之心，莫使復陽也。喜怒哀樂，慮嘆變慹，姚佚啟態；樂出虛，蒸成菌。日夜相代乎前，而莫知其所萌。已乎已乎！旦暮得此，其所由以生乎」《齊物論》

心的界線，因天之德為整全之道，至人們不斷移動，即意味著無處不中心，並可點化相遇之人，且移動與時空的轉換、不同觀點的納入有其相關性。唯有不斷變化身心並接納眾多差異的事物與觀點，方能維持與天相同的整全大化之德，若只存一地，相當有可能因為環境與熟悉事物後致使思維僵化，故「遊」有其必要性，主要在不斷破除意識形態與接納新事物的需求。

遊的思維與必要性，亦說明了莊子寓言中不斷出現的求道者之旅，以及與得道者相遇之景況，對話中多有破除意識形態的描述，以及養神工夫之說明，似乎只要有心嚮往，幾乎皆可得人相應，儒者德不孤必有鄰的說法，到了莊子成為了道不遠必有友的呈現，得道之師亦為得道之友，只要能一同並進便無分上下。此亦點出了莊子思維中同道之「友」的重要性，而不停的求道與訪友，回過頭來亦保證不斷「遊」的行為，友者即遊也，最終在莊子天下一家、道在屎尿的宗旨下，可說無物不可友、無處不可遊。

楊儒賓曾論及莊子思維中理想性的主體為「遊之主體」，〔註57〕此遊將主體與他物之間的關係產生了共振共鳴，猶如上述之天籟關係之說明。且此遊可連結上真人們為何多以神遊天地為特徵，溯源來論可追至巫文化中巫者的「出神之技」，〔註58〕但莊子此處卻將身心轉化的工夫提升到與天地同化之境界，去掉了神話限制的神意框架，回到了人與物自身間協調共融，以同具的天德為遊的動能，又可展示各各不同的豐盈樣態。楊氏更將此遊聯繫到莊子技藝者實行技藝之過程，因遊是我與物皆遊、我與物共振的樣態，而只有在與物皆化的過程中，這樣的樣態方才可能發生。與物皆化即是以大化之氣作為基底，我這一主體能在某個工夫過程中，去體會到氣在萬物上的變化與流動，猶如庖丁以神合於牛體經絡的變化，並與之相合，體驗到物我皆是氣變化的一瞬，並藉由某種工夫／技藝過程，將這種共振之相合提升到最大值，便可與萬物相融互滲，換句話說，即可遊遇於萬物。〔註59〕故唯有體會到物化的流動與變形，我方能與物同流同遊，主體之工夫／技藝若無到某一境界，無法體驗物化，遊的

〔註57〕詳可參《儒門內的莊子》第三章部分。

〔註58〕《儒門內的莊子》，頁207。

〔註59〕關於氣化的宇宙一體觀，可參考賴錫三的說法：「感通的生命經驗背後所預設的正是『宇宙一體』的世界觀，而這種東方世界觀，正是透過『氣』這個『存有連續性』概念而得到的體驗和說明。總之，『氣』可以看成是一種非符號語言的『原始語言』。而這種原始語言的溝通最強調的，乃是一種存在氣氛的融入，當生命能一同躍入這個存有呈現的氣化大流之氛圍，生命本來就一直處在共振的交響曲之中……。」《莊子靈光的當代詮釋》，頁74。

可能性便消失：「主體遊時物才化，物化時主體才算是處於遊的自在狀態。技藝的完成同時意味著生命的淨化與完成。」〔註60〕此言亦點名了，庖丁為何一直解牛的第一個假設，生命的淨化與完成是一個不斷持續的過程，並非一次即可，亦說明了筆者在許多空間中皆有放置某種持續性行為的出處所在。

在莊子對於此類至人們的陳述中，仍有著天人不相勝的特點，意味著他們可優游於人世而不被人所妒所傷，翔於自然而融於天地，意味著他們在其內心可化去價值系統的限定，亦不以此評判他人，故不為傷。其所養之神與德更可通於天道，其於人之德與天之德皆可容，與「支離其德者」對於「天人德性關係」探討的樣態亦相似，又聖人亦可感人動物，卻無所作為，更與哀駘它所為相同。

至人、真人、神人或聖人，還有一點共通之處，即是皆能與天相合，要達到此點，必得能以自然規律為核心，轉化為自身相應的工夫或樣態，〈齊物論〉中提其真人：「若然者，其心志，其容寂，其顙頯，淒然似秋，煖然似春，喜怒通四時，與物有宜，而莫知其極。」其容貌或是身心狀況皆通於自然四時，無論何人物來之皆可相處，此與他們能以自然變化之規律為身心行為的標準有關，故此特點亦與前文中的「自然規律」空間的要素有關。

綜合上述所論，可看出無論至人、真人或聖人等，莊子將之視為人的一種理想型態，在不同語境或狀態中的不同展現方式，但具體的行為卻早已在技藝者或前文中的邊緣者身上展示，當然還有被魯哀公視為至人的「孔子」身上看出些端倪，且這類人在莊子的眾多描述中，皆呈現出一種養其身心以通天人的「神」之型態，和前兩節中得出養生的空間中之陳述相同。

所以筆者認為「養生之真人（們）」便是莊子心目中人最主要的目標域，只是所養此生並非只有己身，而是萬物皆養，借用王陽明吾心即宇宙的說法，莊子所養之生、之德便是宇宙之生（德）、眾人之生（德），天與人、人與人、人與物皆養之，神便是養生者統合天人不斷遊化的狀態。簡言之，莊子最終的養生之人，養的是天地之生，當然己身需先藉由養生之工夫達到一定的程度後，方可展開如此恢弘的願景，〈逍遙遊〉開篇的鯤鵬之化，即在說明著遊於天地須不斷的深積厚藏方為可能。具上述的理由，將前述的「養生的空間」之名稱轉為「養生之真人（們）」，並將之與在技藝者、邊緣者所得到的四個來源域：自然規律、天人德性關係、中心／邊緣的諧和關係與德友關係，做出最終多重映射的圖表，來顯示其映射之複雜度與照顧之層面，可用圖 4.13 來呈現：

〔註60〕《儒門內的莊子》，頁 217。

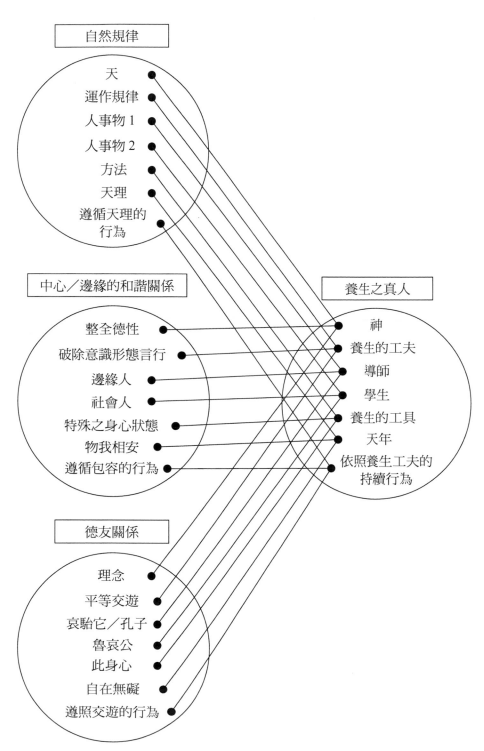

圖 4.13　莊子養生之真人隱喻的多重映射圖

由這三個來源域融合之後，莊子養生之真人將具備著體察並理解天之能力、具備包容二元的整全意識以及平等交通無礙的行為，此意味著養生之真人成為了某種天意識與行為的協作者。

最後養生之真人們雖遊化天地，但仍有歸鄉之處，此鄉為何？

> 彼至人者，歸精神乎無始，而甘冥乎無何有之鄉。〈列御寇〉

無何有之鄉依前所論，便是大化之家的擴大說法，亦是天隱喻中的母性包容之所，在真人無論何處皆可依行天裡的特殊境界下，此無何有之鄉，處處皆是。因天下之萬物皆為天子，都是大化之道變化之一瞬，人若能知歸鄉之鑰為與天為一，那麼便人人皆天德之友；若人迷於主客邏輯之路，遍不得其門而入，便無處可得此鄉。真人們優游天地如同遊鄉，鄉中事物無所侵害，皆為道友而已，故此家之人並非在意識形態或血緣上緊密相連之個體，而是如朋友般平等，可在各自主導的意識中發展出自我與天相契的技藝與體道之方式，最終在天處相遇，豈不美哉。莊子言道在屎尿，事物不分高下，皆有天之道於其中，端看人可否為真人，方能體天地一指、萬物一馬，與世界為友，歸於大化之家矣。

六、小結

荀子言莊子「蔽於天而不知人」，就上文分析所見，莊子之人確實不同於一般社會人的設定，莊子心目中的人總是與天之道相合，不過表面上亦不違人之理，方能產生天人不相勝的效益。但莊子之人始終是依於天、養其神、行全德的，這德是為包容整全之德，而非道德禮教。簡言之，荀子所言是也不是，是之處為莊子實然以天為思想核心，不是之處是莊子之人行的是大化之道，而非荀子的道德之人，且就〈齊物論〉中莊子對人語言結構與意識形態甚深的討論，不可說是不知人，應說荀子不知莊子之人。

在本論中探討莊子天、家之隱喻的部分，讀者應看得出兩者極其相似，甚可將之放於同一隱喻映射圖中（如圖 4.14），這代表莊子思想看似寓意眾多，難以系統化，但其對巫文化還有時代困境的體會下，暗暗地在隱喻的脈絡中匯集出一個可見的圖象。

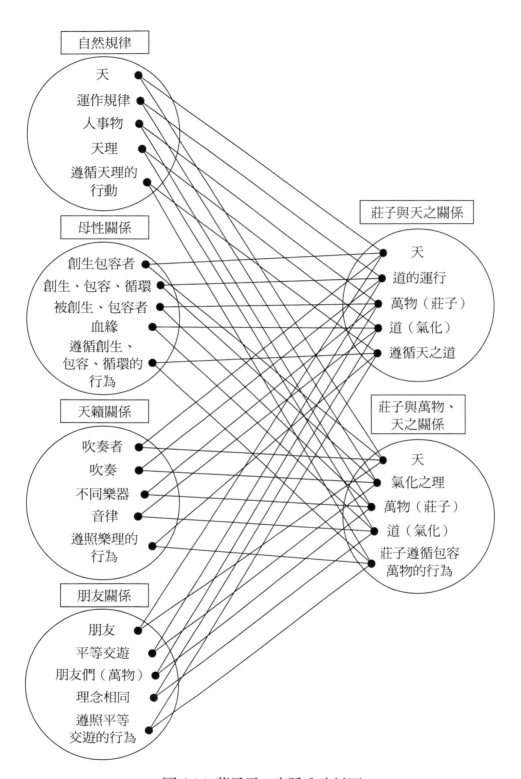

圖 4.14　莊子天、家隱喻映射圖

　　若將莊子養生之人的多重映射圖（圖 4.13）與圖 4.14 對照後，便可發現第一個來源域自然規律是相同的，另德友關係亦可對應到圖 4.14 中的朋友關係，只是將其細緻化，並將朋友們分化出了得道者與聞（求）道者，以及如此作為後的效益狀態（自在無礙）；中心／邊緣的諧和關係一項，強調的是不斷移動與破除本位主義的思維，在自我意識強烈的狀態下，往往皆會以價值判斷去標籤化或宰控他人，唯有放下立場，引導他人一同共榮共存，方能展開既屬於個人發展的特殊性，又能以包容之德性不斷地轉化與擴大自身的框架，這種看看似有引導者，卻在引導之後諧和一致的狀態，亦如天籟關係中的天與萬物之交響寓意。

　　上述的比對與推論中可知，莊子的養生之人的多重隱喻映射與莊子之天的多重隱喻映射實息息相關，其中最大的差異便來自於在養生之人處，多了工夫以及雙重對象，還有以此帶來的效益。莊子這樣的做法，增加了人與天合一的路徑與方法，並且在其化用巫術思維的過程中，將工夫純化為身心修練的法門，提及效益亦是為了強化人往此前進的動力。

　　增加不同對象間的互動與對話，是莊子最為重要的一點，因此處證明莊子並非獨身逍遙之輩，而是有意邀請眾人一同前往大化之家，享受物我無害的天年之處，為「養生即為養眾生」之說立下了願景。莊子所言之「養生」，因其有引導者與學習者的對象身分，開創出某種獨特的「倫理」意味，基於天生養萬物，運作四時的觀察為基準，此養生之真人必得將在天所得之德性與效益，傳遞給他人，並以此養天年之身心轉化工夫，解開人成心禁錮，使人人皆可養其身心，無所害於自我或他人、他物。他人在習得或體會到此效益與意義後，又可在自我轉化的過程中，以此身心氣氛為景象，繼續引導其餘諸人。長此以往或可真實出現某個物我相安、無害的無何有之鄉，就此看來莊子並非單純強調個人身心的轉化，更著眼著另一種「大同」之世的可能性，以天養、自養與互養打造出一個養護眾人的天地之家。

　　此點自於對當世亂局中人的憐憫，如若人人皆可養身心近神，修德性如天，那麼眾人皆德友而已，何來爭端？天人合一為的不只是己身的超脫，更涵納著天養育包容萬物的開闊心胸，故養者皆養，養吾身即養眾生之宇宙矣。

第五章　孔、莊天、家、人隱喻之比較

一、前言

　　孔子所存之時代為春秋末，莊子則為戰國中末，莊子之世儒者思想已廣為傳播，故其書中才有許多孔門人士出現，無論其中是褒是貶，觀孔門人在莊子書中出現的頻率，特別是孔子的比例甚高，可說是書中一大重點。歷代文人對此現象多有探究，或言莊子詆孔、或言莊子暗貶明褒、或言莊子為孔門真正傳人，本論藉由對孔莊其人其言的探究，思考孔莊對當時重要概念天、家、人三者，如何運用隱喻進行了意義的擴充與轉換，並找出隱喻背後之多重來源後，於本章進行兩者的比較，推敲孔莊之間思維的異同，抑或是互斥互補之處，試圖為孔莊一脈論，做出些許討論之空間。

　　本章將以認知隱喻的方式進行第一步的比較後，在思索孔莊同異之處，將分一為孔莊思想來源與時空之比較，二是孔莊天、家、人隱喻映射及其意義比較。

二、孔、莊思想來源與時空條件之比較

　　孔子，就其原初身分為殷血魯身，父者的缺席，造成其身分認同問題，此在孔子與子路爭論時其強調「正名」之事可見一般，名不正則言不順，此語說的不只是孔子對政治的看法，更是對自身認同困境的體悟。孔子原生家庭父早亡，強化了其身分認同之急迫性，加以魯國在當時面對的內憂外患問題，以及在仕途的起落，亦使得孔子對於家國之意義與需求有了甚深的思考，將重點轉自其所建立的教團，一個能夠傳遞相同理念而勉勵前行的組織。教團中人有著各式技藝，得以進入多個國家擔任要職，讓孔門成為了一個理念為上的革命基地，當然效果如何，猶有命數，但單就其孔子思想之強韌與延續性已可比過萬千軍士。

　　莊子思想的內在方面，其原初身分與孔子同宗，宋國又為殷遺民所建立，一樣接受著周代禮制的洗禮，且宋國於戰國末年，內憂外患之勢相比春秋之魯國，有過之而無不及。雖說孔子於魯國生長，但就兩者的思想源頭與處境卻極其相似，加以孔子的禮仁思想於莊子之世已多有傳播，莊子更能就近接收儒家的思維及看見「後」孔子時代儒者的走向。在巫文化背景方面，〔註1〕莊子比孔子影響更深，或說莊子直接將巫教文化的許多思想在其文中進行轉化，雖沿用各樣主題與神話，但卻藉由確認天之德為核心去解消巫教文化的弊病。在楊儒賓近年來的探討中，亦得出莊子書中神話之運用，有部分來自東海海濱文化之傾向，加以其中神話事物的線索，與孔子所宗之商脈做出了相連，雖徐聖心曾就此討論楊氏所言在莊子處雖言之鑿鑿，但於孔子與巫文化間的關係皆為間接線索，直接相關之訊息仍有待尋找。〔註2〕就認知思維的角度來說，人以語言進行說明與描述，皆會以身心過往之經驗為依憑，特別是運用隱喻之時，更會以其身心記憶做為資糧，不只是來源、目標域間的單純映射關係，是連來源之系統概念，亦會一並擷取部分融合到目標域之中。故楊儒賓以莊子書中所用之神話事物與東海海濱巫文化進行相關之探索，再連結到與孔子思想與所在之處的企圖，可說是種相互映射之表現，只要項目之間映射的關聯性高，就不失為一個可能。莊子可說吸收了周文化、商楚文化，並以巫教文化的外表，內裡以新形態的身心轉化（天人合一）做出奇書《莊子》，莊子運用其多重文化身分，成為其思想的強大動能，與孔子出現的文化認同問題之困境有所不同，但兩者皆是在此基礎之上開展其思想內涵。

　　孔子與人事物、自身的互動方式，皆以外禮內仁的方式進行，如若失去仁的內核，禮便毫無意義。仁的內涵為一種互滲同體之情，故雖都是外禮內仁，亦可針對不同個體進行互動的調整，視其需要來決定，猶如孔子對不同弟子同樣之提問，卻有差異的回答方式那般。禮來自於周文化以家為核心所建構之互動方式，親親疏疏、尊卑遠近分明，以人、家、國的方式向外輻射；莊子方面與人事物、自身的互動方式就較為多元，主要是在其〈天下篇〉明言：「以謬悠之說，荒唐之言，無端崖之辭，時恣縱而不儻，不以觭見之也。以天下為沈濁，不可與莊語；以卮言為曼衍，以重言為真，以寓言為廣。」其中三言即是

〔註1〕後文第4部分會詳細說明。
〔註2〕詳徐聖心著，〈儒內儒外？莊子何歸？——《儒門內的莊子》述評〉，《中國文哲研究通訊》27.1：78。

指用故事的方式，在其中運用各種歷史、神話或虛擬的人物之對話，傳遞一種天道的圓整循環思想，而因這種「天均」的思想，使得莊子對於人事物的互動皆以包容的言行處理之，其自身的行為則是以無用之用的思考為基底，呈現出無所為的樣態。此無所為的無為狀態並非不做任何事，而是如自然運行一樣，不特別做出違背天之道的行為。由此推演出，人之行為當與天一般，依於大化之循環之理，知人事物皆為天子，並任其發展，只要不違自然即可。

　　就此部分看來，孔子思想中仁內禮外的互動方式，以人與人之間的共滲同感為核心，再以此推擴出去，莊子思想則是直接較廣地將人、事、物皆包納進來，似乎可看出某種視角的差異。雖說孔子的仁禮是其與天遙契之方式，〔註3〕但就其由人—家—國外推的親親疏疏方式來看，從空間的角度應是慢慢由近到遠的方式進行；莊子則是先確立了天的立場，再向下推展到各個人事物，是種由遠而近的思維。孔子之天道與性命一貫相承，但就其弟子來說卻甚少聽聞，亦是因其由近而遠的焦點所呈現；荀子口中「蔽於天而不知人」的莊子，亦是因其由遠而近之視角所產生的可能性錯覺。

　　在孔莊兩者的生命結構比較後，可發現其外觀醜惡與衣著皆非社會價值中屬於美善價值的正面樣態，其思想組成的內在要素，皆有著殷商文化與巫文化的成分。孔子的原生家庭經驗以及其少年挫折成為了他思想中重要的課題：「身分認同」的困境，這亦與當時封建崩潰的時代困局相關，自小失父甚至父不詳的狀況，在父親之名即為家族之名的時代，原初「無名」的孔子對於身分的意義體悟特別深刻，加以其雙重文化的來源，讓他在商文化與周文化之間盤旋，而無名之問題，可能是其走向周朝禮樂文化的生命關鍵。人人有位、親疏皆明、互動有禮、和合有樂，更重要的是周文是依於完整家庭所建構出的理想樣貌，正是這種給予身分並確認其互動方式的家庭文化制度，提供了孔子對於身分認同困境之答案，在人人顛沛，布衣崛起的時代，孔子將這答案傳進了平民之間，為所有失去身分、想尋找身分、創造新身分的人們一條自我體悟後得出的解方。這亦是孔子思想正名的某一意義根源，正名並非單就施政者而論，更是人得以正當活著與

〔註3〕牟宗三曾言：「只須努力踐仁，人便可遙契天道，即是使自己的生命與天的生命相契接……『知我其天』表示如果人能由踐仁而喻解天道的時候，天亦反過來喻解人，此時天人的生命互相感通，而致產生相當程度的互相了解。」此之為天人遙契之意義，並涉及到哲學中形上學的討論，在牟宗三藉由論語以及中庸的文獻將之區分出超越與內在的遙契，前者以情說後者以理論，但其實應互為一體，本註引文與遙契的形上學意義與區分詳可參《中國哲學特質》，頁32、33。

出聲的依據，不只是政治上的意義，還有讓一切無名者得以獲得身分重新建立自我的可能性。孔子的雙重文化身分及其原生家庭經驗，雖帶給其身分認同的困境，亦是給予其選擇與使命的啟發，更將之融合在對於天的隱喻之中。

　　莊子方面就其生平紀錄與文獻中看來，無法得知其是否從身份認同問題出發，不過其就薩滿巫教中萬物變化連續、地位均等的意義之轉化運用，亦可提出對於身分問題的見解。《莊子》中，視天下為萬物為一氣之化，人、事、物皆為大化下的天子，體天道之人即為引導者，傳遞著「天」才為身分認同最終且唯一解決之道，本具有天之氣化特性的萬物，若能體悟天之德行與規律，便人人皆天，同為一家，如此解法與孔子有著巨大的差異。就〈齊物論〉中對人心之描述可知，語言的建構奠基了文化的走向，但因語言天生描述上的需求與限制，使其沾染上了慾望與價值意識的判斷，且拉長時空的向度來看（照之以天），今日此文化的正確並非為明日文化所讚許，是非皆由成心所定，身分認同一旦被某種文化所綁架，即易成為對他者的壓迫。即便文化的發起者或改革者本初有著良善且全面的考量，在其身後必然有所變化，孔子死後儒者旋即裂為八派，後世發生禮教為政治服務等事，即可為借鏡。故莊子將身分認同問題歸於最終亦是最初之天，並以天之自然隨順萬物發展為準，各各文化中人只要無害他人、自我，皆可在無所害亦不被害的狀態下，得回其天子之身分，如此化除以文化為身分認同困境可能產生之弊病，又能保障不同文化發展之可能。

　　面對時代困局，孔子以重建家為核心前進，莊子以歸復天德為宗旨，兩者時代有所差異，故其具體的行動亦有所不同。春秋末，周天子仍還有些許威望，以家為中心的封建制度尚未完全崩壞，孔子以復興周文為志，行禮樂，創仁義，試圖力挽狂瀾。在周文家制度的思考下，孔子加入仁的同體共感之內核，使得不同家之人亦可為家，外禮內仁實是為了修整、處理時代人所面臨的整體困境。莊子於戰國中末，周文早已崩壞日久，更遑論周天子之威望，人人稱雄稱霸，強欺弱實為日常，家不家、國不國，孔子的願景可說難以完成。對莊子而言自我唯有養生保其天年，方有命去影響他人，比起孔子的大同之家，莊子更建立了無何有之鄉來保全與對抗時代巨輪的輾壓，看起來多有想像，卻是不可為而為之的另一種表現。

　　以孔莊的生命結構來論，兩者的外觀與思想之內在組成，有極大部分的相似性，只是因其時空不同以及個人經驗的差異，產生出不同面向的思考，但兩者除了原初的相似性之外，其核心的天、家、人隱喻是否有其相同之處？底下

就前兩章所得出的研究與討論來針對這三者做異同比較，並思考這些異同背後的意義為何。

三、孔、莊天之隱喻映射比較

　　孔子與天的隱喻關係，主要建立在三個來源：自然規律、父子關係與君臣關係，而莊子與天的隱喻關係，則來自四個來源：自然規律、母性關係、天籟關係與朋友關係，可先將圖 3.3 與圖 4.4 拿來對比：

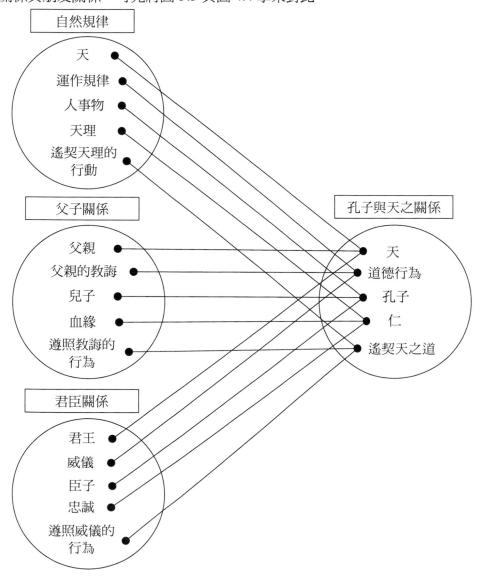

圖 3.3　孔子之天的多重映射狀況

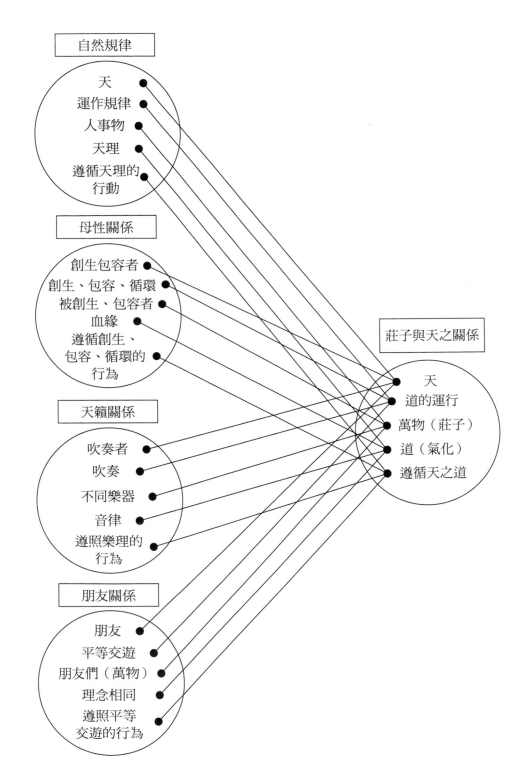

圖 4.4　莊子天之隱喻的多重映射圖

依於上面兩個映射圖，底下將孔莊之天隱喻中對來源域的取用與系統的看法，依序做出討論，並思考其與孔莊之天（目標域）融合之後，意義所產生的異同。

在自然規律一項，基於東方思想與自然之密切關係，幾乎為所有思想建構時的來源，故在孔、莊天之隱喻的同源探索上，幫助並不大，只是點出孔莊皆以自然規律當作一種自身行為的效法與思索方式。在孔子處其所見的是自然的運作規律，將之與君子道德行為、政治現象做出連結，特別是天何言哉的感嘆，更是當作自身對於弟子的棒喝，具感通能力之仁是為與天相契的核心，性與天道之論就在「仁」的感應中方能體會人與人、人與天之間既本源又超越之關係。故筆者將仁映射至自然規律的天理，意指天理之核心亦為某種共感互滲之理，〔註4〕也唯有天與萬物能互滲，方能做出讓自然運作順暢的規律，使得萬物得以在此規律中長養自身。

在莊子處所見的自然規律，則是重在萬物運行有一整全相融之理，此一運作規律並非單就四時更替等自然現象來論，而是萬物變化相續的根本之聚散規律，此處的天理就為氣化之理。莊子就其萬物生滅的根本處，挖出了自然現象背後更為原初的存有連續性，並以氣作為共感、變化的基礎。莊子所謂的遵循天道的行為是以生死循環、物化流變為核心，去決定自己看待與對應人事物的言行。天地萬物皆一的說法，並非指一種大一統而由天運行分配的氣化過程，而是就根本的本質以及萬物皆有生滅的結果而論。氣的流動性使得萬物相續變化的現象成為可能，故皆一是既抽象又具體的說法，主要是指就氣化的思維來看，萬物確實相續為一，且具有著互相感通之可能性，卻非抹煞萬物本身的主體特性，此點在天籟關係中天與萬物交響共振的表現中即可明瞭。

在孔子的父子關係與莊子母性關係這一項，即可看出其同源與異構之處。孔子與天映射的父子關係，本來自於孔子自身的經驗與追求，加以周文本身以父為核心的家制度建構。使得孔子亦有將天視為父之可能性，甚至就牟宗三所言更有著「人格神」的傾向，〔註5〕具其說法孔子將天仍視為可畏並將之上推，

〔註4〕此處無有碰觸宋明儒者形上學之天理，為單就先秦思維之考察所運用之描述。

〔註5〕「孔子在他與天遙契的精神境界中，不但沒有把天拉下來，而且把天推得遠一點。雖在其自己生命中可與天遙契，但是天仍然保持它的超越性，高高在上而為人所敬畏。因此，孔子所說的天比較含有宗教上『人格神』（Personal God）的意味，而以情與理的區分看來，從理上說，它〔天〕是形上的實體。從情上說，它是人格神。而孔子的超越遙契，則似乎偏重後者。」詳參《中國哲學的特質》，頁34～35。

但如就父子關係此來源域來看之，可看出孔子對天並非視其可畏，而是視其為須效法與理解其「言行」的對象。所謂的人格神之傾向，應分成兩部分，一者是人格為父，神為自然創生化育現象之寄託，筆者認為人格為父這點，對孔子家庭框架要素的補足極為重要。孔子將天做父並稱己身繼承天之斯文，不只給予了孔子使命感，更給予了孔子認同感，奮鬥於自身身分認同困境。在社會政治中做出努力後卻不得意的清況下，在生命後期知天命的孔子，亦明白唯有天能知己，可說天之父成為孔子最終的家之歸屬。

在《論語》中孔子對於父之道如此講究，甚至落為後人話柄，實與其生命之體驗與追求認同相關，特別是原生家庭經驗造就其生命缺損的父之位，為孔子畢生所憾，而在不斷下學的過程中亦是為了上達於天父的孝順之行。在上為天父，在下為周文，禮樂的制度成為了孔子實行天父規律身行的社會行為，故此父實有只要以道德行為為準則，人人皆能有其份位，具有無論出身大小尊卑都可讓人「正名」的力量。但要注意的是，雖然前文論孔子之天有人格神之傾向，但並非指巫文化系統中的人格神，前文將人格與神分開，即有此用意。孔子敬鬼神遠之，即是與未知的部分做出切割，孔子所重為禮樂秩序及其背後的核心價值，如同天運行自然萬物，亦有其規律法則，在這些規律背後亦有著某種難以言說的天道存在。故孔子雖有天父的隱喻傾向，卻並非巫文化型態的人格神，或可說為一種具有中心價值的引導者，可以仁親之，不須以巫禮合之，祭神如神在，是因心中有仁方可真實共感到神的存在，非為另有一威權性的神在此現身。

莊子處以母性關係來思考天與萬物之關係，有別於孔子父者無言以身行設立禮樂的形象，莊子著重在母性的包容之上，並以天的高度與視角來強調這種超越物類與時空的接納特性。因不知莊子原生家庭經驗為何，故難以斷定此母性思想內容與之相關性，但從巫文化去追溯的大母神信仰即可做出很好的連結。在此使用母性是因莊子之天的人格色彩相當之弱，與孔子和天強烈的繼承情感相比，莊子與天則是帶有著無言推動與包容的淡漠關係，天為萬物的支持者，保障萬物本身的發展性。在自然的總體規律「氣化」的基礎下，因某種意識形態所設定的秩序，終將隨時空變化消亡更替，故某一朝某一代的制度，在天的廣闊與長久的向度下，皆非天道所擇，應時變化、包納萬物方為上策。

　　將莊子之天與萬物之關係稱為母性關係的原因，還有莊子對於巫教文化的除魅特質一項。如前文孔子用了自己的方式將人格「神」的威權與未知之脅迫去除，莊子亦將天「母」中可能出現的「人格」做了解消，這點於其思想中去除意識形態的觀念相同。在天籟關係中可見天與萬物之間的關係，並無過強的引導或意志控制情況，天只為萬物引動其本有的音色，協助萬物成其自己並與之交響共振而已，和有明確的「斯文」可循不同，莊子之天只有成就萬物各各風采之意。與孔子與天強烈的情感關係來說，莊子淡化了這層，將天的人格意識轉化到天鈞、天倪、環中、道樞等器物或象徵性的隱喻，使得傳統大母神的人格特性被解消，留下母性的情感特質，而非如母神般具有情緒，情緒即會形成成心，不符合莊子所願，唯有可長可久並正面的情感，方能與萬物為春。

　　孔子之天父與莊子之天母，雖說兩人所著重的面向與人格特性之強弱有所差異，但兩人一致將天設定為家庭中的起始要素，並賦予天為「家長」的特性，無論如何孔、莊在某個程度上皆為了建立一種天下之家的概念，前者給予人們確立自身身分的可能，後者接納包容人們真實的自我，兩者皆具有轉化身心的向度，可能有著重構家庭概念的企圖於其中，孔、莊此處對天的父母之隱喻，讓人在社會在自然都可歸家。

　　莊子另一映射天籟關係，不只去除了莊子之天的意志色彩，更以音樂的角度，強調了天與萬物之間的共感關係，當然基礎來自於氣的流動性，「怒者其誰」的說法，並非言無人推動，讓物成其自己是「天」與「物」共融後方可出現的現象，故怒者其誰又可言為互為怒者，吹奏者與樂器互相成就了對方，在音律的流動中既展示了吹奏者強大的能量也表達了樂器獨特的力量。這種互為怒者的現象，強化了天與萬物的平等性，只要願意讓天之氣穿透於我，便能發揮最大效能，協作中無分高下，天無物不可成，物無天不可存，將萬物地位提升到與天相等，為莊子思想的一大突破，此點亦呈現在其朋友關係的映射中。

　　孔子之天的另一來源，還有著君臣的面向，無論如何地融洽相處，君臣必然有著位階之分，位階代表著權力的不均等，雖說孔子是以天來比喻堯舜聖王，對帝王具有著聖與道的要求，更意味著天君即為聖君。不過君與臣的始終有別，在此向度上，莊子之天所映射的朋友關係，就產生出了新的意義。

在傳統以天為尚、以天為尊的君權天授論述，無論商周皆是在思考天意為何，以及天意的行動方式，以確保天命仍在己身，兩代只是訴諸思想行為的方式不同，天成為高深莫測的統治者，天監在上地觀察並伺機獎懲地上的統治者。孔子將天賦予了聖與道的終極目標，相當程度強化了對地上統治者素養的要求，但莊子運用朋友關係做為天的來源域時，即將這層君臣關係做出了進化，並解消了強權之天的象徵，以同道中人的角度來進行映射，當然要達此同道之標準，仍須先轉化身心狀態至某一程度方有與天同遊的機會。此做法大大強化了天與人可共感互滲的可能，並以合作的方式去思考人與天之間的「協調」關係，而非全合於天意的試探做法，抑或是神靈降徙的無意識行為，是人與天皆在自然中兩相優游，保留了人與天的主體性，在不相互吞噬的前提下，進行交流共振。

此點恰巧很好地解釋了莊周夢蝶的情況：

> 昔者莊周夢為胡蝶，栩栩然胡蝶也，自喻適志與！不知周也。俄然覺，則蘧蘧然周也。不知周之夢為胡蝶與，胡蝶之夢為周與？周與胡蝶，則必有分矣。此之謂物化。〈齊物論〉

將蝴蝶視為一種自然物的象徵的話，在夢中與自然物合一，醒時發現自己是人不是自然物，但卻疑惑自身究竟是人還是自然物，最終明白人與自然物有分，這樣的狀態被稱之為「物化」。人與自然合一的第一階段，可說是人合於天的展現，發現自身是人非天為第二階段，但有了第一階段的體驗，使得人不經思考我與自然物之間的關係究竟為何，最後階段明瞭了我與自然有所區別，而所謂的物化是這四個階段體悟後方才出現的論述，並非只最後階段才為物化。「必有分」即是強調了兩個主體皆有獨特性的宣言，但這並不妨礙兩個主體彼此交流，這是奠基在氣的基礎上方能完成。回到莊子朋友關係的映射，可說這種交流變化不是只有在死生相續這種巨大變革時才發生，而是一種不斷相互轉化的過程，因朋友之間有相互影響與協作的關係在。在為友之時，身心的變化無時無刻都在發生，卻不以剝奪對方的主體性為準，故「必有分」的宣言並非為了區別我與他，而是為了保障兩者交流時皆有主動權，若將自然物映射至天，這點與天籟的思考亦可相合，可說我與天必有分，不分不可以為友。

朋友的說法不只降低了權力不對等的情況，更強化了彼此相互影響的效

能，故在此思維底下人的動能大增，與天相遊並非只是一種詩意性的描寫，而是一種具體變化的發生過程，無怪乎稱之為（兩）物（變）化之過程，在此過程中不只人會產生質變，天亦會有所變化，但這變化為何？自然是否亦會因為人的參與而成為人文化的自然？此點仍值得探究與深思。

四、孔、莊家之隱喻映射比較

在家的部分，孔子所建構的教團之家與莊子的大化之家之映射比較可先由圖3.5與圖4.6作對比：

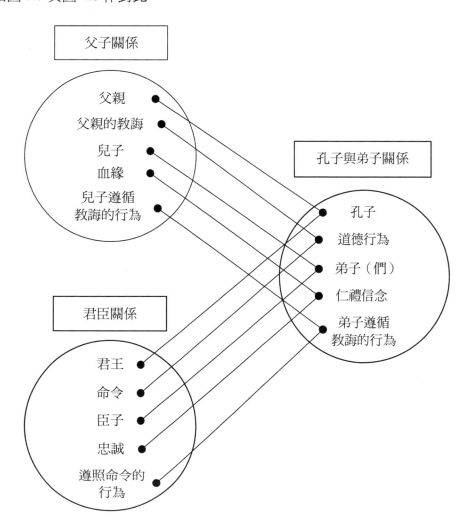

圖3.5 孔子之家的多重映射狀況

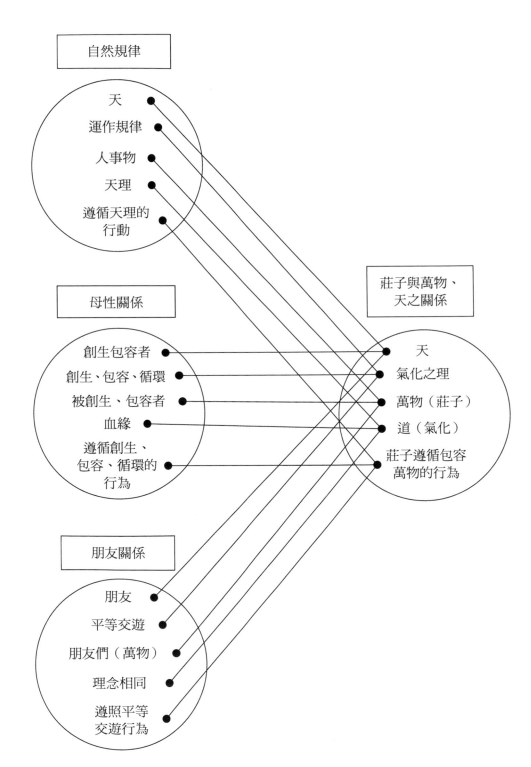

圖 4.6 莊子大化之家隱喻的多重映射圖

依於上面兩個映射圖，底下將孔莊之家隱喻中對來源域的取用與系統的看法，依序做出討論，並思考其與孔莊之家（目標域）融合之後，意義所產生的異同。

孔子的教團之家所映射的來源為父子與君臣關係，和其與天的映射來源兩處重疊，此點意味著孔子思想的系統化與整體性。孔子的教團之家具備了父子的縱軸以及政治型態的橫軸，縱軸為孔子給予弟子的仁禮之道，一以貫之無分過、現、未的延續性，橫軸則以弟子與孔子的類君臣關係，影響範圍擴張至社會與政治。孔子將血緣關係一項替換為仁道的理念與堅持，使得無血緣的家族建構成為可能。有鑑於封建制度下的家五世而衰，且難以確認家之繼承者是否能延續創建者的思想，甚至走向負面的變化，孔子與弟子的儒家集團，在那時創造了一種完全不同的家庭建構。以歷史聖王為外在標準，仁孝為內在準則，打造出人人皆可參與的教團之家，且因孔子的自身與天「父」的關係與孔子好學性格使然，保證了孔子不斷向天之仁道的追求，在其一代不致質變。亦因此在弟子眼中此師「父」具備著某種天的神聖性與神祕性，故在外或其離世後弟子將之比擬日月，除了抬昇儒家的價值外，確實有其強烈的身心經驗與情感要素於其中。

莊子天地之家的來源有三，分別是自然規律、母性關係與朋友關係，三者皆與莊子之天隱喻來源相同，強化了莊子以天地為家的思維，相較於前文中對三者與天的映射關係，此處說明其實差距不大，但在傳統家的框架中，將此三個來源放入，卻有著突破性的意義。相較於孔子仍依於周文方式所建立的父之家，莊子選擇用母之家為核心。此父之家核心價值為人與人之間可確立名分，只要依照父之行無論是誰皆有家可歸，此父依憑的主要為人文建構出的主體性，藉由歷史與文化的聖王傳統而來；莊子的母之家是以自然的包容性為核心價值，相較於人文系統的文化建構，此母依憑的是自然氣化的存有實態，無論萬物為何樣態，皆為氣化之子，無有高低之分，相較於父之家仍可能隱藏的權力問題，母之家則改為無限的接納，只要不違自然規律的循環之道，物物皆可藉此母之力活出自己。

父之家與母之家看似有所差異，但最後都給予了其子「正名」的意味，只是前者主要以人文社會的名份為主，後者則以自然物本真的樣態為尚。但這並非說父之家的人文社會名分較為次等，因在此家中仍有文質相符之條件，只是面對的情境有所差異，前者主要面對著歷史與社會的人文面，後者則是面對自

我在天地之間的存有實況的自然面,兩者實有著互補之可能。亦因如此莊子將朋友關係帶入家庭的建構中,產生了另一突破性的意義,如前文所言,朋友的互相影響以及較為平等的地位,挑戰了傳統文化建置的家庭權力關係。以父為核心建構的家庭文化,受到尊卑系統的影響,導致在家中之人是有權力等差的現象,儘管孔子建構的仁道之家極力以其核心價值,減低此種權力迫害之可能性,卻難免因周文的設定與此制度本身的包袱而帶有此問題。莊子將朋友關係帶入家庭,破壞了權力不對等的景象,只要子能體悟母天之理,其間便不存在高低尊卑之問題,這點亦呈現在其將「家」擴充為(無何有)「鄉」的思考之中。

　　一家之人與一鄉之人,後者由於時空的擴大,使主體間的自由得到紓解,前者過於緊密的情感與共同承繼之歷史背景,易流於某種情緒勒索或意識形態的綁架,莊子之家的朋友關係將此家擴充為鄉,即為了避免關係過近而帶來的此等問題,一鄉之人不一定真實為同一家,在內、在外仍可互相幫忙提攜,卻保有著一定自身發展的自由。看莊子與其好友惠施爭論其莊子思想有無用處時,惠施以無用之樹比喻莊子思想後,莊子做出反擊所言:

> 惠子謂莊子曰:「吾有大樹,人謂之樗。其大本擁腫而不中繩墨,其小枝卷曲而不中規矩,立之塗,匠者不顧。今子之言,大而無用,眾所同去也。」莊子曰:「子獨不見狸狌乎?卑身而伏,以候敖者;東西跳梁,不避高下;中於機辟,死於罔罟。今夫斄牛,其大若垂天之雲。此能為大矣,而不能執鼠。今子有大樹,患其無用,何不樹之於無何有之鄉,廣莫之野,彷徨乎無為其側,逍遙乎寢臥其下?不夭斤斧,物無害者,無所可用,安所困苦哉!」〈逍遙遊〉

在此無何有之鄉,物物無害,甚至可相互助對方逍遙無礙,此無用之樹並非無所用,若以利害視角的高等權力觀點來看,此無用可避開被迫害之危機,而我莊子亦是無用之人,與此樹同鄉,吾思想廢去有用之思,即是想讓人人歸鄉,皆能攘臂遊於天地之間矣。此鄉保障了個體的生命與自由,使得個體之間能有正向的影響,只是此正向並非社會意義下的有用,而是讓人物皆回歸自適的效益。

　　莊子更加此鄉擴展至天地之間,故萬物因於氣化之本質,皆同為一鄉之人,與限定於某人、某派、某時空條件下的家之設定相比,莊子的天地之家有著更為宏觀且多彩的可能性。孔子在其時依周文及己身情感重建的仁道之家,可能隱藏著權力等差所衍伸的各式問題,事實在漢代與後世也出現了家中權

力地位的設定與禮教吃人的現象，如能將莊子之家的朋友關係加入其中，也許即可解開這層問題。又或者說，在孔子之後的莊子瞥見了後世將對其家所做的權力部屬，而產生了以鄉代家的朋友論述呢？如能綜合父母之家，搭配上朋友的要素，也許就能避開後世的家庭與政治的權力風暴，建構出一個無論面對人文或自然皆可自在自適的家鄉。

五、孔、莊人隱喻映射之比較

　　孔莊之人隱喻的比較，再對比圖表之前，要先說明一下兩者之人同源的可能性以及來源為何？還有孔莊心目中之人與此來源之差異或相同之處何在？

　　李澤厚在中國古代文化的爬梳中，發現巫文化是中國文明重要的起源，特別在探討巫的特質時，強調其主要目的是「溝通天人、和合祖先、降福氏族」，客觀效果是「凝聚氏族、保持秩序、鞏固群體、維繫生存」。[註6]根據殷商早期至周朝，祖先大多與上天配祀，若要與上天祈求基本需要祖先作為媒介，但後來上天與祖先的信仰開始混合，所以巫者之能就是與天溝通，將人的需求與願望上達天聽，並保證對天意理解的正確性。李澤厚接著說明巫的特徵是「動態、激情、人本和人神不分的一個世界」，[註7]這點與莊子思想背景中的薩滿教文化相似，世界是一個生死相續、物物變化的力量場，所以是為動態，而激情是指巫被神明降乩時的情緒狀態，近代冥契主義將這樣的情緒稱之為與世界合一的某種狀態，其中有些許差異此處姑且不論。[註8]另人本意味著主要是以人的意願為主，方才出現與天溝通的需求，而這樣的要求需用特殊的巫術儀式，並在此儀式的過程中神與人成為了一體，且只有此刻神才真正地現身：

> 在巫術禮儀中，內外、主客、人神渾然一體，不可區辨。特別重要
> 的是，它是身心一體而非靈肉兩分，它重活動過程而非重客觀對
> 象……神不是某種脫開人的巫術活動的對象性存在。相反，人的巫
> 術活動倒成了「神明」出現的前提。[註9]

〔註6〕李澤厚，《說巫史傳統》（上海：上海譯文出版，2012），頁15。
〔註7〕《說巫史傳統》，頁17。
〔註8〕冥契分為內向型與外向型，內向型較需要個人工夫的累積，而外向型則是可以
　　　突然出現，比如在觀看某個壯麗風景時，身心興起的某種壯闊感受，關於冥契
　　　主義的說法與分類，詳可參 W. T. Stance 著，楊儒賓譯，《冥契主義與哲學》
　　　（臺北：正中書局，1998）。
〔註9〕《說巫史傳統》，頁16。

　　引文說明了一個巫執行巫術禮儀通天的重要現象，即禮儀進行的過程中人神是合一的，如果沒有特殊的「活動與技術」，通天、通神即為空談，此言明巫者是具備特殊通天「技藝」的人。

　　這種技藝在文明發展後期，被壟斷與分化，史書上著名的絕地天通，〔註10〕即是君王壟斷通天技藝的表現，而後代亦將巫的職能分化為巫、祝、卜、史等，這說明了三點，一是通天的技藝能力不能落入尋常人手，只能為天選之人獨占；二為巫職能分化是為了將通天的獨佔性拆開，降低巫對國家的威脅；三是通天對於國家命脈來說相當重要。

　　時至春秋，巫術在民間仍盛行著，但巫者的政治地位已大不如前，故如余英時所言先秦諸子其實承繼了巫者退下後的位置，繼續探討與天的關係與問題，發展出眾多思想論述。〔註11〕其中孔子可說是第一位明確轉化人與天之間關係的思想家，考量到其與巫文化背景之關係，或可說孔子所重之仁內禮外之展現，是一種「通天技藝」的變形。因孔子的禮之行主要依於周文，仁之心則是通於人天，但周文本身是針對天命的探索所設定出的道德制度，所以一切應是依於天，只是孔子所建構出的共感之仁，成為了上達於天的重要通道。而這共感之仁的基礎，在本論前文中已說明為孝感意識，因孝本就是一個存於過、現、未與自我、他人之間不斷來回反覆的無限過程，是最初也最需自覺的共感之基石。

　　在莊子方面，此「通天技藝」被轉化成了非單一性的技藝，即是不可壟斷的多樣性技藝，在其書中各各不同的技藝者，無論是無後入有間庖丁、大馬捶鉤者或是削木為鐻的梓慶，皆可用自我的技藝技能找到了與天相合的通道。在本論隱喻映射的尋找下，更發現這種所謂的「通天之技藝」，被莊子形塑為一種「養生的技藝」，養生所養之神即為天人相合之獨特狀態，並以自我的身心之工夫持續行動，但此所養之生命，在莊子設定下亦非以單一主體得養天年為目標，是養全體之生、宇宙之生的概念。

　　孔莊相比，其人通天的技藝前者主以周禮為表、仁智為裡，但還是以禮樂的設定為主要方式，例如孔子與子貢愛羊愛禮之談；〔註12〕後者則強調人可自行依照天份、努力與選擇，創造自行通天的可能，外在的技藝形式不限，

〔註10〕絕地天通的說法可見於《尚書・周書》與《國語・楚語》中。
〔註11〕詳可參余英時著，《論天人之際：中國古代思想起源試探》（臺北：聯經出版社，2014），頁37～70。
〔註12〕《論語・八佾》：「子貢欲去告朔之餼羊。子曰：「賜也，爾愛其羊，我愛其禮。」

內在的核心價值則是必須依於天之道。莊子如此強調有其時空之意義，戰國中末與春秋末時局差異甚大，周禮幾乎蕩然無存，單純謹守禮制若內失核心價值、外又無法抵擋強權，可說意義甚小，相較於孔子時代周禮尚有可為，不至崩解的情況有所差距。故莊子藉由主要核心為養神、養天德、養眾人之生為目標，將但單一通天的技藝無限的差異化，不但保證了通天的基本德行與行為，還化去通天被再次壟斷的可能性，保障了每個主體都可選擇提升自我身心的不同方式。

　　另外巫者通天時的激情感受，在孔子處被可恆常持久的情感所取代，在莊子處則被透測通達的智慧平淡化，相較於巫者通天時只存於當下的人神同體狂喜，孔莊都在其行住坐臥間持續不間斷的與天相契，其情綿綿而非一次而絕。

　　在釐清孔莊之通天之人與通天巫者的異同後，即可來對比兩者的隱喻映射圖表：

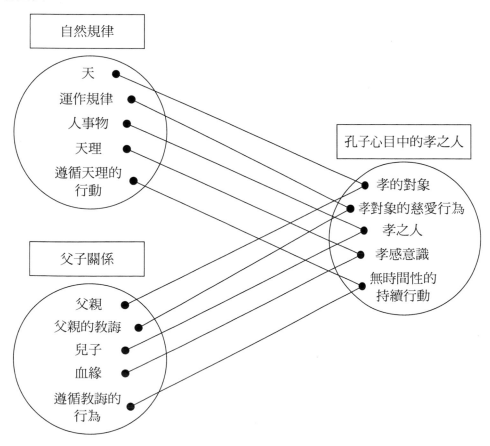

圖 5.1　孔子孝之人的多重映射圖

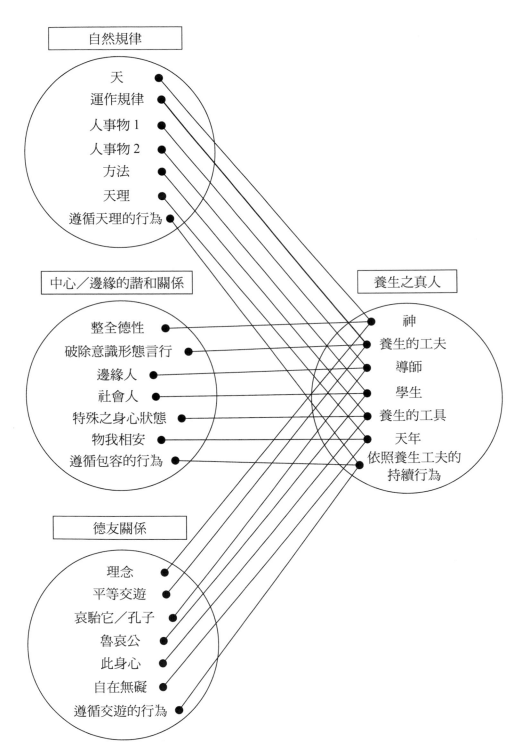

圖 4.13 莊子養生之真人隱喻的多重映射圖

　　依於上面兩個映射圖，底下將孔莊之人隱喻中對來源域的取用與系統的看法，依序做出討論，並思考其與孔莊之人（目標域）融合之後，兩者意義所產生的異同。

　　孔子心目中的孝之人來源域有二，一是天道的自然規律、二是父子關係，莊子的養生之真人來源域有三，一是天道的自然規律、二是中心／邊緣的諧和關係、三是德友關係。自然規律方面，雖然孔莊的對天的體會不同，但孔莊對應之項目相同，不過在莊子處明顯地看出有人事物 1 與 2 的區分，因莊子在討論養生之真人時，多半有著對話的引導者與學習者，莊子在其故事中藉此強化了某種區分，即是「本真」與「非本真」存在的人。本真存在的真人們擁有著與天相應的德性與知識，懂得如何讓身心回歸本來樣貌並同通大化，非本真的人望之難以解讀，故需要真人來做前面的導引。此種區分並非類似中心與邊緣的類比，人人皆有本真的可能，非本真者只是被某種價值觀或立場所蒙蔽，固非本真在本真之人看起來只是一種「暫時」狀態，只要破除遮障便可還其「真」。雖說莊子在這樣的對話中，讓引導者對學習者常出現嘗試言之、姑妄言之、不得已而言之的狀況，但仍不損其對非本真之人指導可能。之所以會有這樣的說法，是基於莊子對與語言描述的小心與謹慎，擔憂這樣的指導說法被視為單一的方式，極有可能轉化為某種僵固的意識形態，方有此顧慮。故真人的言行與說明雖有固定主題與思想核心，但描述與說法卻有所差異，面對的問題與情境不同，亦會有所轉換，就是此點與孔子的思維有所接近。

　　孔子因材施教，特別在其對於弟子問仁、問孝時展露無遺，基於不同人的需求與情況給予不同的見解，特別是仁孝這等感通他人所要表現出的言行之時，更需謹慎。因人與人之間的交流情境複雜，單一行動的對應並不具有普世性，故以仁孝的價值為準則，具體所展示出的行為卻各異，相較於墨家那般一視同仁，孔莊都考量到不同主體的需求，基於核心價值給出差異的說明與建議。

　　回到孔子的孝之人，天成為了孝的對象亦有引導者的角色在，孝之人即是學習者，在孔子下學上達的行為，是一種回應引導者的方式，亦是一種對天父的孝行，而在天何言哉的設定底下，此孝行的回應便來自於孔子對天的解讀與體會，在孔子弟子面對孔子時，應也是如此；而在莊子處學習者與引導者的關係並不是一種孝行的方式，而是種提升自我以達到與之諧和的行動，諧和是指兩者皆能在同一理念下自在共存，無有先後尊卑，此點與孝感意識的原初發生

有所不同。孔莊雖都有著引導者與學習者的角色在，但其間的關係性卻有所差距，這點來自於其對階級的設定不同所致。孝感意識的前提來自於有前人方有後人，而後人又會成為後人的前人，可說是一種歷史的循環時間意識，雖說是循環仍有先後之分，孔子對天如是、弟子對孔子亦如是。引導者如父，「父」就強調了其先在性，天可如此，人間之師與父亦如此。在莊子處此引導者卻在指點提升學習者後，此先後次的位階及被化去，這也是中心／邊緣與德友關係所要展現的意義，無論外在樣貌或先在關係的差異，只要兩者皆有同一信念與行為便無分先後大小，也無甚麼中心邊緣之說，只有一同優游於天地之間的友人而已。

在莊子養生之真人的映射中可看到，在天之隱喻映射處的母性關係並非其真人的直接來源，只將其包容的特質存留下來。相較孔子的孝之人仍有著需要行孝的對象（父）來說，較容易解開權力階級差異的問題，在孔子此種以歷史發生為根本的孝思維底下，若後人解讀不當或以後世之論來檢視的話，即會掉入此權力不對等之陷阱。

最後回到目標域「孝之人」與「養生之真人」加以其所對應的來源，可以得出孔莊一個終極性的相同目標，即是倫理向度的打開。在孔子處孝之人的孝在原初家庭的設定中，必然是一種人與人互滲的基礎情感，且此情感在前文的論述中還成為了無時間性的持續性行為，而當孔子將此孝的對象提升到天的高度時，回應天的孝行便成為一極難任務。天何言哉使得觀察與體悟成為重心，如何做方為孝天，各人所見可能皆有差異，在孔子處是將禮樂之行為作為孝天的具體方式，因此行為能創造諧和的社會運作與人際關係，有如天運行萬物之規律那般，仿效天之作為，即是不改父之道的作法。且此孝之行孔子不只自己做，亦推擴給自己的弟子，而若弟子依此行去做，其實亦間接接受了孔子天父的設定，只是對弟子來說後來此父的設定轉換成了孔子，但孔子思想中遙契天道的可能性仍存。這意味著人人皆可直接與天相通，並非權勢者獨佔，長此以往，此種天為人人原初之父的思維傳播，若孔子之本衷不變，那麼總有一天某個禮樂孝天的社會將會出現，若人人皆行天父之道的禮樂之行，亂世將平，天下大治。

莊子處的養生之真人，其「養」的概念，可說源於天養萬物的母性特質，亦有弱性的家思維於其中，而真人自身養天之德，則是一種回歸本初之感與行天母之道的方式，養生亦是效仿天之運作與氣化法則方可成立。此意味著

真人有著共感的基礎氣，相對於孔子以孝作為共感基礎，更具有跳脫傳統家庭與強烈情感要求的能力，人人、人物、人天相互共振同化的根基來自氣，而非某種時空意義下的情感，讓人能更具備自由的選擇可能，不會被某些道德所綁架。真人其所養之「生」，並非獨生而是眾生，故《莊子》書中的「內聖外王」，若從養生的角度而言，內聖即為自我的養神至真，外王則是這種引導眾人養其天年的面向。養生只要依於天之道，方法各有千秋，人人不同，因此內聖外王的養生之真人必得具有如天一般可全面性觀看的視角，與含納差異的胸襟，方能為其他非本真者找出最適切但又具有個人選擇性的養真之方式，久而久之，當天下人皆能養其天年，物我無害時，一個可逍遙自適的無何有之鄉便有機會降臨。

孔子以家的思維、孝的情感，考量不同人之所需，打造出通天通人的理想世界；莊子以天的角度、氣的基礎，破除成心禁錮還人自由，創造天人無礙的逍遙天地。無論孔莊的通天之人樣態為何，兩者都為人們找出一條不會被權力或他人所阻礙路途，且設定下了人與人必有共感的基礎，亦道出與眾人同往的願景。就過程與方法來說有所差異，但就其目的與思考邏輯來說，確實有著相似性，這原出自《莊子》的「內聖外王」一詞，後來成為儒家的理想與宗旨，或許在文本中系統與思維的互文性時，早已隱隱展現出來。

六、小結

在孔、莊天的隱喻比較中，可看出其所映射的內容雖有不小差異，但基本都有著對自然規律天道的解讀，以及從家庭視角去建構的天之向度，這點與東方文化中的家庭意識與巫教神話有相當的關係，兩者皆取用了這些材料中的要素，去建構自我對於天的隱喻思考。不過孔子之天的父者形象較為突出，而莊子之天的母者形象卻被簡化致某些特性存留，前者可能基於己身經驗與當時社會文化的需要所建構，而後者卻是懷著形象會導致異化的擔憂，所下的決定。基於聖王的認同感，君臣關係亦成為了孔子與天關係的一個面向，而莊子卻是使用朋友關係的方式破開了權力差異的限制，使天與人可同遊無礙。

在家的隱喻中，孔子將自己與天的關係，藉由自己的言行身教，傳遞給了其弟子，將家庭中重要的血緣取代為仁禮的價值信念，使得無血緣的教團之家得以成立。這點其實與莊子運用道之氣化去取代的方式，破除人我之血

緣、派系之角度相似，只是莊子之氣所擴展至萬物的能力較快亦較強，所建立的是符應於大化的天地之家，比教團之家的範圍大了許多，實是莊子所選取的視角並非以家為核心，而是一天為核心所致。或說在莊子的思考中，萬物皆天之道氣所化，那麼天地本就為家，而這家的擴大化以及朋友關係的映射，雖說看似拉開了人與人之間的距離，實則解開了許多不平等的權力關係與情緒勒索之狀態。

在人的隱喻中，孔子運用父子關係為核心，重新打造出一個孝天之人，並希望以此往外推擴，建構出一個新的禮樂大同之家；莊子則是以養生為核心，讓真人們引領失真之人返歸物我無害之鄉，兩者皆有前者引領後者的思維，只是莊子更將此前後做了一層德友的提升，解消後期可能會帶來的壓迫問題。另孔子之孝與莊子之養，前者為情感但仍會生發後續的孝悌之行為，後者為行為卻有著深刻對萬物的同感，方能導致養護他人之行為，端看《孔子家語》中孔子曾言的：「故人不獨親其親，不獨子其子。使老有所終，壯有所用，幼有所長，鰥寡孤獨廢疾者皆有所養。」這種由孝禮擴散生發的大同之境，若以莊子的養眾生之行為來說，不也是這副模樣，且最初的養護之行為，本就來自天此一大家長對於萬物的慈愛，可說孝與養皆可從家的原型中發現其情其行，只是孔莊思考的方向與脈絡不同。孔本於子之「孝」父，提升至對天之孝，並將此孝行定義為天所賦予的道德行為，擴及他人他事，卻易落於有上下位階的問題；莊先說明長（天）之「養」而後自「養」再養「眾」，主要是以行為的現實，回扣天養之的深刻慈愛，並以此為核心同情共感他人之苦，除天為長外，人物皆平等，先行得道者，不過先出發罷了，仍需回頭帶領同胞前往天之鄉，領略另一種逍遙的大同之世。

孔、莊的天、家、人隱喻雖有差異，但看得出在許多部份兩者之思想來源、系統、目標皆有相似之處，只是莊子通常更進一步去思考到某些意識形態上的限制與問題，故將人格化的形象去除或是打破不對等的關係，實是有著由後者看前者的優勢。此處討論只是由隱喻映射的過程中，去思考對應項目背後的思維與來源，並將孔莊進行比較與連結，其中看出某些結構上的相似性，或許可作為孔莊同源的一種說法，而異構之處亦可看出莊子可能基於某些孔子的論述再往前一步的探索，不過兩者最終的目標都具有著強烈的倫理學面向，且使得人人皆可通天的可能性打開，若說人人皆天子在孔子處是以孝天的行為隱藏著，那麼在莊子處就是以氣為本質來明說。

　　孔莊是否一脈相承，或是兩兩各異，在本論的隱喻探索之下，只可說孔莊思想系統中某些項目與框架的選取相同，就其背後呈現出的思想組構亦有類似，但因時空的差異性，使得莊子具有著某些優勢，可望見後孔子時期的儒家思想樣態以及其成果。莊子之所以不斷運用孔子及其弟子做為其書中重要的人物，實有著如果放在今日，孔子可能會怎麼做的試探性想法，此等作法若無對孔子其人與思想有一定程度的了解，相信難以做到。故一脈相承確實有可能，但莊子卻更推進了孔子的某些思考，方才致使其隱喻映射取用有部分相似，卻更加入破除孔子思想可能導致之問題的來源，在莊子的隱喻建構中推擴了孔子隱喻的可能性。

第六章　結論：孔莊身影

一、前言

　　隱喻的研究在當代，並不算少數，特別是歐陸哲學的「語言轉向」與「身體轉向」的兩次研究之變革底下，隱喻以及其背後身心經驗的思維，成為了分析與詮釋文本、思想、文化、哲學的利器。無論是卡西勒的基本隱喻，又或是里克爾的活的隱喻，都強調隱喻具有一種改變現實的創造力，不管是基於隱喻原初的神話力量，還是具有創造性的本體論思維，都強調著隱喻真正的特殊性，來自於激發情感與打造新現實的力量，隱喻的語詞具有魔力，讓人可在原指稱與新指稱的張力之間，體會創作者所看見的特殊世界。雷可夫與詹森運用較為細緻且明確的步驟，以身體經驗與概念系統為核心，二領域的方式為工具，推究出隱喻來源與目標之間不同要素映射的方式，並強調隱喻對人們生活與思考的必須性，以及隱喻思維對人類掌握世界與理解未知的重要性。而後 Fauconnier 所發展出的心理空間理論，更將二領域難以呈現的系統性發揮到極致，心理空間可將不同的隱喻來源與核心的思想目標，做出有系統且具體的映射，就其功能性的分析來說，將比二領域更具有說服力，並將隱喻背後可能具有的身心經驗、情感以及新系統的出現，做出很好的說明。有鑑於中國思想者中對於某重要概念的隱喻，泰半以多重方式呈現，若以其中一種去定義並強調，便會失去思想的全面性，並難以察覺其背後情感或生命經驗的厚度與廣度，故心理空間的多空間映射模式，以及對於融合意義的分析，相當適合用來解析東方複雜的隱喻現象。

　　運用心理空間在不同空間的映射中，方才看得出里克爾隱喻之「厚度」的

意義，此厚度來自於隱喻來源的多重性，以及每個來源都帶有著某種特殊之情感與生命經驗，這些亦在不同空間的連結中可找出其相似的連結之處，隱喻重要來自於發現相似性，因為相似性將會沾黏兩個世界，並在張力中創造新的可能與現實，這個沾黏有如來源與目標映射後的融合意義，可說亦具備著卡西勒召喚新世界的魔力。而在追索思想家核心概念的隱喻來源，更可體會到雷可夫與詹森所言隱喻來自身體經驗的生命實相，有如孔子對於天父的隱喻建構，即有著強烈的身心經驗在其中。心理空間看似簡要地將來源與目標做出映射，但在考慮不同空間要素間系統的相似性時，需要很多資料的選取與證成，此時框架思維與事物屬性結構圖即能有效地提供可能的思考方向與判斷，對於研究者來說，能省去許多思考的時間與可能會遺漏部分。

　　思想家之所以能成為時代的開拓者，必定是其能將自我生命經驗進行深刻的轉化，並呈現出相當強烈的創造意義，這正與認知隱喻的運作相同。隱喻本身就是將不同領域的概念進行融合變化出新意義，在空間與空間之間不斷的連結跳動，猶如思想者以自己生命的多個片段作為資糧，藉由不斷學習與理念的堅持，去融合出當代課題所需的答案。

　　本論之所以運用認知思維的視角，去探索孔子與莊子之間隱喻背後之意義與兩者的關係，即想藉由此有步驟且具方向性的方式，將隱喻中多方可能性的來源做出分析與統整，再藉由此過程與結果，去探索兩者隱喻中可能相關的議題與概念。接著再嘗試連結孔莊思想中隱喻呈現的內部系統，找尋兩者的異同，對孔莊同源的論述，以認知隱喻的方式，做出些許推論，試圖在以往的資料與思想向性的研究做出區別，希冀可成為另一種隱喻系統上的證明路徑。另外，這些看似簡要的隱喻映射圖表，其中對應的語意項或許樸實無華，映射的過程卻是推敲思想者多重且複雜的思維而來，對應中若有系統上的扞格便會出現問題，故在看似簡要圖表的背後卻有著對於相似性的強烈要求，而這相似性即是建構隱喻的核心所在，許多研究都是在這相似性的可能方可興發。

二、本論重點簡述：以家為重的孔子、以天為核的莊子

　　每個時代都有不同的議題需要處理，孔子之時，春秋之末，禮樂將崩未崩，人倫將喪未喪，加以孔子可能基於自身生命經驗的認同困境，致使孔子想重新打造不同於以往的「家」，藉由天的自然規律之體會，周文禮樂制度的依循，設定出以天為父、以仁禮為家、以孝為人之基作為其隱喻重建的目標。

特別孔子所建構的無血緣教團之家，開創了儒家的形式，並以家的思維來建構此教團之家的情感與內容，將孔子與天的父子關係，複製到其與弟子的關係，映射出儒家之所以為家的原初樣貌。相較於其他「以家為派」的思想分類方式，儒家之家，可說是真正以家的結構來建構，這也定下了儒者對長幼有甚深情感，以及堅持孔子理想「不改父之道」的家族特性。

此家族特性在孔子之時，更形成了某種不同以往的家天下形式。相較於周文政治統治的家天下形式，孔子雖得之於周文，卻脫去血緣的限制，相對以仁孝之情感為核心，禮樂為呈現的方式，加以弟子們皆出仕各國，局勢有何異動與問題，孔子都可掌握並提出建議，實成為了一個以道統為主的隱性家天下。孔子以天為父的思考，擴及到了弟子，弟子以孔子為父，孔子天、家、人的隱喻，實以家的思考為主要參照點與出發點，孔子生命史中的原初缺憾，致使其對天的「父者形象」之需求，接著將自身的教團開創了新型家庭的建構。此新家庭在孔子將天父帶入時就蘊含著天人相契的可能，人人可由自身的道德行為突破以往被政治與巫教所限制通天障礙，天、人在此家中圓滿相遇，而孔子更圓滿了自己渴望的家，建起人人皆可參與的家，在其天、家、人的隱喻中重新建築一條通向大同的路途。

孔子之家起源於自身認同的困境，父之名更可正名家人之名，在以天為父的建構底下，孔子從本身的無名之人，轉變成為天之子，藉由下學上達的孝行仁心，展開了儒者千年的奮鬥之行。

莊子之時，戰國中末，禮樂不存，人倫已喪，天下強侵弱、多凌寡，此時周文復甦之路已無可行，此時無名並非問題，而是有名、無名皆可能平白而亡，人的身分認同困境來自於對自我存在的掙扎與痛苦，相較於孔子以天父為依託，莊子則以天之母性為最初與最終的歸處，此天母之道重在體悟循環與萬物平等的氣化之理，無論萬物是何種樣貌，皆分享著道氣的殊勝，故事物無分高下，無有尊卑皆在天的懷抱之中。

在人無端喪去之時代，莊子藉由天的包容與養護之特性，強調有某個家鄉，等著人們一同歸去，此鄉為家的擴大化，除去了家中階級權力的限制性，只留下人人皆為天子的相關性，給予人自由開創卻與物無傷的可能性，此可能性來自於天與萬物間引導與自我開顯的氣之連續性、共感性，天給予萬物自我開顯的資糧，並引領萬物成其自己，在萬物綻放獨特自我後，又可望見天的創造性，兩者相得益彰，如友般互提互助。故此大化家鄉中，人、物亦如友，

莊子將自我與天的母性、朋友關係，複製進了這大化家鄉中，解開了權力的束縛，回歸物我本來無害的逍遙互助。

只是孔子的出發點是由家往上下延伸，莊子則是從天向下展延。因時代的變革，人本身的生存成為極其重要的課題，如何能存於當世而不害人與自害，導致了莊子養生之真人的隱喻出現。養生及養人本初之生，本初之生源於天之道氣，故養生即為養人本有之「天」，此天以氣為本質，生死、萬物循環均等為其運作之理，可依人人自身選擇的養護方式，只要不違此理皆可回歸天鄉，與天同遊。莊子養生重養神，神為天人相感同行之狀態，亦是天人相合之時刻，但此共感揭開的是人與人、人與物亦因天之道氣而相連結著，在此共感基礎下養生不可能為獨善，養生必然走向養眾生，在莊子故事中真人們總與常人「嘗試言之」即是如此，故養生則被擴大為養全生、養眾生之生，唯有眾生得養，天鄉方可真正於人世出現，不再為無何有之處所，就此看來莊子並非單純強調個人身心的轉化，更創造另一「大同」之世的想像願景，天人合一為的不只是己身的超脫，更涵納著天養育包容萬物的開闊心胸。

孔莊皆開出了某種通天之路，只是孔子以家為重，莊子以天為核，時代的差異性也開展出了思想著眼點的不同，對於權力戒慎恐懼的莊子，有著前人設定的課題與解方作為進一步開展未來的可能性。孔莊的天、家、人隱喻雖有不同取捨，但都基於某種家的文化去作出設定，只是前者以周文之父者，後者以巫教之母神為來源，但孔莊都對來源做出了相當大的轉換，無論是去除血緣與神意的政治限制，或是除去巫教神秘與暴力的副作用，皆看出兩人創造新隱喻內容的正面意義，而最終兩人都希望開出某種大同之世，亦看得出孔莊關心之點有其相似處。

三、小結

孔子與莊子，在司馬遷筆下被分為儒家開山祖與道家集大成，經過千年的比較與質疑，不乏有人思考兩者之間的直接或間接關係，到了近代仍是，無論是認為莊子本具有孔子思想的脈絡與影子，抑或想藉助莊子批判之力量升級儒家對於當今社會的適應力，都應回到孔莊的脈絡中去探索。

前輩學人用了各樣的角度對兩者做出許多比較，無論以莊子中的孔子形象之辨析、神話背景的相似性、思想上有可對接的部分等等，讓兩人的關係似有似無。基於莊子具有強烈批判性，某些研究者可能會認為須與儒家拉開距

離，因儒家對於制度與理想社會的設定，具有被利用或帶來僵化的可能走向，但這不是孔子原來的本懷，只是權力無孔不入的歷史現象，更是各種思想都難以逃脫的命運。不過，有種思維卻甚少被權力所用，或說不能被用、難以使用，莊子可說是其中的佼佼者，畢竟一本充滿神話與虛擬故事的書，權力又能拿它如何？特別其中得道者都遨遊於世界盡頭，徜徉天池之所，看似與人世毫無關係，強調的又是某種氣化養生的方式，治天下最多也說個無為或是提升自我身心的工夫，權力望之也莫可奈何。

如果說一切對兩者的關係討論都具有一種後設性的詮釋，那麼必然是難有結論，特別莊子就說自己以變化無窮之三言來表述，使其語言及意義的可詮釋性高漲，尤以其對整體氣化、個別物化的喜愛與呈現，恰恰符合了現代思想中解構與主體性的多重探索，使得當代莊子學產生了爆發性的成長。而孔莊的關係就在這種風潮下，被楊儒賓重新強調，甚至大書特書。這不是說是儒者想藉莊子思想回魂，而是在此莊子現代哲學的風潮底下，在莊子眼中如何看待儒者思想，是全盤否定，還是事有蹊蹺，這不只楊儒賓如此說，歷代許多文人如蘇東坡、王夫之、方以智等，以及近代學者徐聖心、畢來德等皆有。當然亦有學者認為莊子即是與老子一脈相承，對儒家思想中話語與權力之陷阱多有理解與反抗，而無論是拉莊入孔，還是以莊反儒，似乎都有著非 A 即 B 的思考在，尤其以當代批判型的知識份子論述來說，道家似乎比儒家的更適合，但會不會有種可能，借用莊子的隨時而變來說，某種孔莊論是可以一同成立的？在筆者探索兩人的天家人隱喻之後，就其認知映射解讀出的系統軌跡，孔莊的所思所想雖有差異，但再原初以及最終的發想確實有著類似性。

孔子所思是在人面對政治、人與人、人與權力之間如何立穩言行，並不失仁心的探索，其歷史時空成就其為中國思想第一人，權力的暴力問題在他多舛的人生中，亦所在多有，甚至讓他如喪家狗一般流亡，那麼在不正當之世為何還要堅持權力的正當性？在其對天的隱喻中看得出，孔子負責的對象，並非人世的權力者，而是回應天之父的期待，這是一種信念，依乎深刻情感方能持續的行為。在孔子多年的政治與周遊之中，人事已不可待的思考，化為其晚年不倦的學習與教導上，延續天父的身行教導，延續人人皆可謂己身正名的事業，延續某種理想，延續這個渴望仁禮大同的願望，正是這個延續打造出了漫長千年的儒者之家，即使困頓、窘迫，抬頭一望便可見天道仍在，孔子亦在，便可繼續與己身的慾望以及權力的逼迫抗衡下去。這是儒者的風骨，而這骨裡埋藏

著孔子孜孜矻矻的堅持，更留存著孝天之人的深切動力。

　　莊子所想是在此不正當之世，若理想不可行，人該如何是好？天是人的依歸，但他並不會保護人不受權力的侵害，既使如孔子那般努力奮鬥亦然，權力無所不在，暴力的可能也就無所不在，讓我們先解決根本的權力問題。權力何在？在語言的設定，在語言背後的意識形態，不只權勢者壓迫著我們，自我心中也用價值綁架與催眠了自我，一有不察便落入日日夜夜的自我爭鬥中，身心難寧。人有人刑，天有天刑，人自我被意識形態所控，與他人他物相刃相靡便是人刑，受天所託，以回應無言之天的期待，孜孜矻矻行於人世，不為人所接受或排斥即為天刑，莊子筆下的體驗人刑割去腳趾後悔悟的叔山無趾，道出孔子「天刑之，安可解」的實況，無不是對孔子的惺惺相惜與惋惜讚嘆。受天之命的孔子，走上的永遠是條知其不可為而為的路，因天與人若無相通，終是陌路，孔子雖發現了通天之路，卻難以讓人人皆行，即因於人心自刑。莊子看見了，用其方式試圖解開險於山川的人心，此舉亦是恢復人通天的可能性，人若本於天生，應有天德於心，成心桎梏天德，故人不得聽天，解其倒懸之苦，方可見天道大化蔓延，無窮無盡，以此觀之，萬物皆一、無有高下，以天道照之，權力便無所遁形。要成此通天之能，必須養護人之本來天德，時時守之，等待養護至神，便須引他人一同回天之鄉。養生唯有養眾人之生，方可真正免除人世之害，若一人不養即害他人他物之生，不合天德亦再成人心人刑，故莊子所想之真人以養宇宙之生為念，亦希望其能在身心養護與對語言成心的深刻理解之後，有能力避開權力的誘惑與迫害，方能真正領人回歸天鄉，因我們都是天子，早有名分非無名之人，當為德友，平等待之，無有相害。

　　孔子所思與莊子所想，兩者皆為人之存續與自身的認同做出努力，只是前者尚未發現或不及處理之事，被後者所見後做出了相應的處理與改革。徐聖心在討論楊儒賓之說時，提及莊子書中的孔子具備著三種形象：

> 《莊子》書中的孔子形象，若簡單加以分類，最少有三個分身應各
> 別討論。一是歷史上的孔子，如〈人間世〉末章，如〈山木〉厄於陳
> 蔡等章；二是時儒或陋儒的代罪羔羊，惟這類比例最低，主要見於
> 〈盜跖〉；三是理想的孔子，如〈人間世〉前半部的兩章及〈德充符〉
> 與〈大宗師〉。……就歷史上的孔子而言，〈人間世〉末章如何解讀
> 自是問題，如憨山即認為「終篇以楚狂譏孔子」，這是憨山心中莊子
> 眼中的歷史孔子。但個人就其語調而讀則不然，這是莊子對孔子的

慨嘆、惋惜，而非嘲諷。這仍與讀者心中的「個別孔子」或成心孔子有關。但直白地讀，此章分明在探問與建議：孔子為何不選擇遠離人間世的這種可能？至於理想性的孔子，又符應於歷史的孔子，正是對儒學開展的批判性繼承，如楊先生所謂「莊子之假託孔子立論，實乃現量直說，而不是文學技巧」（頁139），確是細入無間地貼近詮釋。〔註1〕

　　一個批判性的孔子又有何不可呢？就筆者所見亦是，莊子創造了一個具有批判性的孔子，並將其在虛構的故事中情境中，繼續與心愛弟子為了心中所想的大同之世奮鬥著，這是何等浪漫又何等溫柔之舉，不僅延續著孔子思想的生命力與不斷學習變化的本來性格，更復活了其思想的承繼者，讓其學問的動能與堅持理念的聲音繼續傳承下去，莊子做的究竟是詆毀，還是協助呢？故事與隱喻帶出的是個活在包容的母性之天，對權力有甚深思考，並依舊想為人世盡力的背影，影裡有孔有莊，更有著後人對前人生命深度的探索與反思。

　　本論以認知視角去探索孔莊天、家、人之隱喻映射與背後思維結構的異同，找尋到的是兩人對世界同樣的熱情，與隱喻間相互交滲的思想之光，若不以儒家、道家分派而論，兩人不過是德友而已，只是在萬世之夢中相遇一笑，莫逆知心罷了。

〔註1〕〈儒內儒外？莊子何歸？——《儒門內的莊子》述評〉，頁75～76。

參考文獻

一、中國傳統文獻

1. （吳）韋召著，《國語》，臺北：臺灣商務印書館，1956。

2. （西漢）司馬遷撰，《史記》，北京：中華書局，2010。

3. （宋）朱熹著，《四書章句集注》，臺北：大安出版社，1999。

4. （宋）朱熹著，《周易本義》，臺北：大安出版社，1999。

5. （清）阮元校刻，《十三經注疏》，北京：中華書局，2009。

6. （清）郭慶藩輯，《莊子集釋》，臺北：頂淵文化事業，2001。

7. 王叔岷，《莊子校詮》，北京：中華書局，2007。

8. 王先謙，《荀子集解》，北京：中華書局，2012。

9. 陳士珂輯，《孔子家語疏證》，北京：中華書局，1985。

10. 楊伯峻編，《春秋左傳》，高雄：復文圖書出版社，1991。

二、近代專書

1. 牟宗三，《中國哲學十九講》，臺北：臺灣學生書局，2010。

2. 牟宗三，《中國哲學的特質》，臺北：臺灣學生書局有限公司，2009。

3. 余英時，《中國知識階層史論》，臺北：聯經出版，2010。

4. 余英時，《論天人之際：中國古代思想起源試探》，臺北：聯經出版社，2014。

5. 吳文璋，《巫師傳統和儒家的深層結構》，高雄：復文圖書出版社，2001。

6. 李約瑟，陳立夫主譯，《中國古代科學思想史》南昌：江西人民出版社，1993。

7. 李零，《喪家狗》，臺中市：好讀出版有限公司，2011。

8. 李澤厚，《說巫史傳統》，上海：上海譯文出版，2012。

9. 杜正勝，《周代城邦》，臺北：聯經出版有限公司，1979。

10. 杜維明，陳靜譯，《儒教 Confucianism》臺北：麥田出版，2002。

11. 那薇，《天籟之音 源自何方——莊子的無心之言與海德格的不可說之說》，北京：商務印書館，2009。

12. 林啟屏，《從古典到正典：中國古代儒學意識之形成》，臺北：國立臺灣大學出版中心，2007。

13. 林啟屏，《儒家思想中的具體性思維》，臺北：臺灣學生書局，2004。

14. 胡適著，《胡適之說儒》，西安市：陝西師範大學出版社，2005。

15. 唐君毅，《中國哲學原論·原道篇卷一》，臺北：臺灣學生書局，1992。

16. 徐復觀，《中國人性論史》，臺北：臺灣商務印書館，2007。

17. 袁保新，《從海德格、老子、孟子到當代新儒學》，臺北：臺灣學生書局，2008。

18. 張國剛主編，《中國家庭史——先秦至南北朝時期》（第一卷），廣州：廣東人民出版社，2007。

19. 張祥龍，《海德格爾思想與中國天道》，北京：三聯書局，1996。

20. 張祥龍著，《思想避難：全球化中的中國古代哲理》，北京：北京大學出版社，2007。

21. 張榮興，《跨時空手語詞彙認知結構比較》，台北：文鶴出版社，2015。

22. 梁漱溟，《中國文化要義》，臺北：五南圖書出版有限公司，1991。

23. 章太炎，《國故論衡》，臺北：廣文出版社，1967。

24. 郭沫若，《郭沫若全集》，北京：人民出版社，1984。

25. 陳來，《古代宗教與倫理》，北京：生活·讀書·新知三聯書店，2009。

26. 陳榮灼，《Heidegger and Chinese Philosophy》，臺北：雙葉出版社，1986。

27. 傅斯年，《傅斯年全集》〈第三冊〉，臺北，聯經出版有限公司，1980。

28. 馮友蘭，《中國哲學史》，臺北：臺灣商務印書館，1996。

29. 黃俊傑，《東亞儒學史的新視野》，臺北：臺灣大學出版中心，2006。

30. 黃漢青，《莊子思想的現代詮釋》，臺北：五南圖書出版社，2006。

31. 楊向奎，《宗周社會與禮樂文明》，北京：人民出版社，1997。

32. 楊儒賓，《五行原論：先秦的太初存有論》，臺北：聯經出版，2018。

33. 楊儒賓,《莊周風貌》,臺北:黎明文化事業出版,1991。

34. 楊儒賓,《道家與古之道術》,新竹:清華大學出版,2019。

35. 楊儒賓,《儒家身體觀》,臺北:中國文哲所出版,1996。

36. 楊儒賓、黃俊傑編,《中國古代的思維方式》,臺北:正中書局,1996。

37. 楊儒賓主編,《中國古代思想中的氣論與身體觀》,臺北:巨流圖書,1993。

38. 楊儒賓,《儒門內的莊子》,臺北:聯經出版有限公司,2006。

39. 雷可夫與詹森著,周世箴譯注,《我們賴以生存的譬喻》,臺北:聯經出版社,2006。

40. 劉祖信、龍永芳編著,《郭店楚簡綜覽》,臺北:萬卷樓圖書股份有限公司,2005。

41. 劉笑敢,《莊子哲學及其演變》,北京:中國人民大學出版,2010。

42. 賴錫三,《莊子靈光的當代詮釋》,新竹:清華大學出版,2008。

43. 賴錫三,《道家型知識分子論:《莊子》的權力批判與文化更新》,臺北:國立臺灣大學出版中心,2013。

44. 賴錫三,《當代新道家》,臺北:臺灣大學出版,2011。

45. 錢穆,《孔子傳》,臺北:東大圖書股份有限公司,2010。

46. 錢穆,《先秦諸子繫年》,臺北:東大圖書股份有限公司,2014。

47. 錢穆,《論語新解》,臺北:東大圖書股份有限公司,2011。

48. 鍾振宇,《道家與海德格》,臺北:文津出版社,2010。

三、翻譯專書

1. (法)加斯東・巴舍拉著,龔卓軍、王靜慧譯,《空間詩學》,臺北:張老師文化事業股份有限公司,2007。

2. (法)利科(Paul. Ricœur)著,汪家堂譯,《活的隱喻》,上海:上海譯文出版社,2006。

3. (法)傅柯著,劉北成譯,《規訓與懲罰》,臺北:桂冠圖書,1992。

4. (美)坎伯(Joseph Campbell),朱侃如譯,《神話》,臺北:立緒文化事業有限公司,2005。

5. (美)坎伯(Joseph Campbell)著,朱侃如譯,《千面英雄》,臺北:立緒文化事業有限公司,2008。

6. （英）W. T. Stance 著，楊儒賓譯，《冥契主義與哲學》，臺北：正中書局，1998。

7. （瑞士）畢來德著，宋剛譯，《莊子四講》，臺北：聯經，2011。

8. （德）Reinhard May 編，張志強譯，《海德格與東亞思想》，北京：中國社會科學出版社，2003。

9. （德）恩斯特・卡西勒（Ernst Cassirer），于曉等譯，《語言與神話》，臺北：桂冠圖書股份有限公司，1990。

10. （德）諾伊曼著，《大母神》，北京：東方出版社，1998。

11. （羅馬尼亞）伊利亞德著，楊素娥譯，《聖與俗——宗教的本質》，臺北：桂冠，2000。

12. （日）白川靜著，加地伸行、范月嬌合譯，《中國古代文化》，臺北：文津出版社，1983。

13. （日）白川靜著，韓文譯，《孔子》，臺北：聯經出版事業股份有限公司，2013。

四、單篇論文

1. 刁生虎，〈莊子的語言哲學及表意方式〉，《東吳哲學學報》第 12 期，2005年。

2. 王國維：〈釋天〉，《觀堂集林》（北京：中華書局，1999 年），卷 6。

3. 朱曉海，〈孔子的一個早期形象〉，《清華學報》新 32：1（2002.6）：1～30。

4. 何乏筆，〈氣氛美學的新視野——評介伯梅（Gernot Bohme）《氣氛作為新美學的基本概念》〉，《當代》70（2003.04）：34～43。

5. 吳佩晏、張榮興，〈心理空間理論與《論語》中的隱喻分析〉，《華語文教學研究》2010，7.1：97～124。

6. 宋灝（Mathias Obert），〈由列維納斯的回應思維與日本石庭來談論《莊子》「與物化」〉，《臺大文史哲學報》87（2017.8）：P151～178。

7. 李隆獻，〈先秦漢初文獻中的「孔子形象」〉，《文與哲》25（2014.12）：21～76。

8. 李隆獻，〈先秦漢初文獻中的「孔子形象」〉，《文與哲》25（2014.12）：21～76。

9. 杜維明，〈試談中國哲學中的三個基調〉，《中國哲學史研究》1（1981）。

10. 沈清松〈莊子的人觀〉，《哲學與文化》14.6：13～23。

11. 林遠澤，〈從符號形式到生命現象——論卡西勒符號形式哲學的文化哲學涵義〉，《臺大文史哲學報》83（2015.11）：109～150。

12. 孫周興，〈老子對海德格的影響〉，《哲學與文化》20.12（1993.12）：1163～1167。

13. 徐聖心，〈儒內儒外？莊子何歸？——《儒門內的莊子》述評〉，《中國文哲研究通訊》27.1：71～80。

14. 張榮興，〈心理空間理論與《莊子》「用」的隱喻〉，《語言暨語言學》13.5（2012）：999～1027。

15. 張榮興，〈心理空間理論與《莊子》不為官寓言的隱喻〉，《臺灣語文研究》12.2（2017）：161～185。

16. 張榮興，〈譬喻與修辭：語言癌的深度剖析〉，《語言癌不癌？語言學家的看法》，（台北：聯經，2016），頁81～108。

17. 陳康寧，〈《莊子》的解構哲學與他者倫理〉，《思與言：人文與社會科學期刊》59：1（2021.3）：1～55。

18. 陳夢家，〈商代的巫術與神話〉，《燕京學報》20（1936）。

19. 陳榮華，〈海德格在世存有（In-der-Welt-sein）與先秦儒家的天人合一〉，《揭諦》14（2008.2）：159～184。

20. 陳榮華，〈從海德格《存有與時間》的開顯性論《孟子》的哲學概念〉，生命與哲學——比較哲學學術研討會。嘉義：南華大學哲學研究所，2008.05。

21. 陳德和〈論莊子哲學的道心理境〉，《鵝湖學誌》24：41～72。

22. 黃信二，〈《論語》中「天」概念的宗教性之轉換分析〉，《哲學與文化》42：2（2015.2）：155～172。

23. 楊朝明，〈「轟然打破」的成見——《孔子家語》偽書案的終結〉，《出土文獻與儒家學術研究》（臺北：臺灣古籍出版社，2007）。

24. 楊儒賓，〈卮言論：莊子論如何使用語言表達思想〉，《漢學研究》10.2（1992.12）。

25. 楊儒賓，〈時間形式、禮與恥感——火的原型象徵〉，《清華學報》新43.4（2013.12）：555～598。

26. 楊儒賓，〈詩—禮—樂的「性與天道」論〉，《中正漢學研究》1（2013.6）：251～256。

27. 楊儒賓：〈太極與正直——木的通天象徵〉，《臺大中文學報》22（2005.6）：59～98。

28. 楊儒賓：〈水與先秦諸子〉，《語文、情性、義理——中國文學的多層面探討國際學術會議論文集》，1996 年 4 月，頁 533～574。

29. 楊儒賓：〈刑—法、冶煉與不朽：金的原型象徵〉，《清華學報》新 38：4（2008.12）：677～709。

30. 楊儒賓：〈吐生與厚德——土的原型象徵〉，《中國文哲研究集刊》20（2002.3）：383～445。

31. 廖名春，〈帛書釋《要》〉，《中國文化》10（1994.8）：66～78。

32. 劉述先，〈論孔子思想中隱含的「天人合一」一貫之道——一個當代新儒學的闡釋〉，《中國文哲研究集刊》10（1997.3）：1～23。

33. 鄧育仁，〈隱喻與公民論述：從王者之治到立憲民主〉，《清華學報》新 41.3（2011.9）：523～550。

34. 鄭吉雄，〈從遺民到隱逸：道家思想溯源——兼論孔子的身分認同〉，《東海中文學報》22（2010.7）：125～156。

35. 鄭吉雄，〈論易道主剛〉，《臺大中文學報》26（2007.6）：89～118。

36. 鄭吉雄，〈釋天〉，《中國文哲研究集刊》46（2015.3）：63～99。

37. 鄭毓瑜：〈詮釋的界域——從〈詩大序〉再探「抒情傳統」的建構〉，《中國文哲研究集刊》23（2003.9）：1～32。

38. 賴宗賢，〈海德格存有思想與道家思想的交涉：謝林、尼采、海德格、老子對形上學的根本問題的探討〉，《哲學與文化》26：8（2009）：23～55。

39. 賴宗賢〈形上學的根本問題與道家思想：在海德格爾、謝林、尼采的思想脈絡之中〉，《湖北社會科學》9（2009）：122～126。

40. 賴賢宗，〈海德格爾論道：一個文獻學的考察〉，《思與言》42.2（2004.6）：229～265。

41. 賴錫三，〈列維納斯與《莊子》能否在倫理中相遇：遊乎於域外、遭逢在他方〉，「同一與差異——莊子與萊維納斯相遇於倫理之地」，中山哲學所主辦，2016 年 5 月。

42. 鍾振宇，〈海德格與老子論「同一與差異」〉，《鵝湖月刊》29：8（2004.2）：30～41。

43. 鍾振宇，〈莊子的死亡存有論──與海德格死亡哲學之對話〉，《道家文化研究》28（2014）。

44. 鍾振宇，〈莊子的語言存有論──由晚期海德格哲學切入之探討〉，《中國哲學與文化》12（2014）。

45. 鍾振宇，〈道家的器具存有論──與海德格器具理論之跨文化對話〉，《中國文哲研究集刊》43（2013.9）：135～171。

46. 鍾振宇〈德國哲學界之新道家詮釋──海德格（Heidegger）與沃爾法特（Wohlfart）〉，《中央大學人文學報》34（2008.4）：33～61。

47. 關子尹，〈海德格的「同一性」思維與道家哲學〉，《現象學與人文科學》2（2005.12）：211～259。

48. 顧立雅，〈釋天〉，《燕京學報》18（1935）：59～71。

49.（法）保羅‧利科著，曾譽銘譯，〈作為認知、想像及情感的隱喻過程〉，《江海學刊》（2005.1）：22～27。

五、外文論著

1. Charles Wei-Hsan Fu, *Creative Hermeneutics: Taoist Metaphysics And Heidegger*, journal of Chinese Philosophy, Volume 3, Issue 2, pages 115~143, March 1976.

2. Fauconnier, Gilles. 1994. *Mental Spaces: Aspects of Meaning Construction in Natural Language*. Cambridge: Cambridge University Press.

3. Fillmore. 1985. *Frames and the semantics of understanding*. Quaderni di Semantica 6.2: 223.

4. Karl Jaspers, Michael Bullock trans., *The Origin and Goal of History* New Haven: Yale Universiry Press,1953.

5. Johnson, Mark. *The Body in the Mind: The Bodily Basis of Meaning, Imagination, and Reason.* Chicago: University of Chicago Press, 1987: 29~30.

6. Lakoff, George and Mark Johnson. *Philosophy in the Flesh: The Embodied Mind and Its Challenge to Western Philosophy*. New York: Basic Books, 1999.

7. Lakoff, George. Women, *Fire, and Dangerous Things: What Categories Reveal about the Mind*. Chicago: University of Chicago Press, 1987.